Zu diesem Buch

Erfolg kann man lernen.
Der Ausbruch aus den Sackgassen des Mißerfolgs, zu dem der Mitautor des weltberühmten «Peter-Prinzips» seine Leser anleiten will, verlangt nicht einmal übermenschliche Anstrengungen – nur Ehrlichkeit sich selbst gegenüber und einen gezielten Einsatz der eigenen Kraft. Einmal am Tag nehme man sich dieses Buch mit etwas Papier und einem Bleistift vor, konzentriere sich für wenige Minuten – und bald schon werden sich in mancherlei Bereichen des Lebens die erstaunlichsten Erfolge einstellen.

Über den Autor

Raymond Hull, 1919 in Shaftesbury/England geboren, lebt seit 1947 in British Columbia/Kanada. Er war unter anderem Fabrikinspektor, Stenotypist, Tellerwäscher, Kellner und Steward. Seit 1957 Bühnenautor, Fernsehproduzent, Bühnenverleger und Kolumnist. Er regte Prof. Peter zur Niederschrift seines Prinzips an und war maßgeblich an dieser beteiligt.

Raymond Hull

Alles ist erreichbar

Erfolg kann man lernen

Deutsch von Thora Hornung

rororo
Rowohlt

Die Originalausgabe
erschien bei Longmans Canada Limited
unter dem Titel «How to get what you want»
Umschlaggestaltung Susanne Müller

Ungekürzte Ausgabe
Veröffentlicht im Rowohlt Taschenbuch Verlag GmbH,
Reinbek bei Hamburg, Oktober 1995
mit Genehmigung der Moderne Verlags GmbH,
München, Landsberg

Satz Excelsior (Linotronic 500)
Gesamtherstellung Clausen & Bosse, Leck
Printed in Germany
1690-ISBN 3 499 33122 5

Inhalt

Einführung

Sie wünschen sich etwas, was Sie nicht haben: das ist der Grund, warum Sie dieses Buch lesen. Es soll Ihnen den Weg weisen, ans Ziel Ihrer Wünsche zu gelangen. Sie werden ein völlig neues Lebensgefühl erfahren. Sie werden aufhören, von Dingen zu sprechen, an Dinge zu denken und Dinge zu tun, die Sie bedrücken, die Ihre Erwartungen zunichte machen und die Sie teilnahmslos werden lassen; Sie werden von nun an die Dinge tun, sagen und denken, die Ihnen Spaß und Freude machen, die Sie dynamisch, unternehmungslustig und erfolgreich halten.

Die Prinzipien dieses Buches an sich sind nicht revolutionär. Bis heute aber hat noch niemand beschrieben, wie man sie in der Praxis anwenden kann. Ich entwickelte dazu die hier beschriebene Methodik, die ich in jahrelanger Anwendung ständig vervollkommnete. Hinweise von hier, Ideen von dort, Bücher, Freunde und Lehrer trugen zu diesem Erfolg bei. Drei Hauptschwierigkeiten vieler anderer Systeme konnte ich umgehen:

1. Religionen, die als Schlüssel zur Weiterentwicklung des eigenen Ichs gelten, haben oft lang andauernde, radikale Wirkung. Sie setzen jedoch im allgemeinen voraus, daß man an den Schöpfer und die Schöpfung glaubt.

«Allein der Glaube kann dich retten» ist ihr Wahlspruch.

Man fragt sich: «Wie komme ich zu diesem tiefen Glauben? Wie lerne ich glauben?» Und keine Religion gibt darauf eine klare Antwort.

2. Einige ältere Systeme der Selbstentfaltung – wie z. B. verschiedene Yoga-Arten – wurden vor dem Zeitalter der Massenerziehung erdacht und entwickelt: Ihre Prinzipien richteten sich vor allem an Analphabeten. Heutzutage werden diese Rituale lästig und langweilig scheinen.

3. Einige Systeme erklären in bewundernswerter Weise Prinzipien, enthalten aber keine exakte Aussage über ihre praktische Anwendung.

Dieses Buch beschreibt eine Methode der Selbstentfaltung, die keinen Glauben als Grundvoraussetzung verlangt. Wenn man mit der Zeit lernt zu glauben, ist es gut, aber man kann ohne den Glauben beginnen.

Das vorliegende System macht großzügig von der Kunst des Schreibens Gebrauch, um Gedanken zu präzisieren, um die Aufmerksamkeit zu konzentrieren und um die Fortschritte festzuhalten. Man braucht jeden Tag nur ein wenig Zeit. Es ist nicht langatmig; jeder Schritt ist interessant und leicht – vorausgesetzt, daß der Wunsch nach Selbstentfaltung vorhanden ist. Das System sagt genau, was man tun soll und was nicht. Es ist mit Übungen verknüpft, die zur geistigen, physischen und finanziellen Aufwärtsentwicklung führen.

An dieser Stelle halte ich einige Worte über den Willen für notwendig.

Große Männer haben schon immer betont, daß Willensstärke und Entschlußkraft für jegliche Art von Erfolg unentbehrlich sind. «Dein eigener Wille, zum Erfolg zu gelangen, ist weit wichtiger als alles andere» (Abraham Lincoln). «Ein zäher Wille ist eines der besten

Mittel zum Erfolg» (Lord Chesterfield). «Oft ist eine glückliche Hand nichts anderes als Zielstrebigkeit» (Ralph Waldo Emerson).

Zusammengebissene Zähne, geballte Faust, angespannte Muskeln usw. interpretierte ich, wie viele, als Willensstärke. Völlig falsch. Nicht Intensität und Ausdruck einer Willensäußerung, sondern Beständigkeit garantiert Erfolg auf lange Sicht. Nicht seine tonnenschweren Maschinen bestimmen den Kurs eines Schiffes, sondern eine federleichte Kompaßnadel. Mit ihrer Stetigkeit, mit der sie zum Nordpol zeigt, weist sie dem Schiff seinen Weg.

Eine solche geistige Kompaßnadel ist der Wille; er hält das Unterbewußtsein und den Körper auf dem richtigen Kurs. Dazu bedarf es nicht übermenschlicher Anstrengung. Sie müssen einfach aufhören, über Schwierigkeiten, Verzögerungen und Fehlschläge zu reden und statt dessen unablässig über Erfolg sprechen und nachdenken.

Die Quintessenz von Willensstärke ist demnach nicht momentane Anstrengung, sondern Beständigkeit. Dadurch wird eine gelöste, unverkrampfte Willenskraft gefördert.

Die Methode ist billig. Sie benötigen lediglich Bleistift, Papier und ein wenig Zeit.

Verwirklicht das System Ihre Wünsche tatsächlich? Lassen Sie mich dazu die Erfahrung schildern, die ich am eigenen Leib gemacht habe. Vor drei Jahren – ich war damals 45 – war ich saft- und kraftlos. Ich wog 87 kg. Ein paar Stufen Treppensteigen brachte mich einem Schwächeanfall nahe. Alpträume und Schweißausbrüche rissen mich regelmäßig aus dem Schlaf. Die Augen ließen nach, ich bekam ein ungesundes Aussehen, und das Haar fiel mir büschelweise aus.

Heute wiege ich knapp 75 kg. 50 Stufen im Laufschritt bringen mich nicht mehr außer Atem; mit Leichtigkeit mache ich 40 Rumpfbeugen, 20 Kniebeugen und 20 Liegestütze hintereinander. Jeden Tag sammle ich schwere Schwemmholzbrocken am Strand, trage sie auf dem Rücken zu meinem Haus hinauf (30 m über dem Meeresspiegel) und zerkleinere sie mit einer Handsäge zu Brennholz. Ich halte einen großen Garten in Ordnung. Ich sehe gesund aus, die Sehschärfe hat wieder zugenommen, und mein Haar wird wieder dichter. Jede Nacht schlafe ich tief und springe morgens ohne Wecker, voll Tatendrang aus dem Bett.

Vor wenigen Jahren war ich noch Tellerwäscher mit 23 Dollar in der Woche. Heute bin ich erfolgreicher Autor, Dozent und Rundfunkkommentator. Mein Haus ist abgezahlt, ich habe ein Bankkonto und keinen Pfennig Schulden.

Früher war ich immer von Menschenscheu und -angst geplagt. Jedes Klingeln des Telefons rief einen Schweißausbruch hervor. Jetzt kann ich sicher vor Hunderten von Zuhörern sprechen oder vor ein Radiomikrophon oder eine Fernsehkamera treten. Unablässig kommen Menschen mit ihren Problemen zu mir: sie sagen, es erleichtert sie und hilft ihnen, wenn sie einfach mit mir sprechen.

Ich schreibe also über etwas, das ich genau kenne, das ich am eigenen Leib in zahllosen Experimenten bestätigt gefunden habe. Mehr noch: Ich habe dieses Denkschema in Schulen für Erwachsenenbildung gelehrt, ich habe gesehen, wie es bei anderen gewirkt hat. Ich habe beobachtet, wie sich Teilnehmer innerhalb von drei Wochen nach Beginn des Kurses deutlich geändert hatten. Ich weiß also, daß dieses System erfolgreich ist. Hier ist es, versuchen Sie es selbst.

Vielleicht werden Sie finden, daß Sie schon einige der Dinge kennen und tun, die in diesem Buch beschrieben werden. Um so besser, Sie werden dadurch nur früher Ihr Ziel erreichen. Vielleicht finden Sie auch, daß Sie einen weiten, arbeitsreichen Weg vor sich haben. Lassen Sie sich nicht aus dem Konzept bringen. Versuchen Sie dann nicht, alle Vorschläge dieses Buches auf einmal zu befolgen. Zwingen Sie sich, schrittweise vorzugehen. Jeder einzelne Schritt, bewußt getan, wird sicheren, fühlbaren und erfreulichen Erfolg zeitigen.

Lesen Sie weiter, wenden Sie meine Ratschläge an, und kontrollieren Sie Ihre Fortschritte.

Zur Benutzung des Buches

1. Lesen Sie das Buch zunächst vollständig durch, ohne irgendwelche Übungen zu machen.

2. Führen Sie die Übungen in der angegebenen Reihenfolge und in der empfohlenen Zeit durch.

3. Arbeiten Sie das Buch noch einmal langsam und sorgfältig durch. Unterstreichen Sie die Abschnitte, die Sie am meisten beeindrukken. Letzteres ist sehr wichtig.

4. Gehen Sie das Buch einmal im Monat durch. Die unterstrichenen Sätze werden Sie zu den für Sie bedeutungsvollsten Passagen führen.

1. Kapitel

Präzisierung der Wünsche

«Freund, bedenke zuerst, was es ist, das du tun willst.» Epiktet

Dieses Buch beschreibt Techniken, mit deren Hilfe man jedes Ziel, das man sich steckt, erreichen kann.

Man kann die Methode dazu verwenden, Geld und materiellen Besitz zu erwerben. Man kann unerreichbar ferne Ziele erreichen, persönliche Freiheit gewinnen, um das zu tun, was man möchte, oder seinen Charakter ändern, um der zu werden, der man sein will. Ich wiederhole, mit dieser Methode erreicht man alles innerhalb der dem Menschen gesetzten Grenzen; aber man muß bereit sein, einen gewissen Preis dafür zu bezahlen, weil es ein allgemeingültiges Gesetz gibt, daß man nichts umsonst haben kann. Man muß immer bezahlen, entweder bevor oder nachdem man etwas bekommen hat. Der Preis zur Erfüllung der Wünsche wird nicht mit Geld bezahlt, sondern mit Gedanken, mit festem Willen, mit

Anstrengungen und Zeit – relativ wenig Gedanken, Anstrengungen und Zeit, verglichen mit der Zeit, die man früher vergeudet hat. Trotzdem wird dieser kleine Einsatz Wunder wirken, wenn er klug und beherrscht gesteuert wird.

Einige Gramm Metall ergeben, richtig geformt, einen Schlüssel; wenn dieser in das passende Schlüsselloch gesteckt und in einer bestimmten Richtung gedreht wird, kann er eine 10 t schwere Tür öffnen. Ebenso können wenig Zeit, Gedanken und Anstrengungen Türen öffnen, die einem vorher fest verschlossen waren, zu allen materiellen, geistigen und geistlichen Schätzen, die man sich nur wünschen kann. Es liegt an einem selbst zu entscheiden, ob man von dem Schlüssel jetzt, nächstes Jahr, irgendwann einmal oder niemals Gebrauch machen will.

«Die Zeit geht an mir vorbei», sagte einmal ein Mann zu mir. «Die Zeit geht an mir vorbei, und ich habe den tiefen Wunsch, irgend etwas zu tun, was ich nicht näher erklären kann.»

Geht die Zeit auch an Ihnen vorbei? Sie müssen das Gefühl haben, denn sonst würden Sie dieses Buch nicht lesen. Sie sind nur einer von vielen. Die meisten Menschen wechseln vom Lager der Jungen ins Lager der Alten hinüber mit dem unbestimmten Gefühl, daß sie irgend etwas vom Leben erwarten. Sie bemühen sich aber nicht, herauszufinden, was es ist, das sie wollen. Solche Menschen sind wie Treibholz im Meer des Lebens. Sie bewegen sich, aber sie kommen dabei nicht vorwärts. Fortschritt bedeutet, systematisch ein Ziel anzusteuern. Der Weg des Treibholzes wird von Wind und Strömungen diktiert, manchmal sinkt es auch, oder es wird auf ein Riff getrieben, bleibt dort liegen und löst sich mit der Zeit auf.

Man muß die Richtung kennen, die man ansteuert, man muß wissen, warum man in diese Richtung steuert. Wenn man das nicht weiß, steuert man in sein Verderben. Fred ist ungelernter Arbeiter. Er wechselt laufend den Arbeitsplatz: mal ist er Bauarbeiter, mal Pförtner, Schiffsarbeiter, Angestellter in einem Warenhaus und Laufbote. Er kritisiert dauernd an seinen Arbeitgebern und Mitarbeitern herum und sucht Streit, wo er kann. Deshalb hält er es auch nie lange an einem Arbeitsplatz aus. Man hat ihm geraten, Abendkurse zu besuchen, seine Bildung zu vertiefen, um bessere Arbeitsplätze anzustreben. Aber Fred hat keine Zeit für Abendkurse; er ist viel zu sehr mit seiner Trödelei beschäftigt. Meistens verwünscht er seine Erfolglosigkeit; in reiferen Momenten sagt er wohl auch: «So ist eben das Leben.»

Fred hat damit nicht recht. Das ist nicht das Leben und auch nicht der Lebensinhalt. Es ist ein Dahinleben, Sichtreibenlassen. Und Fred wird sich weiter treiben lassen, weil er kein Ziel, keinen festen Plan hat.

Es gibt Menschen, die behaupten, ein Ziel zu haben. Barbara z. B. wünschte sich gute Gesundheit und klagte doch andauernd über ihre chronische Schwäche. Gleichzeitig betonte sie, daß sie alles dafür geben, alles dafür tun würde, um stark und tatkräftig zu sein. Auf Anraten eines Freundes investierte sie 600,– DM, um in einem Kneipp-Verein Mitglied zu werden. Sie schwärmte von ihrem Club und betonte, wie gut er für sie sei. Sie ging aber überhaupt nur dreimal hin. Jetzt hat sie immer neue Entschuldigungen bereit, um nicht hinzugehen, nicht mitzumachen, die vorgeschriebene Diät nicht einzuhalten und die Übungen nicht zu machen. Taten sprechen besser als Worte: Barbara will in Wirklichkeit gar nichts für ihre Gesundheit tun.

Wissen Sie, was Sie wollen?

Hier die Herausforderung. Stellen Sie eine Liste von zehn Punkten der Dinge auf, die Sie sich wünschen. Fangen Sie aber nicht gleich an zu schreiben. Denken Sie zuerst genau nach. Die meisten Menschen finden es schwierig, eine solche Liste zusammenzustellen. Als ich in einer Abendschule diese Aufgabe stellte, dachte eine Frau ein, zwei Minuten nach und sagte dann laut: «Das ist entsetzlich!»

Es kann fürchterlich sein, plötzlich der Wahrheit über sich selbst gegenüberzustehen und zu erkennen, welche Dinge man sich wirklich wünscht. In diesem Moment spricht man nicht mit Freunden, man will auf niemanden Eindruck machen und vorgeben, dies oder jenes zu wollen, weil es in einem bestimmten Kreis gerade so Mode ist. Man prüft seine eigenen Gedanken, man versucht sich selbst kennenzulernen und braucht sich selbst nichts vorzumachen. Man muß deshalb ganz ehrlich sein, wenn man die Liste mit den zehn Punkten erstellt.

Hier noch einige Tips für Ihre Liste:

1. Vermeiden Sie, Allgemeinheiten wie «Wohlstand» oder «Reisen». Man muß genau definieren. Anstelle von «Geld» könnte man z. B. «ein Einkommen von jährlich 40 000,– DM» wünschen. Schreiben Sie nicht «Prestige»; schreiben Sie statt dessen «Vizepräsident der ...» oder wie immer die ansehnliche Position lauten mag, die Ihnen zusagen würde. Schreiben Sie nicht einfach «Heirat»; schreiben Sie lieber «Ehemann und zwei Kinder». Wünschen Sie sich statt «Verbesserung des Charakters» lieber «Humor», «Selbstvertrauen» oder eine andere, genau bezeichnete Eigenschaft.

2. Suchen Sie sich zehn ganz verschiedene Dinge aus. Dabei darf man sich vor der geistigen Anstrengung nicht dadurch drücken, daß man z. B. fünf Paar Schuhe als die zehn gewünschten Dinge zählt. Auch eine Enzyklopädie von zehn Bänden sollte auf der Liste nur einen einzigen Punkt ausmachen.

3. Achten Sie darauf, daß sich die Wünsche nicht untereinander widersprechen. Man kann im Leben nicht alles tun – zumindest nicht alles gleichzeitig. Man kann nicht gleichzeitig Archäologe und Nachtclub-Star sein. Man kann nicht dauernd reisen und zur selben Zeit Gartenfreuden genießen. Mönch und Millionär passen auch schlecht zusammen. Man kann kein bequemes Leben führen und gleichzeitig einen aufreibenden Beruf haben als Sänger, Tänzer, Arzt, Rechtsanwalt, Journalist oder Politiker. Man kann nicht zur selben Zeit zwei verschiedene Richtungen einschlagen. Denken Sie daran, damit Sie solche Widersprüche vermeiden. Wenn Sie sich nicht für einen von zwei widersprüchlichen Wünschen entscheiden können, streichen Sie beide von Ihrer Liste und ersetzen Sie sie mit Wünschen, über die Sie sich klar sind.

4. Führen Sie nicht Dinge auf Ihrer Liste auf, für die Sie sich zufällig gerade interessieren. Halten Sie nur die Wünsche fest, deren Realisierung Sie sich so stark ersehnen, daß Sie sich dafür auch genügend einsetzen würden.

5. Stecken Sie Ihre Ziele nicht zu weit. Es ist z. B. nicht möglich, daß Sie mit dieser oder einer anderen Technik Arzt werden, ohne daß

Sie die nötige Universitätsbildung mitbringen. Sie können kaum damit rechnen, ein erfolgreicher Industriekapitän zu werden, wenn Sie nicht gelernt haben, mehr aus Ihrem jetzigen Arbeitsplatz zu machen und mit Ihren gegenwärtigen Finanzen klug zu wirtschaften.

Bevor Sie Bürgermeister Ihrer Stadt werden wollen, nehmen Sie sich vor, ein publikumswirksamer und politisch beschlagener Redner zu werden. Vor dem Fernziel, einen Ehemann zu gewinnen, sollte das Nahziel stehen, eine gute Köchin zu sein. Bevor Sie sich die Versorgung von Frau und Kindern zumuten, müssen Sie sicher sein, sich selbst ernähren zu können.

Nehmen Sie naheliegende Probleme zuerst in Angriff. Bleiben Sie mit Ihren Wünschen auf dem Boden der Realität. Machen Sie sich selbst nichts vor, überschätzen Sie sich nicht, und verlassen Sie sich nicht auf Träume. Planen Sie realistisch, wenn Sie Ihr Leben besser gestalten wollen. Fassen Sie zu Beginn Nahziele ins Auge. Streben Sie nach einer Serie von bescheideneren Erfolgen, die Sie in kurzer Zeit erreichen können, und lassen Sie sich nicht zu Plänen verleiten, deren Realisierung Jahre dauern kann.

Ich will damit nicht sagen, daß Sie niemals langfristige schwierige Pläne ins Auge fassen sollen. Ich will aber betonen, daß Sie schneller und leichter Erfolg haben, wenn Sie Schritt für Schritt vorwärtsstreben. Merken Sie sich Ihre Fernziele oder schreiben Sie sie auf einem Merkblatt auf. Konzentrieren Sie sich zunächst darauf, jede Zwischenetappe schon als Ziel für sich zu betrachten.

Wenn Sie eine Reihe dieser Vorziele erreicht haben, wenn Sie die Techniken in diesem Buch so gut beherrschen, daß Sie sie alle zur gleichen Zeit ganz automatisch anwenden können, dann sind Sie soweit, daß Sie sich an ferne, schwierige Projekte wagen können.

6. Verfolgen Sie keine Wünsche, die andere verletzen oder schädigen. Man kann sich selbstverständlich ein bestimmtes Geschäft wünschen – wie z. B. ein Süßwarengeschäft –, aber es ist nicht angebracht, sich ein ganz bestimmtes Süßwarengeschäft zu wünschen, es sei denn, Sie wissen, daß der Besitzer seinen Laden verkaufen möchte.

Suchen Sie sich ruhig mit allen Mitteln

einen Mann oder eine Frau, aber nehmen Sie niemandem den Ehepartner oder Freund weg. Jeder rechtmäßige Wunsch kann erfüllt werden, ohne andere Menschen zu verletzen. Versuche, andere zu verletzen oder anderen Unrecht zu tun, können als unerwarteter und schmerzhafter Bumerang auf Sie selbst zurückkommen.

7. Jeder Wunsch sollte konstruktiv formuliert sein, d. h. klar das angestrebte Ziel, die gewünschten Fähigkeiten und die erhofften Lebensbedingungen abstecken. Vermeiden Sie, alte Ziele, Gewohnheiten oder Bedingungen zu erwähnen, die Sie aufgeben und ablegen möchten.

Schreiben Sie z. B. nicht: «Ich will meine Launen besser beherrschen.» Ein guter Wunsch, aber schlecht formuliert. Denn jedesmal, wenn Sie über «Ihre schlechte Laune» schreiben, sprechen oder nachdenken, bestätigen Sie sich aufs neue, daß Sie launisch sind. Schreiben Sie statt dessen, daß Sie ein angenehmes, fröhliches Wesen anstreben.

Merken Sie sich, daß «ich strebe an» konstruktiver und stärker ist als «ich will ...», «ich brauche ...» oder «ich möchte gern ...» Kleiden Sie Ihren Wunsch in Worte, die ausdrücken, daß er in Erfüllung gehen wird.

Hier noch einige Beispiele zu diesem wichtigen Punkt. Schreiben Sie nicht «ich will aufhören zu trinken», «ich will meine Menschenscheu überwinden» oder «ich will weg aus dieser deprimierenden Umgebung». Diese Formulierungen bestärken immer wieder den Hang zum Alkohol, die Schüchternheit und das Gefühl, in einer deprimierenden Umgebung zu leben. Das Unterbewußtsein ist nämlich außerordentlich empfindsam für Einflüsse dieser Art. Es hat keinen Sinn, wenn man sein Unterbewußtsein gegen sich arbeiten läßt. Formulieren Sie statt dessen Ihre Wünsche, Gedanken und Redewendungen so, daß Sie Ihr Unterbewußtsein als Verbündeten gewinnen. Schreiben Sie z. B. «ich erziehe mich zu Zurückhaltung und Disziplin», «ich fühle mich jeder Situation ruhig und selbstsicher gewachsen» oder «ich werde mir bald eine angenehme und anregende Umgebung schaffen».

Die wenigen Minuten, die Sie jetzt dafür brauchen, Ihre Wünsche konstruktiv zu formulieren, ersparen Ihnen später viel Zeit und Arbeit, wenn Sie darangehen, diese Wünsche in die Tat umzusetzen.

8. Wenn Ihnen für Ihre Liste keine zehn Punkte einfallen, schreiben Sie so viele auf, wie Sie wissen. Wenn Sie andererseits mehr als zehn Punkte wissen, macht es nichts, wenn Ihre Liste länger wird. Wir werden später sehen, was wir mit den zusätzlichen Punkten tun. Warnung: Diese Liste ist nur für Sie selbst bestimmt. Lassen Sie sie nicht so herumliegen, daß andere Leute sie lesen können. Besorgen Sie sich ein Notizbuch, behalten Sie es im Auge und schreiben Sie alle Übungen dort hinein. Zeigen Sie Ihre Liste niemandem. Sprechen Sie auch nicht darüber. In Kapitel 5 werden die Gründe für dieses Versteckspiel näher erklärt.

Übung 1: Schreiben Sie eine Liste von zehn Dingen, die Sie sich wünschen.

Ordnen Sie Ihre Liste nach folgenden Gesichtspunkten: Schreiben Sie als erstes den Punkt auf, von dem Sie glauben, daß Sie ihn am leichtesten realisieren können. Dieses

Problem werden Sie als erstes in Angriff nehmen. Wie bei allen Unternehmungen ist es günstig, mit einem Punkt zu beginnen, von dem Sie wissen, daß er in Ihrer Reichweite liegt.

Ein Kind krabbelt, bevor es gehen und laufen lernt; ein Klavierspieler lernt zuerst, langsam einzelne Noten zu spielen, bevor er sich an schnelle Akkordfolgen wagt; ebenso lernt ein Zimmermannslehrling zuerst, wie man Nägel einschlägt, bevor er sich daranmacht, ein Haus zu errichten.

Genauso nehmen Sie das einfachste Projekt zuerst in Angriff. Der Erfolg, den Sie dabei haben, ermutigt Sie, vertieft Ihr Selbstbewußtsein und ist ein Ansporn für das nächste Projekt und die folgenden Punkte Ihrer Liste.

Deshalb schreiben Sie das einfachste Ziel oben auf Ihre Liste; die weiteren Punkte folgen entsprechend ihrem Schwierigkeitsgrad, so daß der schwierigste Punkt der letzte der Liste ist. Wenn Sie bei der Übung 1 mehr als zehn Punkte aufgeführt haben, suchen Sie für diese Übung die zehn leichtesten Punkte aus und halten die übrigen für späteren Gebrauch bereit.

Wenn Sie Zweifel haben, in welcher Reihenfolge die einzelnen Punkte auf Ihrer Liste aufgeführt werden sollen, werden Ihnen die folgenden drei Tests bei Ihrer Entscheidung helfen:

1. Prüfen Sie, welchen Ihrer Wünsche Sie am schnellsten realisieren könnten.

Bei gleich schwierigen Problemen sind für den Anfänger die mit schnellen Ergebnissen geeigneter als solche, die nur auf längere Sicht realisierbar sind. Z. B. enthielt die Liste von Herrn F. folgende Punkte:

«15 Pfund Gewichtsabnahme.»

«Ausreichende Französischkenntnisse, um französische Zeitungen lesen zu können.»

«Ein freundliches, tolerantes Verhalten den Kollegen Joe und Harry gegenüber.»

Wenden Sie jetzt das Zeitkriterium an. Es wird mindestens einige Monate dauern, um ohne Vorkenntnisse gutes Französisch zu lernen. 15 Pfund Gewichtsabnahme können in zwei Monaten erreicht sein. Mit der Änderung der Einstellung Kollegen gegenüber kann gleich am nächsten Arbeitstag begonnen werden. Herr F. sollte deshalb diese Ziele in der folgenden Reihenfolge aufführen:

«Ein freundliches, tolerantes Verhalten den Kollegen Joe und Harry gegenüber.»

«15 Pfund Gewichtsabnahme.»

«Ausreichende Französischkenntnisse, um französische Zeitungen lesen zu können.»

2. Noch ein Test. Fragen Sie sich: «Welchen dieser Punkte kann ich gleich erreichen mit den Fähigkeiten und Kenntnissen, die ich mitbringe? Welche Ziele erreiche ich hingegen erst, wenn ich mir bestimmte zusätzliche Fähigkeiten und Kenntnisse erworben habe?»

Fräulein R.s Liste enthielt folgende Punkte:

«Durch regelmäßigen Briefwechsel die Familienbande festigen.»

«Mit einer Tanzstunde mein gesellschaftliches Leben erweitern.»

Sie kann sich mit den ihr zur Verfügung stehenden Fähigkeiten gleich an das Projekt «Briefwechsel» machen, auch wenn es sich dabei um ein Unternehmen auf längere Sicht handelt. Sie wird Mut und Selbstsicherheit gewinnen, sobald sie nur angefangen hat.

3. Nach sorgfältiger Prüfung und Anwendung der beiden ersten Tests werden Sie vielleicht entdecken, daß zwei Punkte Ihrer Liste gleich leicht anzugehen sind. Fragen Sie sich in diesem Fall: «Welcher der beiden Punkte bedeutet mir mehr?» Stellen Sie den Punkt, für den Sie sich entschieden haben, obenan.

Sie können sich auch fragen: «Wenn mir nur einer dieser beiden Wünsche erfüllt würde, für welchen würde ich mich entscheiden?» Dieser Punkt ist der wichtigere und sollte über dem anderen stehen.

Übung 2: Stellen Sie die zehn Punkte aus Übung 1 in der Reihenfolge ihres Schwierigkeitsgrades auf, so daß der sicherste und leichteste Punkt die Liste anführt.

Diese Übung bereitet sicher etwas mehr Kopfzerbrechen. Aber es lohnt sich. Sie sind den meisten Menschen damit schon weit voraus:

Sie wissen, was Sie wollen, und Sie haben einen Plan, der Sie der Realisierung Ihrer Wünsche näherbringt.

Diese Liste wird den Ausgangspunkt Ihres Programms zur Selbstentfaltung bilden. Sie werden sie oft zu Rate ziehen. Sie werden sehen, daß Sie im Laufe des Programms fortschreitend die Liste revidieren wollen. Anfangs werden Sie den Wunsch öfters haben, später wird er seltener werden. Diese Änderungen sind nur natürlich; Sie sind schließlich keine Statue, für immer und alle Zeiten einer festen Gestalt unterworfen. Sie sind ein lebensbewußtes, dauernd in der Entwicklung begriffenes Wesen. Nach einem Monat werden Sie sich etwas anders finden, als Sie es heute sind. Nach einem Jahr werden Sie sich sogar merklich verändert haben. Sie entscheiden selbst, ob die Veränderung zu Ihrem Vor- oder Nachteil geschieht. Mit Ihnen verändern sich auch Ihre Wünsche.

Rechnen Sie ruhig damit, daß sich Ihre Liste immer wieder ändert. Lernen Sie Veränderungen erkennen und freuen Sie sich, wenn sie eintreten.

1. Streichen Sie jedes Ziel von Ihrer Liste, sobald Sie es erreicht haben.

2. Wenn Sie nach einiger Zeit feststellen, daß ein bestimmter Punkt Ihnen nicht länger erstrebenswert erscheint, streichen Sie ihn von Ihrer Liste.

3. Fügen Sie anstelle der gestrichenen alten Punkte neue in Ihre Liste ein (das Kapitel 4 beschäftigt sich ausführlich mit dem Streichen und Hinzufügen von Punkten). In diesem Kapitel haben Sie Ihre Ziele erfaßt – zumindest für den Moment. Die folgenden Kapitel werden uns bei ihrer Realisierung behilflich sein.

Merke: Sagen Sie niemandem etwas über die Punkte Ihrer Liste. Erwähnen Sie nicht einmal, was Sie sich vorgenommen haben! Das ist von entscheidender Bedeutung.

Zusammenfassung

- Der Erfolg kostet Sie nur etwas Nachdenken, Sichbemühen und Zeit.
- Fragen Sie sich, was Sie wirklich wollen.
- Erstellen Sie eine Liste der Dinge, die Sie sich wünschen.
- Formulieren Sie Ihre Wünsche genau.
- Streben Sie keine sich widersprechenden Ziele an.
- Gehen Sie Schritt für Schritt vorwärts: eins nach dem anderen.
- Achten Sie darauf, dabei Ihre Mitmenschen nicht zu kränken oder zu verletzen.

- Erwähnen Sie die Dinge, Umweltbedingungen oder Gewohnheiten nicht, die Sie loswerden wollen.
- Formulieren Sie Ihre Wünsche positiv und konstruktiv.
- Ordnen Sie Ihre Liste entsprechend dem Schwierigkeitsgrad Ihrer Punkte und beginnen Sie mit dem einfachsten.
- Das Selbstvertrauen wächst schon mit kleinen Erfolgen.
- Behalten Sie Ihren Plan ganz für sich.

Nur wenige Menschen machen sich die Mühe nachzudenken.
Der, der es tut, hat der Masse schon viel voraus.
Um ein Ziel zu erreichen, braucht man keine Schnelligkeit, aber ein Gefühl für die richtige Richtung.

2. Kapitel

Die Kunst des Denkens

«Das Leben besteht nicht in der Hauptsache aus Tatsachen und Geschehnissen. Es besteht im wesentlichen aus dem Sturm der Gedanken, der jedem durch den Kopf tobt.» Mark Twain

Sie werden kaum von jemandem gehört haben, der die Kunst des Denkens studiert; das wird nicht an gewöhnlichen Schulen gelehrt. Sie werden sagen, daß jeder denkt – immer und ohne Anleitung und Übung. Das ist nicht richtig. Wir können «Denken» nicht mit den unbestimmten und ungeordneten geistigen Prozessen gleichsetzen, die sich in den meisten Köpfen die überwiegende Zeit abspielen.

Die Gurgellaute und Krähtöne des Kleinkindes sind Geräusche, aber keine Sprache. Das Kind muß lernen, diese Geräusche zu kontrollieren und in Worte zu formen. Mit den Gedanken ist es ebenso; viele Menschen glauben zu denken, während sie Tagträumen nachhängen.

Denken, wie wir es hier meinen, ist ein beherrschter und gelenkter geistiger Vorgang. Er kann gelehrt, geübt und gelernt werden.

Warum ist es überhaupt so wichtig, wirksam zu denken? Weil unser Leben, wie Mark Twain sagt, in der Hauptsache aus den Gedanken in unserem Kopf besteht. Ungeordnete Gedanken bedeuten ein ungeordnetes Leben; unglückliche Gedanken machen das Leben unglücklich; krankhafte Gedanken den Körper krank; armselige, ängstliche, zweifelnde Gedanken bedeuten Mißerfolg und Armut.

Dadurch, daß Sie lernen, Ihre Gedanken zu ordnen und zu beherrschen, das heißt richtig zu «denken», im wahren Sinne des Wortes, können Sie sich, Ihr Vermögen und Ihren Charakter verbessern.

Das ist nicht bloß eine Idee von mir. Schon Salomon sagt in Kapitel 23, Vers 7: «So wie er in seinem Herzen denkt, so ist er.» William James, der amerikanische Psychologe, sagte: «Menschliche Wesen können ihr Leben dadurch ändern, daß sie ihre geistige Einstellung ändern.»

Sie haben schon zwei Denkübungen hinter sich, obwohl wir sie nicht so genannt haben.

Zuerst haben Sie eine Liste der zehn Dinge aufgestellt, die Sie sich am dringlichsten wünschen; davon haben Sie den Wunsch herausgepickt, von dem Sie glauben, ihn am einfachsten realisieren zu können, und haben die restlichen Punkte entsprechend angeordnet.

Jetzt werden wir uns eine klarere und lebhaftere Vorstellung unseres ersten Zieles aus der Liste von Übung 2 bilden. Wir können das schriftlich tun, indem wir den Punkt ganz ausführlich beschreiben. Wenn es sich dabei um etwas Materielles handelt, beschreiben Sie seine Größe, seine Gestalt, Farbe, Bauweise, Kosten etc. Beschreiben Sie seinen Verwendungszweck oder den Gebrauch, den Sie davon machen wollen. Schreiben Sie mindestens zehn Punkte auf – oder mehr, wenn Ihnen mehr einfallen.

Nehmen wir einmal an, Sie wünschen sich einen neuen Mantel. Dann sollte die Liste folgendermaßen aussehen:

Neuer Mantel

1. Größe
2. Länge
3. Gewicht

4. Farbe
5. Material (Wolle, Baumwolle, Nylon etc., Webart, Machart, Zusatzeigenschaften wie imprägniert, formbeständig etc.)
6. Schnitt
7. Anzahl der Knöpfe (Größe, Form, Material)
8. Futter
9. Anzahl der Taschen
10. Gürtel (Breite, Sitz, Verschluß)
11. Preis
12. Verwendungszweck (z. B. Schutz vor Regen und Kälte, wann und wo zu tragen).

Diese Details fallen mir gerade so ein, ich brauche keinen Mantel im Moment. Wenn Sie einen Mantel brauchen, werden Sie bestimmt noch weitere Punkte finden. Beschreiben Sie Ihren Mantel so genau, daß Sie in einem Geschäft unter Hunderten von Mänteln ohne zu zögern «Ihren» Mantel finden würden.

Packen Sie das Problem vielleicht so an, als ob Sie einen Mantel entwerfen und selbst anfertigen müßten; das würde bedeuten, daß Sie bis zum letzten Detail genau wissen, was Sie wollen. Und das ist genau das, was Sie hier tun sollen: Sie entwerfen und machen das betreffende Ding, das Sie sich wünschen, zwar nicht mit Nadel und Faden, aber mit der schöpferischen Macht des Geistes.

Lassen Sie uns deshalb einige weitere Beispiele betrachten, wie z. B. eine neue Wohnung. Sie könnten es folgendermaßen beschreiben:

Neue Wohnung

1. Gewünschte Lage (in welchem Teil der Stadt? In welcher Stadt? In welchem Teil des Landes?)
2. Welche Art (Appartement, Bungalow, Reihenhaus, Doppelhaus, Wohnwagen etc.)
3. Anzahl und Größe der Zimmer (jeder Raum sollte als neuer Punkt beschrieben werden)
4. Außenanstrich und Verarbeitung
5. Anstrich der Innenwände
6. Deckenanstrich
7. Holzverarbeitung, innen
8. Böden (jedes Zimmer separat aufführen)
9. Heizung
10. Zusatzheizung (z. B. Kamin)
11. Geplante Einrichtung (jedes Zimmer separat aufführen)

12. Erforderliche Hilfsgeräte (Liste, Größe, Preis etc.)
13. Beschreibung des Gartens
14. Kauf oder Miete (wenn Kauf, nähere Beschreibung der Kaufbedingungen)
15. Voraussichtlicher Einzugstermin.

Nehmen wir einmal an, Sie wünschen sich etwas unerreichbar Fernes, wie z. B. Hochschulbildung. Beschreiben Sie Ihr Ziel trotzdem detailliert, erwähnen Sie den Nutzen, den Sie sich von seiner Realisierung versprechen etc.

Universitätsbildung

1. Gewünschter Titel
2. Bevorzugte Universität
3. Zulassungsqualifikationen
4. Mittel, diese zu erwerben, falls notwendig
5. Voraussichtlicher Studienbeginn
6. Studienplan des ersten Jahres
7. Studienplan des zweiten Jahres
8. Studienplan des dritten Jahres
9. Studienplan des vierten Jahres
10. Eventuelles Zusatzstudium
11. Voraussichtliche Dauer des Projektes

12. Wohnung während des Studiums
13. Einschreibegebühren und Kosten für Bücher (jährliche Berechnung)
14. Beabsichtigte Kostendeckung (Ersparnisse, Verdienst, mögliche Zuschüsse oder Studienbeihilfen etc.)
15. Laufbahn nach Erlangung eines akademischen Grades

Wenn Sie einen Ehepartner suchen, gehen Sie in derselben Weise vor:

Ehemann

1. Alter (5 Jahre Spielraum)
2. Größe
3. Gewicht
4. Familie, Herkunft
5. Haarfarbe und -länge
6. Augenfarbe
7. Eigenschaften (z. B. gutaussehend, Durchschnittsaussehen, Aussehen nicht entscheidend)
8. Religion
9. Religiöse Einstellung (z. B. fromm, durchschnittlich, gleichgültig)
10. Beruf

11. Einkommen
12. Bildungsgrad
13. Raucher (wenn ja, wie stark)
14. Trinker (wenn ja, wie stark)
15. Milieu
16. Temperament (gesellig, reserviert, dynamisch, unterwürfig)
17. Bevorzugte Freizeitbeschäftigungen (hier sollten verschiedene Punkte aufgeführt werden, wie z. B. Tanz, Musik, Kino, Reisen, Lesen, Schwimmen, Bridge, Tennis etc.)
18. Einstellung zum Geld (z. B. großzügig, sparsam)
19. Geschlechtliche Einstellung
20. Wunsch nach Kindern? (Wenn ja, wie viele?)
21. Lieblingsfarben
22. Ziele.

Wahrscheinlich würden Ihnen noch weitere Punkte einfallen, wenn Sie sich Zeit zum Nachdenken nehmen würden, aber diese Beispiele reichen völlig aus, um Sie mit dem System bekanntzumachen. Hier noch einige Hinweise zur näheren Beschreibung Ihrer eigenen Wünsche:

1. Stellen Sie die Liste so umfassend wie möglich auf. Ich habe vorgeschlagen, mindestens zehn Punkte aufzuführen. Man kann für jedes Ziel mindestens zehn verschiedene Attribute finden; für die meisten Punkte wird man sogar mehr finden. Erweitern Sie Ihre Beschreibung in diesem Fall ruhig, bis Sie glauben, daß sie vollständig ist. Sie werden später sehen, daß die Verwirklichung Ihres Wunsches um so leichter ist, je ausführlicher und genauer Sie ihn beschrieben haben.

2. Seien Sie genau. Wenn Sie z. B. eine Farbe beschreiben müssen, tun Sie das nicht einfach mit «dunkel» oder «hell» ab. Seien Sie genau: geben Sie die genaue Farbe an, die Sie meinen. Oder wenn z. B. von Geld die Rede ist – Preis eines Artikels, Gehalt, Gebühren – seien Sie nicht vage. Schreiben Sie den genauen Betrag auf Mark und Pfennig auf. Wenn Sie die Absicht haben abzunehmen, führen Sie auf, um genau wieviel Kilo Sie abnehmen wollen, bis wann Sie Ihr Ziel erreichen wollen, machen Sie Angaben über Ihre Diät, Ihr sportliches Trainingsprogramm etc. Seien Sie auch genau, wenn es darum geht, angestrebten persönlichen Nutzen oder Genugtuung zu be-

schreiben: formulieren Sie genau, was Sie anstreben. Das wird Ihnen helfen.

3. Wenn Sie anfangs Schwierigkeiten haben, etwas genauer zu definieren, was Sie bis jetzt nur vage im Kopf haben, gibt es auch hier Übungen, die Ihnen helfen werden. Nehmen Sie z. B. irgend etwas, woran Sie sehr hängen, und beschreiben Sie diesen Gegenstand. Einige Minuten Übung bringen Sie auf den richtigen Weg, und Sie können fortfahren.

Bemühen Sie sich, alle Punkte Ihrer Liste ausführlich, genau und verständlich zu definieren, denn dadurch definieren Sie Ihren Wunsch auch besser und genauer. Anfangs hatten Sie vielleicht den unbestimmten Wunsch nach einem neuen Mantel, einem neuen Heim oder einem Ehepartner. Wenn einmal Ihre Liste steht, haben Sie eine klare Vorstellung von Ihrem Wunsch.

Wenn Sie keine solche klare Vorstellung haben, können Sie auch nicht erwarten, daß die schöpferischen Kräfte Ihres eigenen Geistes und des Universums Ihnen das schenken, was Sie wollen. Ihre genaue Vorstellung ist die Zeichnung, nach der diese Kräfte arbeiten.

Ihre Vorstellung muß genau sein! Was könnte man mit dem Schnittmuster für ein Kleid oder Bauplänen für ein Boot anfangen, wenn die Linien dick und verschmiert sind und leere Zwischenräume Rätsel aufgeben oder wenn die Hälfte der gedruckten Anweisungen unlesbar und verwischt ist? Man könnte nur schwer etwas damit anfangen, Schnittlinien erkennen oder das Material zusammensetzen. Mit einem vage beschriebenen Wunsch ist es ebenso; er kann nie produktiv sein, sondern wird höchstens zu einem ungenauen und zusammengeflickten Produkt oder, was wahrscheinlicher ist, zu keinem Ergebnis führen.

Gute Kleiderschnitte und Bootspläne sollen scharfe, klare und exakte Arbeitshilfen sein. Sie erfüllen eine notwendige Voraussetzung, an Ihr Ziel zu gelangen, wenn Sie eine klare Vorstellung Ihres Wunsches entwickeln.

Übung 3: Schreiben Sie oben auf die Seite den ersten Punkt von Übung 2. Beschreiben Sie diesen Punkt genau so, wie Sie ihn sich wünschen.

Hier vier Techniken, um diese Beschreibung in die Tat umzusetzen.

1. Lesen Sie die Übung 3 dreimal täglich, morgens, mittags und abends. Am einfachsten wird es wohl sein, wenn Sie diese Übung in ein kleines Notizheft eintragen, das Sie bei sich tragen können. Natürlich muß man daraus kein geheimnisvolles Ritual machen: Übergehen Sie das Geschriebene nur langsam und aufmerksam. Wenn möglich, machen Sie Ihre Übung, wenn Sie allein sind, und lesen Sie dann laut. Das ist die wirksamste Methode. Wenn Sie Ihre Wiederholungsübungen nicht immer laut sprechen können, dann flüstern Sie vor sich hin; die Bewegung von Kiefer, Lippen und Zunge und die Bildung der Worte wird den Wert der Übung erheblich steigern. (Wenn Sie das Radio anstellen, können Sie verhindern, daß Hausbewohner Ihren Flüsterübungen beiwohnen.) Wenn Sie nicht einmal flüstern können, lesen Sie schweigend; das ist wertvoller, als gar nicht zu lesen.

Und vergessen Sie nicht, daß die Sache nur für Sie selbst bestimmt ist. Lassen Sie zu Hause oder an Ihrem Arbeitsplatz niemanden sehen, was Sie lesen. Wenn es nicht anders geht, schließen Sie sich für eine oder zwei Minuten im Waschraum ein, damit Sie Ihr Notizheft in Ruhe lesen können.

2. Wenn Sie tagsüber ab und zu mal einen freien Kopf haben, denken Sie gelegentlich an Ihre Übung.

3. Sie haben Ihren ersten Wunsch formuliert; stellen Sie sich jetzt vor, daß er schon für Sie in Erfüllung gegangen ist. Wenn Sie ein materielles Ziel haben, stellen Sie sich vor, daß Sie es sehen, berühren und gebrauchen. Wenn es sich um etwas Immaterielles wie z. B. eine Charaktereigenschaft handelt, stellen Sie sich vor, Sie besäßen sie bereits. Wenn Sie sich beispielsweise Selbstbewußtsein wünschen, sehen Sie sich in einer wichtigen Situation sehr selbstsicher stehen, gehen und sprechen. Wenn Sie sich ein wenig mehr Schwung und Tempo und Entschlußfreudigkeit wünschen, stellen Sie sich vor, daß Sie die vielen Dinge, die Sie zu tun haben, schnell und leicht erledigen. Nehmen Sie sich für Details Zeit. Wenn Sie sich gerne als Sänger, Schauspieler, Musiker sehen würden, stellen Sie sich ruhig schon auf einer Bühne schauspielernd vor. Lassen Sie sich die Melodie, den Dialog oder die Musik durch den Kopf gehen; stellen Sie sich die Hitze des Scheinwerferlichts vor, den Klang des Applauses. Erleben Sie in Ihrer Vorstellung Ihren Wunsch als Realität. Wenn Sie sich ein neues Heim wünschen, spielen Sie Hausbesitzer. Gehen Sie von Raum zu Raum, setzen Sie sich zum Essen hin; sehen Sie sich bei der Gartenarbeit oder schlafend im neuen Schlafzimmer. Wenn Sie Lehrer werden wollen, sehen Sie sich schon im Klassenzimmer, bereiten Sie im Geist die Unterrichtsstunde vor, die Sie halten wollen, hören Sie sich selbst an die Schüler Fragen stellen, oder sehen Sie sich an die Tafel schreiben. Wenn Sie sich einen bestimmten Betrag Geld wünschen, stellen Sie sich vor, wie der Schalterbeamte in der Bank für Sie den genauen Betrag abzählt; stellen Sie sich das Rascheln der Scheine vor, das Gefühl, sie in den Händen zu halten.

Wenn Sie diese konstruktiven, angenehmen Gedanken haben, formen Sie sie geistig in Worte, sofern sie in Worte zu kleiden sind. Wenn Sie z. B. abnehmen wollen, sehen Sie sich vor Ihrem geistigen Auge auf der Waage, wie Sie den Zeiger beobachten und zu sich sagen: «Gut, jetzt habe ich mein Ziel erreicht.» Stellen Sie sich vor, wie Sie zufrieden in den Spiegel schauen und sagen: «Wie habe ich mich zu meinem Vorteil verändert!» Sehen Sie sich schon die neuen Kleider bestellen, die Sie brauchen. Stellen Sie sich vor, was Sie zu der Verkäuferin sagen werden und was sie Ihnen antworten wird. Stellen Sie sich vor, was Ihre Freunde über Ihr gesünderes, besseres Aussehen sagen und was Sie auf ihre Komplimente antworten werden.

Zwingen Sie sich nicht zu diesen Gedanken. Gehen Sie nicht mit geballter Faust und zusammengebissenen Zähnen an diesen Plan. Entspannen Sie sich physisch soweit als möglich. Sie können diese Übung beim Gehen machen. Hundertprozentige Entspannung ist dabei fast unerreichbar, aber man kann die Hände lose hängen lassen, kann das Tempo ein wenig drosseln, ruhig und tief atmen und sein Gesicht durch ein kleines Lächeln entspannen.

Wenn Sie daheim, im Büro, im Bus oder im Flugzeug sitzen, achten Sie darauf, daß Ihre Füße bequem aufgesetzt sind, daß Ihre Bein- und Armmuskeln entspannt sind und daß Ihr

Kopf «richtig sitzt», so daß der Nacken unbelastet bleibt. Wenn Sie sich hinlegen, entspannen Sie sich ganz. Physische Entspannung und tiefes, gleichmäßiges Atmen verhelfen zu ruhigem Nachdenken.

Denken Sie genau und detailliert nach. Wir wissen, wie man das macht.

Schaffen Sie sich vor allem Aufmerksamkeit für Ihre Gedanken: Verweilen Sie bei jedem Detail, weil es für Sie wichtig ist. Können Sie sich noch an Gelegenheiten zurückerinnern, als Sie besonders aufmerksam waren? Als Sie z. B. Ihr Aussehen vor einem großen Ereignis im Spiegel überprüften, waren Sie doch aufmerksam, interessiert? Sicherlich interessierte Sie auch ein Paket, das ein lange erwartetes Geschenk enthielt. Interesse entspringt persönlichem Engagement. Das ist Ihr Experiment, unter Ihrer Leitung, zu Ihrem Nutzen. Deshalb führen Sie es mit Interesse durch.

Lächeln Sie, während Sie nachdenken. Es ist psychologisch erwiesen, daß angenehme Gedanken sich in einem Lächeln äußern und daß andersherum ein Lächeln auch ein angenehmeres Gefühl hervorruft. Deshalb lächeln

Sie. Erfahren Sie Vergnügen, während Sie an die Realisierung Ihres Wunsches denken.

Es kann sein, daß, wenn Sie diese Übung mit geschlossenen Augen machen, Ihr Geist ein visionäres Bild entwirft. Die Fähigkeit, mit dem geistigen Auge Visionen zu sehen, ist angeboren.

Sir Francis Galton, ein britischer Genetiker, studierte diese Fähigkeit und fand dabei heraus, daß sie sehr vielschichtig ist. Viele Menschen können keine geistigen Bilder projizieren; andere können sich mit Mühe ein oder zwei Gegenstände vorstellen, wobei diese in ihrer Vorstellung undeutlich und ziemlich farblos erscheinen; andere wiederum können mit Leichtigkeit helle, klare Bilder vor ihrem geistigen Auge entstehen lassen, die in ihrer plastischen Form und Gestalt völlig der Wirklichkeit entsprechen. Frauen haben eine bessere Vorstellungskraft als Männer, und Kinder sind Erwachsenen überlegen.

Wenn Sie diese Vorstellungsgabe haben, nutzen Sie sie, um Ihre Denkweise zu schärfen. Malen Sie sich Ihr Bild so lebendig und detailliert wie nur möglich aus, behalten Sie es vor Ihrem geistigen Auge, und denken Sie immer wieder mit Interesse daran. Wenn Sie sich auf diese Weise keine geistigen Bilder vorstellen können, glauben Sie nicht, daß Sie dadurch bei Ihrer Selbstentfaltung benachteiligt sind. Oft gleichen diejenigen, denen die Vorstellungsgabe abgeht, diesen Mangel dadurch aus, daß sie für die volle Bedeutung von Worten sehr empfänglich sind. Worte können nämlich ebenso bedeutsam und lebendig sein wie die Bilder, die man vor seinem geistigen Auge sieht. In diesem Fall werden Sie zusätzlichen Gewinn haben, wenn Sie Ihre Übungen laut sprechen.

4. Schreiben Sie die Übung 3 jeden Tag neu. Sie werden herausfinden, daß Sie Verbesserungen an dieser Übung vornehmen, wenn Sie sie wieder durchlesen und darüber nachdenken. Sie werden verschiedene Punkte streichen wollen; andere werden Sie umformulieren oder neue, interessantere und wünschenswertere Details hinzufügen wollen. Schreiben Sie diese Änderungswünsche auf, wenn sie Ihnen in den Kopf kommen. Sie können sie an dieser Stelle oder auf einem Zettel notieren und später in Ihr Notizheft eintragen.

Es ist durchaus positiv, wenn Sie Änderungswünsche haben. Das ist ein Zeichen dafür, daß Sie anfangen, Ihre Denkweise in klare Bahnen zu lenken; das geht nur langsam vor sich und tritt nicht gleich am ersten oder zweiten Tag ein.

Sie werden vielleicht sagen: «Ich kann doch meine Änderungen und Verbesserungen aufschreiben, ohne die Übung 3 jeden Tag neu zu schreiben.» Natürlich könnten Sie das tun; aber das Ergebnis wäre gleich Null. Es ist wichtig, daß Sie für Ihre täglichen Leseübungen eine sauber geschriebene Kopie der Übung 3 vorliegen haben, die die Grundlage für konstruktives, gewinnbringendes Denken bedeutet. Sie werden kaum zufriedenstellende Ergebnisse erzielen, wenn Ihr Übungsblatt mit Strichen, Verbesserungen und Einfügungen verunstaltet ist. Deshalb schreiben Sie Ihre Übung 3 jeden Tag und halten Sie sie immer auf dem letzten Stand.

Auch wenn Sie keine Änderungen vornehmen wollen, schreiben Sie die Übung neu ab. Beim Schreiben vertiefen sich Ihre Gedanken; dies ist der einfachste Weg, sich auf ein bestimmtes Thema zu konzentrieren. Hinzu kommt, daß durch den kinästhetischen Sinn der Inhalt dessen, was Sie schreiben, durch die körperlichen Bewegungen von Finger, Hand, Handgelenk und Arm an Kopf und Geist weitergegeben wird. Der kinästhetische Sinn ist in Muskeln, Sehnen und Gelenken und hilft unter anderem mit, die Position und Bewegungen der Glieder zu kontrollieren, wenn sie unbeobachtet sind; der kinästhetische Sinn entscheidet auch, welches von zwei Gewichten schwerer ist, sagt Ihnen beim Tasten, welche von zwei Kugeln größer ist, und ermöglicht, daß man ohne hinzusehen essen kann.

Der kinästhetische Sinn ist darüber hinaus eine wesentliche Hilfe beim Lernen. Die konventionellen Erziehungsmethoden beruhen in der Hauptsache auf den Sinneseindrücken Sehen und Hören. Aber viele Menschen, die visuell benachteiligt sind und deshalb nicht auf normale Weise lesen lernen können, schaffen es, indem sie mit ihren Fingern die Konturen großer Buchstaben nachfahren. Einige Musiker spielen auswendig, indem sie sich Notenblatt auf Notenblatt vorstellen und jeden einzelnen Akkord ablesen. Andere lernen auswendig und erinnern sich mit Hilfe des kinästhetischen Sinnes sogar an ein großes Repertoire. Ebenso hilft die manuelle Tätigkeit des Schreibens, den Gedanken Ihrem Geist stärker einzuprägen.

Lesen Sie diese Übung laut, wenn Sie sie schreiben. Auf diese Weise beeinflussen Sie Ihren Geist gleich dreimal durch Sehen, Hören und Kinästhetik.

Lächeln Sie beim Schreiben. Eine Übung, die man freudig tut, wird ganz aufgenommen; man erinnert sich lange daran und handelt auch danach.

Ich habe es mir zur Regel gemacht, das Wort «Lächeln» gut sichtbar auf jede Seite obenan zu schreiben, die sich mit diesen Übungen befaßt. Das würde ich auch Ihnen empfehlen. Genieren Sie sich nicht, sich selbst in dieser Weise anzuspornen, denn niemand weiß etwas davon, und Sie ziehen Nutzen daraus.

Lassen Sie mich diese Techniken nun in drei weiteren Übungen zusammenfassen.

Übung 4: Lesen Sie Übung 3 dreimal täglich – wenn möglich laut.

Übung 5: Denken Sie an Übung 3, wenn Sie Zeit dazu haben. Denken Sie klar: Sprechen Sie den Gedanken oder stellen Sie ihn sich vor, je nachdem, was Sie besser können. Interessieren Sie sich dafür. Denken Sie gern daran.

Übung 6: Schreiben Sie Übung 3 täglich neu, einschließlich der notwendigen Korrekturen und Zusätze. Machen Sie immer eine saubere Abschrift.

Die Übungen 4 und 6 sollten täglich nur wenige Minuten in Anspruch nehmen. Die Übung 5 beansprucht nur einen Bruchteil der Zeit, die Sie sonst weniger produktiv verbraucht hätten. Seien Sie mit diesem bescheidenen Beginn zufrieden. Üben Sie nicht zuviel. Stürzen Sie sich niemals auf die Übungen wie ein Hungriger auf sein Steak, sonst könnte es leicht passieren, daß Sie unter geistigen Verdauungsstörungen zu leiden hätten; Sie würden bald dieser Methode überdrüssig werden. Gehen Sie ruhig und gelassen genau nach Anweisung vor.

Diese Methode, Ihren Wunsch zu verbessern und an ihm zu arbeiten, hat noch einen Vorteil. Sie werden nämlich herausfinden, daß es hilft, Dinge, die Sie nicht wirklich wollen, auszujäten wie Unkraut. Viele Leute glauben, etwas haben zu wollen, ohne sich klar darüber zu sein, was für Folgen dieser Wunsch haben könnte. Frl. P. wollte Lehrerin werden, aber entdeckte plötzlich, als sie ihr Lehrerseminar schon fast hinter sich hatte, daß sie keine Kinder mag! Zwei arbeitsreiche Jahre waren für nichts vergeudet und nur, weil sie sich vorher nicht genügend mit ihrem Wunsch befaßt hatte.

Deshalb beschreiben Sie Ihren Wunsch Punkt für Punkt mit allen möglichen Konsequenzen und überlegen Sie gut, ob Sie das, worüber Sie schreiben, auch wirklich haben wollen.

Nehmen Sie die Übungen 4, 5 und 6 sehr genau. Sie bilden nämlich die Grundlage Ihres Programms. Arnold Bennett sagt z. B. in seinem Buch «Die Geistige Leistungsfähigkeit», daß die drei Hauptgründe für ein gescheitertes Leben im Fehlen eines Wunsches, im Spott der Freunde und im anfänglichen Zuvielwollen zu suchen sind.

Die in diesem Buch geschilderte Methode unterliegt nicht dieser Gefahr. Denn durch das Detaillieren und Repetieren machen Sie sich selbst klar, was Sie wünschen, und bestätigen diesen Wunsch täglich. Hinzu kommt, daß Ihre Freunde Sie ja nicht belächeln können, weil Sie Ihren Plan für sich behalten. Und schließlich beißen Sie ja immer nur so viel von Ihrem Kuchen ab, wie Sie kauen können. Sie nehmen immer nur ein Ziel in Angriff – das einfachste zuerst.

Und vergessen Sie nicht, daß Sie Ihr Geheimnis niemandem preisgeben dürfen! Das ist entscheidend. Sagen Sie es nicht einmal Ihrem Mann, Ihrer Frau oder Ihrem besten Freund. Behalten Sie es ganz ausschließlich für sich!

Jetzt werden Sie wissen wollen, wie diese Technik für Sie wirksam wird. Im nächsten Kapitel werden wir diesen Punkt besprechen.

Zusammenfassung

- Kontrolliertes, richtig gelenktes Denken wird Ihr Leben erfreulicher gestalten.
- Verschaffen Sie sich über Ihren Wunsch Klarheit; definieren Sie ihn ganz genau.
- Lesen Sie Ihren «Wunschzettel» dreimal täglich.
- Schreiben Sie ihn, so sorgfältig Sie können, täglich neu.
- Sprechen Sie laut.
- Denken Sie darüber nach, wann immer Sie können.
- Formen Sie Ihre Denkschablone in Ruhe.
- Interessieren Sie sich dafür.
- Haben Sie Spaß daran.
- Formen Sie Ihren Wunsch in Worte oder geistige Bilder.
- Ändern und korrigieren Sie Ihren Wunschzettel immer wieder.
- Sagen Sie niemandem etwas von Ihrem Plan.

Jede menschliche Errungenschaft begann als Gedanke.
Gedanken sind Feuer.

Unklare Gedanken spucken wie eine nasse Rakete.
Zielbewußtes Denken ist wie die Flamme eines Schweißbrenners.

3. Kapitel

Die Allmacht der Gedanken

«So wie die Gedanken sind,
ist auch der Charakter;
denn die Seele wird von Gedanken geprägt.»
Marc Aurel

Ein Städter verirrt sich im Wald; nach drei Tagen stirbt er an Hunger und Angst. Ein erfahrener Naturmensch, der sich im selben Wald verirrt, kann monatelang von Fisch, Wild, wilden Früchten und Gemüsen leben; er findet alles reichlich, weil er weiß, was eßbar ist und wo er danach zu suchen hat.

Mit Ihren Denkübungen sieht es ebenso aus. Sie werden ganz sicher Ergebnisse erbringen; aber die Ergebnisse kommen oft aus einer unerwarteten Richtung mit unerwarteten Lösungen. Wenn Sie wissen, wonach Sie suchen, können Sie die richtigen Lösungen erkennen und zu Ihrem Vorteil nutzen.

Lassen Sie mich aus meiner eigenen Erfahrung sprechen. Das Ereignis liegt weit zurück, und deshalb kann ich ruhig darüber reden:

Ich wollte, daß mir eine Vertriebsorganisation beim Verkauf meiner Bücher behilflich ist, und wandte deshalb die in diesem Buch beschriebenen Techniken an. Ich wollte die üblichen Autor-Verleger-Beziehungen anknüpfen und schrieb deshalb New Yorker Verlage an. Aber nicht einer war an mir als Autor interessiert. Mein Wunsch schien nicht realisierbar.

Bald aber sorgten drei Freunde von mir – zwei in meiner Heimatstadt, einer Tausende von Kilometern entfernt – dafür, daß ich gewinnbringende Verkäufe und neue Aufträge tätigen konnte. Einer übernahm ein Theaterstück; ein anderer stellte mich einem Verleger vor; und der dritte nahm Geld auf, um die Werbung für einen Lehrgang für Einzelhandelsverkäufer zu finanzieren. Hinzu kam, daß jemand, den ich bis dahin nicht einmal kannte, eine Reihe von Kontakten schuf, die mich schließlich zu einem Verleger von Theaterstücken führten. Die vier kannten sich untereinander nicht. Keiner von ihnen wußte, daß ich einen Verleger suchte. Zwei von ihnen starteten ihre Aktion, ohne daß ich davon wußte. Einmal handelte ein Freund sogar entgegen meiner Ansicht, wobei sich seine Taktik als richtig und gewinnbringend für mich erwies.

Hinzu kommt, daß ich diese wertvolle Hilfe ohne Zahlung der üblichen 10 % Vermittlungsprovision erhielt!

Ich will mit diesem Vorfall sagen, daß meine Denkweise Ergebnisse erbrachte, allerdings in einer anderen Form als erwartet. Als dies geschah, wußte ich zum Glück schon genügend über die Macht der Gedanken, um diese Chancen zu erkennen und zielstrebig zu nutzen. Sie werden sicher ähnliche Erfahrungen gemacht haben. Ich weiß nicht, was Sie erwarten; ich kann nicht vorhersagen, in welcher Form Ihre Erwartungen eintreffen werden. Ich kann aber einige allgemeine Hinweise geben. Hier sechs Methoden, nach welchen Sie zielbewußte Gedankenmacht für Sie nutzbar machen:

Sie haben sich Ihr Ziel eingeprägt

Viele Menschen erreichen ihr Ziel deshalb nicht, weil sie einfach vergessen, das zu tun, was sie tun sollten und auch leicht könnten. Harry wollte zu seiner Frau und seinen Kindern nett und zuvorkommend sein. Zwei- oder dreimal im Jahr beschließt er, sich von seiner angenehmen, sanften Seite zu zeigen. Aber hundertmal im Jahr vergißt Harry über den Alltagssorgen seine guten Vorsätze; er flucht und schreit seine Familie an und macht seine Angehörigen und sich selbst damit unglücklich.

Der Entschluß abzunehmen fällt oft auf dieselbe Weise in sich zusammen: aus Vergeßlichkeit nimmt man sich noch einmal Fleisch, Butter auf die Kartoffeln oder Sahne in den Kaffee.

Die schlimme Gewohnheit des Hinausschiebens rührt zur Hälfte von Vergeßlichkeit her.

William James sagte: «Es spielt keine Rolle, wie edel die Gefühle sind, die jemand hegt. Nimmt man nicht jede Gelegenheit zum Handeln wahr, wird der Charakter von den edlen

Gefühlen vollkommen unbeeinflußt bleiben. Mit guten Vorsätzen ist der Weg zur Hölle sprichwörtlich gepflastert.»

Unsere Methode erinnert Sie pausenlos an Ihre guten Vorsätze; sie werden ein fester Bestandteil Ihres Denkens; sie stehen sozusagen in der ersten Reihe Ihrer geistigen Armee, wenn es darum geht, einen Vorsatz in die Tat umzusetzen.

Mit anderen Worten, Sie werden dauernd erinnert, das zu tun, was Sie tun wollen.

Sie erhalten Eingebungen

Diese Übungen in zielgerichtetem, beherrschtem Denken machen Ihren Geist für etwas bereit, was allgemein Inspiration genannt wird. Die meisten Menschen bilden sich ein, daß die Eingebung nichts für sie ist, daß sie etwas Seltenes, ja sogar Übernatürliches ist, das nur Dichtern, Propheten und Genies vorbehalten ist. Das stimmt nicht. Jeder hat Eingebungen, aber die meisten Menschen nehmen keine Notiz davon.

Dichter, Propheten und Genies warten darauf, nutzen sie und entwickeln sie weiter. Sie können ebenfalls lernen, sie weiterzuentwickeln; Sie können sie dazu benutzen, aus sich das zu machen, was Sie sein wollen.

Eingebungen kommen selten als gewaltige, Ehrfurcht einflößende, gefühlsbetonte Erfahrung oder als Vulkanausbruch von Einsicht oder Macht. Sie kommen zu den meisten Menschen still und leise, so wie sich eine Blüte über Nacht öffnet und wie sich die Wasseroberfläche eines Sees kräuselt, wenn Fische aufsteigen. Eingebungen sind Gedanken, die vom Unterbewußtsein einen Weg ins Bewußtsein gefunden haben.

Nach Eingebungen muß man Ausschau halten und sofort reagieren. Nur über einen kurzen Zeitraum können Blumen bestäubt werden, ernähren Fische ihre Nachkommen. Es kann oft lange dauern, ehe sich eine verpaßte Gelegenheit wieder bietet.

Seien Sie deshalb wachsam. Die erste Anregung kommt einige Zeit nachdem Sie mit diesem Programm begonnen haben. Ich kann nicht sagen, wann sie kommt. Sie kann schon zwei Minuten nachdem Sie die Übung 3 geschrieben haben, kommen; sie kann auch drei

Tage später, während sie die Übung 5 machen, auftreten, gerade dann, wenn Sie sich ruhigen und angenehmen Gedanken über die Erfüllung Ihres Wunsches hingeben; die Eingebung kann gerade dann kommen, wenn Sie zum fünftenmal am Tag die Übung 6 machen. Früher oder später, aber in jedem Fall kommt die Eingebung einmal.

Wie erkennt man eine Eingebung? Was ist das überhaupt? Eingebung ist, wenn Sie plötzlich eine Idee haben, wie Sie teilweise oder ganz Ihr Ziel erreichen können. Das ist der entscheidende Moment. Halten Sie Ihre Idee fest, und schreiben Sie sie auf. Ich wiederhole: Schreiben Sie sie auf!

Wenn Sie sie nicht aufschreiben, werden Sie sie sicher vergessen, und es kann sein, daß Sie diese Eingebung niemals wieder haben werden. Halten Sie Ihre Idee fest und schreiben Sie sie auf, auch wenn sie Ihnen unbedeutend scheint. Solange sie zu Ihrem Ziel paßt, ist es eine Eingebung.

Gerade jetzt, wo ich dieses Kapitel schreibe, bin ich dabei, für ein Preisausschreiben einige Verse zu verfassen. Ich sah vor ein paar Tagen eine Ankündigung dieses

Preisausschreibens, aber hatte zunächst keine Idee für eine Teilnahme. Verlangt war, daß die Verse zu der Melodie eines allgemein bekannten Liedes paßten. Gestern kam mir das Walliser Freiheitslied «Männer von Harlech» in den Sinn, als ich gerade meine Krawatte band. Ich ließ die beiden Enden, die ich gerade in der Hand hatte, fallen und schrieb oben auf eine neue Seite in mein Notizbuch «Melodie: Männer von Harlech».

Als ich mit dem Bus ins Theater fuhr, kamen mir drei Zeilen einer Strophe in den Kopf. So gut ich im schwankenden Bus konnte, schrieb ich sie auf. An der Theaterbar kamen mir über einem Glas Bier drei weitere Zeilen für mein Gedicht. Ich setzte mein Glas ab und schrieb meinen Geistesblitz auf, solange ich ihn im Kopf hatte.

Jetzt versuche ich übungshalber, mir diese Zeilen wieder ins Gedächtnis zurückzurufen. Ich kann es nicht! Ich habe sie total vergessen! Ich weiß aber, daß ich sie sicher in meinem Notizheft festgehalten habe und daß ich darauf basierend die Strophen ohne Schwierigkeit zu Ende bringen werde. Wenn ich sie nicht gleich aufgeschrieben hätte, wären sie für immer für mich verloren gewesen.*

Fangen Sie Ihre Idee ebenso ein, auch wenn es Ihnen unpraktisch oder überflüssig erscheint. Wenn Sie es nicht tun, werden Sie niemals herausfinden, ob Sie damit etwas hätten anfangen können. Wenn Sie die Idee aber festhalten, werden Sie wahrscheinlich früher oder später auch Wege finden, diese Idee weiterzuverwenden.

Behalten Sie Ihr Notizbuch immer in Reichweite, damit Sie, wenn Ihnen eine Idee in den Kopf kommt, diese gleich niederschreiben können. Dabei ist völlig egal, ob Ihre Idee Sie beim Essen, bei der Arbeit, bei einem Spaziergang, im Bus oder im Bett überfällt; halten Sie sie fest, und schreiben Sie sie auf. Sagen Sie sich immer wieder vor: «Das ist ein Schritt zu dem, was ich will: ein Schritt zu einem neugestalteten Leben.» Wenn Sie dieses Ziel vor Augen haben, werden Sie das, was Sie gerade tun, seinlassen, um Ihre Idee festzuhalten und aufzuschreiben. Ich habe übri-

* Tatsächlich habe ich mit meinen Versen einen Preis in jenem Wettbewerb gewonnen.

gens herausgefunden, daß die Zeit, während deren ich täglich meine Übungen schreibe, ganz besonders reich an Ideen ist. Ich mußte meine Übungen manchmal bis zu sechsmal unterbrechen, um neue Ideen festzuhalten und niederzuschreiben.

Ich kann nur immer wiederholen: Halten Sie jede Idee schriftlich fest. Ich tue das, weil man sie nie vergißt, wenn man sie öfters überliest. Denken Sie daran und tun Sie es auch. Neben meiner schriftstellerischen Arbeit gebe ich Unterricht in kreativem Schreiben. Viele Studenten klagen, daß sie keine schöpferischen Ideen haben. Ich konnte immer wieder beweisen, daß alle Studenten zu jedem Thema schöpferische Ideen entwickeln können, wenn sie sie aufschreiben. Im Klassenzimmer stelle ich mich hinter sie und dränge die Studenten immer wieder zum Schreiben, und mit der Zeit sehen sie, daß es auch diejenigen schaffen, die sich vorher beklagt haben! Ganz genauso dränge ich Sie zu diesem entscheidenden Punkt: Halten Sie jede Idee fest, und schreiben Sie sie auf.

Dieser Vorgang umfaßt viel mehr als das einfache Festhalten der Idee. Beim Schreiben werden Sie nämlich häufig entdecken, daß Sie Ihre Idee klarer umreißen und ausbauen können. Ein Beispiel dazu: Haben Sie schon einmal an Ihrem Mantel einen losen Faden entdeckt? Sie zogen daran und entdeckten, daß er viel länger war, als Sie erwarteten. Machen Sie es mit einer Idee ebenso: Halten Sie sie fest und ziehen Sie! Die Idee, die anfangs nur aus Bruchstücken zu bestehen schien, kann sich vervollständigen, indem Sie sie aufschreiben.

Sie regen Ihren Geist an

Ihr Geist verkümmert, wenn er nicht angeregt wird, aber reagiert sofort auf jede Ermutigung. In diesem Zusammenhang meine ich mit Ermutigung das Einfangen unserer Ideen, die aufgeschrieben werden müssen.

Lassen Sie mich diesen Punkt näher erklären. Nehmen wir doch einmal an, daß Sie Ihrem Chef Vorschläge unterbreiten, die Sie für die Firma als nützlich und gewinnbringend betrachten. Nehmen wir weiter an, daß Ihr Vorgesetzter sich benimmt, als ob Sie Luft für ihn wären, und fortfährt, sich mit anderen Dingen zu beschäftigen. Nach einer Weile werden Sie dadurch entmutigt und hören auf, Vorschläge zu machen.

Aber nehmen wir einmal an, daß Ihr Vorgesetzter Ihren Ideen aufmerksam folgt und sagt: «Das klingt interessant. Danke, daß Sie darauf hingewiesen haben.» Sie sehen, wie er sich sofort eine Notiz macht. Sie merken, daß Ihre Idee gleich in die Tat umgesetzt wird. Sie freuen sich darüber. Sie werden natürlich angeregt zu neuen Ideen, besonders dann, wenn Sie Aktien dieser Firma besitzen! Ihrem Geist geht es ganz ähnlich. Im Bewußtseinszentrum, sozusagen dem Hauptbüro, in dem Sie sitzen, beurteilen Sie die Ideen, die aus den Hinterzimmern, den Lagerhallen und Werkstätten des Geistes hereinflattern.

Ein Unternehmer kann sein Büro verlassen und über sein Gelände gehen, um zu sehen, was dort passiert; Sie können aber Ihr geistiges Hauptbüro nicht verlassen (wenigstens nicht in einem gewöhnlichen Denkvorgang). Sie müssen auf Ihrem Platz bleiben und darauf warten, was Ihnen die Ideenfabrik des Unterbewußtseins zur Prüfung liefert.

Sie können aber die unsichtbaren, unzugänglichen Ideenlieferanten anregen durch Ihre *Aufmerksamkeit*, *Tatkraft* und *Anerkennung*.

Aufmerksamkeit: Entwickeln Sie den festen Glauben, daß Ihr Geist Sie mit den gewünschten Ideen beliefern kann und will. Lernen Sie sie erkennen, wenn sie in Ihr Bewußtsein eindringen.

Tatkraft: Halten Sie zunächst die Idee fest und schreiben Sie sie auf. Verbinden Sie sie mit anderen Ideen aus derselben Quelle oder einer anderen. Setzen Sie Ihre Ideen dann in die Tat um. (Das Kapitel 9 sagt mehr darüber.)

Anerkennung: Man braucht seinen Spaß und seine Dankbarkeit sich selbst und seinem Geist gegenüber nicht zu verstecken. Lächeln Sie einfach, und sagen Sie sich laut oder leise irgend etwas Nettes wie: «Das ist eine gute Idee! Ich bin froh, daß ich darauf gekommen bin. Weiter so.» Benutzen Sie Ihre eigenen Worte. Ein wenig Training wird Ihre Worte natürlich klingen lassen.

Geizen Sie nicht mit Lob und Anerkennung. Ihr Geist braucht das und erblüht dadurch. Mark Twain sagt ganz richtig: «... ein

Grundtrieb ist der Hunger nach Eigenlob.» John Milton schrieb einmal: «Oftmals ist nichts wertvoller, als von sich selbst überzeugt zu sein.» Wenn Sie Ihren Geist anregen, indem Sie ihm Aufmerksamkeit, Tatkraft und Anerkennung zukommen lassen, wird er das mit einem größeren Einsatz für Sie lohnen.

Die Fähigkeit, Ideen zu haben, wird größer und arbeitet mit der Zeit immer schneller: Immer mehr Ideen werden immer schneller entwickelt. Sie werden einmal Ihr ganzes Vertrauen in diese Fähigkeit legen. Sie werden sich an jede Aufgabe und an jedes Projekt heranwagen in der Überzeugung, daß Ihr Geist Sie mit den dafür notwendigen Ideen beliefern wird.

Sie formen Ihren Charakter um

Durch beharrliches Wiederholen der Übungen 4, 5 und 6 profitieren Sie von dem Gesetz, daß ein oft wiederholter Gedanke zum Glauben wird. Sie können die Auswirkungen dieses Gesetzes überall in Ihrer Umgebung beobachten. Der «eingebildete Kranke» fürchtet dauernd, krank zu sein; der nächste Schritt ist, daß er glaubt, krank zu sein; und bald ist er wirklich krank. Der Pessimist denkt dauernd an das Pech, das ihn verfolgt; dann glaubt er daran, und schließlich verfolgt es ihn auch wirklich.

Indem man sich eine neue Denkweise aneignet, ändert man seinen Charakter und damit auch sein Leben; denn schon Emerson sagt: «Das Glück des Menschen wird von seinem Charakter bestimmt.» Deshalb müssen Sie, sobald Sie mit diesen Übungen beginnen, nach günstigen Veränderungen in Ihrem Charakter Ausschau halten. Achten Sie z. B. auf Anzeichen, daß Sie optimistischer, konstruktiver, schöpferischer werden. Hegen und pflegen Sie diese Anzeichen, auch wenn sie noch so klein sind. Ermutigen Sie jeden Wechsel nach besten Möglichkeiten. Jeder noch so kleine Wechsel ist ein Schritt auf Ihr Ziel zu.

Sie profitieren von anderen

Obwohl Sie anderen Menschen gegenüber nie über Ihren Plan sprechen, werden Gedanken direkt von Ihrem Geist auf andere übertragen. Ohne ein Wort zu sagen, veranlassen Sie andere Menschen, an das zu denken, was Sie in Ihrem Unterbewußtsein gerade beschäftigt (denken Sie an meine Erfahrung bei der Suche nach einem Verlag).

Wenn Sie sich vorher nicht mit Telepathie beschäftigt haben, werden Sie mir vielleicht nicht glauben. Ich verlange von Ihnen nicht, mir zu glauben. Ich lade Sie nur zu einem Experiment ein. Wenn Sie diese Übungen regelmäßig durchführen, wird dieses Prinzip sofort anfangen, für Sie zu arbeiten, ob Sie nun glauben oder nicht.

Hier einige der zu erwartenden Ergebnisse:

1. Bei einer Unterhaltung erfahren Sie von Ihrem Gesprächspartner wertvolle Hinweise und Ideen. Manchmal ist die Information absichtlich für Sie bestimmt, weil der Partner weiß, daß sie Sie interessieren wird. Manchmal wird sie in Ihrer Hörweite auch nur so fallengelassen – en passant sozusagen. Warten

Sie auf die Information. Halten Sie die Idee fest, und schreiben Sie sie auf. Nehmen Sie dazu ruhig Bleistift und Notizbuch zur Hand. Sie werden sehen, daß Ihr Gesprächspartner geschmeichelt sein wird, daß Sie seiner Unterhaltung soviel Bedeutung zumessen.

(Und denken Sie daran, nicht genau zu sagen, warum Sie die Aufzeichnung machen. Sagen Sie in diesem Fall z. B.: «Ich halte das für eine interessante Idee» oder «Das darf ich auf keinen Fall vergessen.»)

Diese Ideen werden etwas später zusammen mit der direkten Eingabe verwertet.

2. Andere Leute wiederum empfehlen oder leihen Ihnen Bücher, die für Sie von Nutzen sind. Betrachten Sie das als direktes Ergebnis Ihres eigenen Denkens. Sie haben geistig ein bestimmtes Ziel angesteuert: das ist die Erkenntnis, die Sie dem Ziel näherbringt! Nehmen Sie die Empfehlung oder das geliehene Buch dankbar an; lesen Sie es sorgfältig. Wenn sich die Gelegenheit bietet, empfehlen, leihen oder geben Sie ein bestimmtes Buch an jemanden weiter, der daraus Nutzen ziehen könnte.

Sie knüpfen wertvolle Kontakte

Sie werden Menschen treffen, die mit Rat und Tat zur Erlangung Ihres Zieles beitragen. Das mag erstaunlich klingen, aber es ist wahr. Ich habe das schon so oft gesehen, daß ich mich nicht mehr darüber wundere. Jedesmal, wenn ich Informationen, Anleitung oder Hilfe benötigte, traf ich jemanden, der mir gerne half.

Sie werden sehen, daß dieses Vorgehen auch bei Ihnen funktioniert. Sie müssen nur darauf gefaßt sein: Halten Sie nach diesen Kontakten Ausschau, und setzen Sie sie klug und weise ein. Sie werden übrigens sehen, daß der neue Kontakt von beiderseitigem Nutzen ist: So wie Ihnen X hilft oder rät, so können auch Sie ihm wieder nützlich sein.

Manchmal werden Sie genau das, was Sie sich wünschen, in der gewünschten Form erhalten. Oft wird die Antwort aber in unvorhergesehener Form ausfallen. Seien Sie deshalb wachsam. Halten Sie die Augen offen, und strecken Sie die Hände aus. Es wäre doch bedauerlich, im Schlaraffenland mit leerem Magen bleiben zu müssen!

Zusammenfassung

Ergebnisse des Denkens:
- Lernen Sie, das Unerwartete zu erwarten.
- Prägen Sie sich Ihr Ziel geistig ein.
  Eingebung:
- Das Auftauchen einer brauchbaren Idee.
- Halten Sie die Idee fest, schreiben Sie sie auf.
- Schreiben verleiht einer Idee Konturen.
- Regen Sie Ihre schöpferische Fähigkeit durch Aufmerksamkeit, Tatkraft und Anerkennung an.
- Wenn Ihr Geist regelmäßig ermutigt wird, liefert er schneller mehr Ideen.
- Ein oft wiederholter Gedanke wird zum Glauben.
- Erwerben Sie die Fähigkeit, neu zu glauben, und formen Sie Ihren Charakter neu.
- Begrüßen und nutzen Sie auch die Ideen anderer.
- Profitieren Sie von anderen.
- Achten Sie auf diejenigen, die Ihnen helfen können.
- So, wie Sie Hilfe bekommen, helfen Sie auch anderen.

Wie ein Licht bei Nacht die Motten anzieht, so zieht ein klarer, konstruktiver Gedanke Geld, Menschen und Wissen an.
Tausend Menschen werden dem einen gehorchen, der eine großartige Idee hervorbringt.

4. Kapitel

Das zweite Ziel

«Kunstrichtungen und Wissenschaften entstehen und vervollkommnen sich schrittweise.»
Michel de Montaigne

Jeden Tag haben Sie in Verbindung mit Punkt 1 Ihrer Wunschliste die Übungen 4, 5 und 6 absolviert. Mit jedem Tag sind Sie der endgültigen Form von Übung 3 nähergekommen, indem Sie sie korrigiert haben, sie lebhafter gestalteten, so daß sie schließlich Ihren Wunsch genau wiedergibt.

Schließlich entdecken Sie, daß Sie die Übung schon einige Tage ohne Änderungen abschreiben: Ihr Wunsch hat sich herauskristallisiert; er ist perfekt; Sie können nichts mehr hinzufügen. Jetzt können Sie an Punkt 2 herangehen.

Beschäftigen Sie sich zunächst aber noch einmal mit der Übung 2. Lesen Sie Ihre Liste konzentriert durch, wenn möglich laut. Wünschen Sie sich immer noch alle Punkte, die sie enthält? Wundern Sie sich nicht, wenn Sie feststellen, daß Sie verschiedene Änderungen vornehmen müssen. In den wenigen Tagen haben Sie sich soweit an beherrschtes, gelenktes Denken gewöhnt, daß Ihr Geist und damit Sie selbst sich geändert haben – möglicherweise grundlegender als in jedem gleich langen Zeitraum vorher. Beschäftigen Sie sich deshalb sehr eingehend mit der Übung 2.

Nehmen Sie die an der Übung 2 notwendigen Korrekturen vor, und machen Sie eine neue Abschrift auf einem sauberen, unbeschriebenen Blatt Ihres Notizbuches. Auch wenn Sie keine entscheidenden Änderungen vorzunehmen haben, schreiben Sie die Übung 2 trotzdem noch einmal ab. Die Abschriften sind aus den Gründen, die wir im Kapitel 2 in Verbindung mit Übung 3 besprochen haben, wichtig.

1. Eine saubere, ansprechende Abschrift sorgt für eine klare, ordentliche Denkweise.
2. Schreiben ist eine entscheidende Konzentrationshilfe.
3. Schreiben verankert Ihre Ideen in Ihrem Geist.

Von diesem Punkt an können Sie beginnen, systematisch die Darstellung Ihrer schriftlichen Übungen zu verbessern:

a. Benutzen Sie glattes, unliniertes Papier, und versuchen Sie, gerade und parallel zu schreiben.
b. Schreiben Sie klar und gut leserlich. Auch wenn niemand diese Übungen sehen soll, müssen sie gut lesbar sein.
c. Schreiben Sie kleiner: Schreiben Sie mehr Worte auf eine Zeile, mehr Zeilen auf eine Seite.

Diese Verbesserungen Ihrer Schreibweise werden Ihnen psychologisch von großem Nutzen sein. Die Empfehlung unter a übt Sie in Ordnung und Genauigkeit. Diese Eigenschaften werden sich auf Ihre Denkweise und alle Ihre Handlungen allmählich übertragen. Die Empfehlung unter b übt Sie in Klarheit. Wenn Ihre Schrift klarer wird, wird auch Ihre Denkweise klarer. Die Empfehlung unter c übt Sie in Konzentration. Sie müssen immer konzentriert sein, um die Größe Ihrer Schrift zu reduzieren. Das hilft auch, Ihre Aufmerksamkeit auf das zu richten, was Sie gerade schreiben.

Die Handschrift spiegelt den Charakter wider. Viele Arbeitgeber wissen das und verlangen deshalb handschriftlich verfaßte Bewerbungsschreiben. Es liegt auf der Hand, daß eine Veränderung in Ihrem Charakter auch Ihre Handschrift verändert oder beeinflußt. Weniger offensichtlich vielleicht, aber nicht weniger wahr ist die Tatsache, daß Veränderungen Ihrer Schreibweise entsprechend auch Ihren Charakter verändern. Phantastisch? Sie müssen das nicht glauben, aber machen Sie einen Versuch, und überzeugen Sie sich von dem Ergebnis.

Lassen Sie uns fortfahren. Es würde lange dauern, täglich für alle Ihre zehn Ziele die Übung 3 zu lesen und abzuschreiben, deshalb wollen wir für die Übung 3 eine konzentrierte, kompakte Technik zur Behandlung von Ziel 1 entwickeln, bevor wir uns Ziel 2 zuwenden.

Sie sind jetzt bezüglich des ersten Zieles mit der Übung 2 ganz vertraut, wie in Übung 3 dargelegt. Dieses Ziel haben Sie Ihrem Unterbewußtsein fest eingeprägt. Der Gedanke an Ihr Ziel bereitet Ihnen Vergnügen und ist zu einem festen Bestandteil Ihres Denkens geworden. Wahrscheinlich haben Sie schon Schritte zu seiner Realisierung unternommen; vielleicht haben Sie schon eine Idee oder nützliche Information bekommen, oder vielleicht haben Sie jemanden getroffen, der Ihnen helfen konnte.

Diese Idee, der detaillierte Plan zur Realisierung dieses speziellen Wunsches, können Sie sich jetzt jederzeit sofort ins Gedächtnis rufen mit einem kurzen Satz – einer Art gesprochenem Auslöser –, den wir «Memo» nennen wollen. Hier einige Hinweise, wie Sie sich ein solches Memo schaffen können:

1. Erwähnen Sie keine alten Probleme, Schwierigkeiten oder Handikaps. Das Memo soll eine positive Aussage machen über das Ziel, das Sie anstreben.

2. Wenn möglich, verknüpfen Sie die Gefühle mit der Verfolgung Ihres Zieles mit «Vergnügen» und «Leichtigkeit» (z. B. «ich erarbeite mir die Kunst zu ... mit Leichtigkeit und Vergnügen», «ich kann mein Gewicht ganz leicht auf ... reduzieren»).

Das hilft von vornherein, die Vorstellung von zusammengebissenen Zähnen, geballten

Fäusten und steifgehaltenen Ohren auszuklammern, die Vorstellung von Anstrengungen und Leiden, die irreführender oft mit Selbstentfaltung in Zusammenhang gebracht werden.

Diese Sorge ist völlig überflüssig, weil Sie bei einer Sache, einem Vorgang, wenn er Sie wirklich interessiert, nicht über Schwierigkeiten und Unannehmlichkeiten zu stolpern brauchen. Ein wichtiges Ergebnis der hier beschriebenen Techniken ist, daß Sie ein hohes Maß an Interesse für die Realisierung Ihrer Ziele aufbringen und bewahren.

3. Fassen Sie Ihr Memo kurz. Sie mußten in der Übung 3 viele Details erwähnen, um vom Stadium des simplen Sich-etwas-Wünschens zur klar spezifizierten Vorstellung Ihres Zieles zu gelangen. Dieses Stadium ist jetzt vorbei und zu Ende: Das Memo wird nur als Gedächtnisstütze gebraucht, als Griff sozusagen, an dem Sie Ihren Wunsch jederzeit zur genauen Betrachtung hervorholen können. Zwanzig Worte sollten für fast jedes Thema ausreichen.

Hier einige Muster-Memos:
Ich verwirkliche meinen Plan zur Erlangung eines akademischen Grades (Angabe des gewünschten Grades).

Mein Gedächtnis wird immer besser und hilft mir bei meinem beruflichen Fortkommen.

Ich erhalte den Mantel (oder das Haus, das Auto etc.), den ich mir wünsche, zu einem vernünftigen Preis und habe viel Freude daran.

Ich ordne meine Finanzen klar und gewinnbringend.

Ich finde eine gut bezahlte, meinen Fähigkeiten entsprechende Anstellung als ... (hier fügen Sie den Beruf Ihrer Wahl ein).

Meine Diät schmeckt und bekommt mir.

Ich habe ein harmonisches, nettes Verhältnis mit ... (Familie, Mitarbeitern etc.).

Jeder Tag ist bei mir ausgefüllt: Alles, was ich tun muß, tue ich gern und sofort.

Durch mein harmonisches, ausgeglichenes Verhältnis zu meinem Arbeitgeber und meinen Mitarbeitern habe ich die Voraussetzungen für eine Beförderung erreicht (geben Sie die Art der Beförderung an).

Übung 7: Erstellen Sie ein Memo für das erste Ziel der Übung 2.

Sie werden sich wundern, warum diese ganze Prozedur notwendig ist, nämlich zunächst in Übung 3 das Ziel derart ausführlich zu behandeln und dann in Übung 7 so knapp wie möglich darzustellen. Warum, so werden Sie sich fragen, kann man dieses Ziel nicht gleich von der Übung 2 übernehmen und als Memo benutzen?

Das wäre nicht so gut, denn zu diesem Zeitpunkt war die Idee noch nicht detailliert und fest umrissen. Erst die darauffolgenden Übungen und Gedanken trugen entscheidend dazu bei.

Das Memo – um wieder eine Analogie zu benutzen – ist wie eine Katalognummer von einem Satz Bootsplänen. «Bring mir Plan Nr. 1» klingt doch ganz anders als «Laß uns an ein hübsches Boot denken».

Sie haben jetzt also Ihr Memo. Wenden Sie damit täglich jene Technik an, die wir von jetzt an die Steuerung des Unterbewußtseins nennen wollen, wie sie in den Übungen 4, 5 und 6 beschrieben wurde. Lesen Sie sie dreimal täglich. Denken Sie hin und wieder daran. Schreiben Sie sie täglich neu ab. Wann immer Sie auch nur die kleinste Möglichkeit sehen, die Formulierung Ihres Memos zu verbessern, nehmen Sie die entsprechende Änderung vor.

Wenden Sie diese Technik der Steuerung des Unterbewußtseins (TSU) an, bis Ihr Wunsch erfüllt ist; dann können Sie das Memo von Ihrer Liste streichen. Werfen Sie die Übung 3 auch jetzt nicht weg, wo Sie sich das Memo erarbeitet haben und benutzen. Bewahren Sie die letzte, korrigierte Fassung auf, damit Sie immer darauf zurückkommen können. Lesen Sie sie gelegentlich, um Ihr Gedächtnis aufzufrischen.

Jetzt zu Punkt 2 der Übung 2.

Übung 8: Schreiben Sie oben auf die Seite den zweiten Punkt der Übung 2. Beschreiben Sie Ihren Wunsch so exakt und genau, wie Sie ihn erfüllt haben wollen.

Ihr tägliches Programm besteht jetzt darin, daß Sie die TSU – tägliches Lesen, Überdenken und Schreiben – auf die Übungen 7 und 8 anwenden.

Streichungen und Änderungen

Es ist durchaus möglich, daß Sie nach mehrtägiger Beschäftigung mit der Übung 3 zu der Erkenntnis kommen, daß dieser Punkt Sie im Grunde gar nicht mehr interessiert (daß Sie ihn sich gar nicht mehr wünschen). Sie haben aber bereits Ihre kreativen Kräfte in Bewegung gesetzt, die trotzdem auf dieses Ziel zuarbeiten werden, wenn Sie nicht bestimmte Schritte unternehmen, diese Kräfte zu stoppen.

Das ist übrigens die Erklärung für eine Menge Trübsal und Tränen. Viele Menschen sprechen und denken in unachtsamer oder abwertender Weise von Dingen, die ihnen unangenehm und nicht wünschenswert sind. Sie tun es andauernd und mit Gefühl und wundern sich, wenn die Fehlschläge, Enttäuschungen und Hindernisse genauso eintreten, wie sie sie befürchtet haben.

Wenn Sie diesen kreativen Vorgang also einmal ins Rollen gebracht haben und später merken, daß Sie ihn nicht zu Ende bringen wollen, ist es nicht ratsam, der Sache einfach den Rücken zu kehren und sie liegenzulassen.

Auch wenn Sie das gewünschte Ziel nicht ganz aufgeben, sondern nur ändern wollen, können Sie in Schwierigkeiten geraten, wenn Sie nicht aufpassen. Hier ein amüsantes Beispiel, das ich selbst erlebt habe.

Ich wollte abnehmen und startete zu diesem Unterfangen mit 175 Pfund in der Absicht, auf 155 Pfund zu kommen. Als ich bei 160 Pfund angekommen war, beurteilte ich mich mit dem angestrebten Gewicht von 155 Pfund als noch immer zu dick. Deshalb legte ich mit 150 Pfund ein neues Gewicht fest.

Ich schaffte es aber zu meinem eigenen Erstaunen nicht, die 155-Pfund-Grenze zu unterbieten. Mit größten Anstrengungen schaffte ich 154 Pfund, dann zwang mich mörderischer Hunger, zwischendurch etwas zu essen, und schon hatte ich meine 155 Pfund wieder. Monatelang bewegte ich mich an der 155-Pfund-Grenze, bis ich den Grund für diese Stagnation fand: Er war ganz einfach in der latenten Macht eines früher ausgesprochenen Wunsches zu suchen, der plötzlich auf die Seite geschoben worden war. Ich machte mir eine Formel. «Ich radiere das alte 155-Pfund-Ziel aus. Es war ein nützliches Ziel, aber es ist inzwischen von etwas Besserem ersetzt worden. Es ist somit nur noch die Erinnerung eines Wunsches, der keinerlei Kraft und Aussage mehr hat. Ich bin einfach nicht mehr daran interessiert. Die ganze Kraft meines Wunsches und Interesses konzentriert sich jetzt auf das neue Ziel – 150 Pfund.»

Ich wandte ein paar Tage lang die TSU – Lesen, Denken, Abschreiben – auf diese Formel an, durchbrach auch prompt die Barriere und erreichte mein Ziel – 150 Pfund – ohne Schwierigkeit.

Mit einer solch einfachen Formel von Wiederholungen kann man das Unterbewußtsein ansprechen wie ein intelligentes Kind. Das ist ein nützliches Prinzip.

Das oben erwähnte Beispiel soll zeigen, wie man einen Wunsch ändern kann, mit dem man sich schon eingehend befaßt und beschäftigt hat. Nachfolgend erhalten Sie einen Formelentwurf, mit dem Sie einen Wunsch ganz aufgeben können: «Ich lösche in meinem Geist den Wunsch nach dem und dem aus. Ich sehe jetzt, daß ich ihn nicht mehr möchte oder brauche. Die Erinnerung an diesen Wunsch hat keinerlei Macht oder Auswirkung mehr auf mich. Das Ziel interessiert mich nicht länger. Meine ganz Wunschkraft und mein ganzes Interesse sind jetzt auf andere, bessere Dinge konzentriert und ausgerichtet.»

Täuschen Sie sich nicht selbst, indem Sie vorgeben, dieses oder jenes niemals gewünscht zu haben, oder indem Sie versuchen, die ganze Angelegenheit einfach zu vergessen. Legen Sie sie vielmehr als Erinnerung ab wie die Kindererinnerungen an Spielzeug und Dauerlutscher. Jetzt, wo die Formel steht, müssen Sie eine Woche lang die TSU – Lesen, Denken, Abschreiben – anwenden.

Wenn Ihre Liste jetzt um einen Punkt ärmer ist, können Sie einen Reservepunkt aus der Übung 1 einsetzen. Es ist empfehlenswert, einen Wunschzettel parat zu haben, von dem Sie den einen oder anderen Wunsch auf Ihre Liste übernehmen, im selben Verhältnis, wie dort Wünsche gestrichen werden.

Die oben erwähnten Techniken sollen nur bei den Punkten angewandt werden, bei denen Sie bereits die TSU durchexerziert haben. Wenn es sich um einen Punkt handelt, der lediglich auf Ihrer Liste steht (Übung 2) und von dem Sie sich noch keine genaue Vorstellung erarbeitet haben oder mit dem Sie sich noch nicht intensiv beschäftigt haben, können Sie ihn ruhig von der Liste streichen und vergessen. Noch haben Sie keine kreativen Kräfte bemüht, so daß der Wunsch keinen Einfluß mehr auf Sie haben sollte.

Sie können diese Techniken, einen Wunsch zu ändern oder zu streichen, unbedenklich anwenden. Es ist keine Schande, wenn man sich etwas anders überlegt. Im Gegenteil, es ist ein Zeichen dafür, daß Sie Fortschritte machen. Im dritten Kurs bei mir sagte mir einer meiner Kursteilnehmer: «Alle meine Ziele, die ich anfangs hatte, habe ich fallengelassen und verstehe mich selbst inzwischen viel besser.»

Zusammenfassung

- So, wie sich Ihr Charakter ändert, ändern sich Ihre Wünsche.
- Fassen Sie alle schriftlichen Übungen sauber und gut leserlich ab.
- Schreiben Sie ordentlich und genau.
- Schreiben Sie kleiner, konzentrierter.

– Die Handschrift hängt untrennbar mit dem Charakter zusammen.
– Ändern Sie Ihre Schrift, denn dadurch ändern Sie Ihren Charakter.
– Verleihen Sie Ihrem Wunsch Konturen durch ein konstruktives, kompaktes Memo.
– Die Technik zur Steuerung des Unterbewußtseins: Lesen, Denken, Abschreiben.
– Verwenden Sie ausgefeilte Methoden, wenn Sie einen Wunsch ändern oder streichen wollen.

Aufgeben ist Mißerfolg; konsequentes Verfolgen Ihrer Ziele bringt Erfolg.
Erlebter Erfolg ist das beste Stimulans.

5. *Kapitel*

Unbedingte Geheimhaltung

«Wenn du still bist, bist du sicher –
Stille verrät dich nie.» John Boyle O'Reilly

In den vorhergehenden Kapiteln bestand ich darauf, niemandem Ihre schriftlichen Übungen zu zeigen und mit niemandem über Ihre Wünsche und Pläne zu sprechen. Halten Sie sich während Ihres ganzen Selbstentfaltungsprogramms daran!

Hier drei Gründe, warum Ihnen die Geheimhaltung hilft:

1. Es gibt leider viele Menschen mit negativen, destruktiven Charaktereigenschaften, die Sie mit Vergnügen kritisieren und entmutigen würden, hörten sie von Ihren konstruktiven Plänen.

Ich erinnere mich, daß ich am Anfang meiner Schriftstellerkarriere keineswegs von meinen Fähigkeiten und Aussichten überzeugt war. Zu dieser Zeit wußte ich nämlich noch nicht, wie ich an ein wichtiges, vollkommen neues Projekt herangehen mußte. Zufälligerweise erwähnte ich meine Pläne einer Dame gegenüber, die in Künstlerkreisen sehr bekannt war. Sie kannte mich kaum, aber sie sah an mir herunter und sagte laut vor allen anderen: «Mr. Hull, Sie werden niemals Erfolg haben!»

Je weniger also solch boshafte Menschen von Ihren Wünschen wissen, desto geringer ist die Wahrscheinlichkeit, daß sie Sie entmutigen oder lächerlich machen können.

Es könnte auch passieren, daß ein paar Freunde von Ihnen – vielleicht mit besten Vorsätzen – versuchen, Sie von Ihren Plänen abzubringen.

Wenn Sie z. B. erwähnen, daß Sie abnehmen wollen, wird die Antwort wahrscheinlich lauten: «Gerade du brauchst doch nicht abzunehmen. Wir mögen dich gerade so, wie du bist.»

Andere, übervorsichtige Freunde werden vielleicht auf den Schwierigkeiten und Nachteilen im Zusammenhang mit Ihren Plänen herumreiten. Wenn ihnen z. B. zu Ohren kommt, daß Sie die Absicht haben, einen Kurs in Berufsausbildung zu besuchen, wird es gleich heißen:

«Ist das nicht eine blöde Herumspielerei?»

«Das nimmt aber einen schönen Teil deiner Zeit in Anspruch!»

«Der Job, den du jetzt hast, ist vielleicht nicht gerade ideal, aber lieber den berühmten Spatz in der Hand als die Taube auf dem Dach.»

Sie könnten mit diesen wohlmeinenden Freunden wohl eine Diskussion vom Zaun brechen, aber warum sollten Sie Zeit und Energie damit vergeuden? Behalten Sie Ihr Geheimnis für sich, bis Sie alle vor vollendete Tatsachen stellen können. Dann sind Argumente überflüssig.

2. Wenn Sie von Ihren Plänen sprechen, könnten einige, die davon hören, zu nett oder zu höflich sein, um Ihnen etwas Nachteiliges darüber ins Gesicht zu sagen. Das würde sie jedoch nicht hindern, hinter Ihrem Rücken kritische oder pessimistische Bemerkungen zu machen:

«Stell dir vor, gerade die will das tun! Die Gute hat doch auch nicht die kleinste Aussicht auf Erfolg.»

«Er meint es gut, der Arme, aber jetzt ist es zu spät für ihn, sein Leben umzukrempeln.»

Auch wenn sie Sie nicht mit Worten zermürben, so denken sie doch sehr wahrscheinlich an Ihren Mißerfolg. Sie wälzen diese Gedanken im Kopf herum und warten auf das kleinste Anzeichen dafür, daß sich ihre düsteren Prognosen bewahrheiten.

Die Atmopshäre, die durch die Kritik hinter dem Rücken und durch negative Gedanken entsteht, ist Ihren Plänen ganz und gar nicht zuträglich. Übrigens haben gerade diejenigen, die Sie am besten kennen und am meisten lieben, solche negativen Gedanken. Dadurch, daß sie eng mit Ihnen verbunden sind und Sie besonders gut kennen, glauben sie, besonders geeignet zu sein, um Ihnen die Augen zu öffnen und Ihre Pläne zu vereiteln. Sagen Sie deshalb gerade Ihren engsten Angehörigen nichts.

3. Indem man über einen Wunsch oder einen Plan spricht, verpufft ein Großteil dessen, was man den psychischen Dampf nennen könnte. Mit dem Fortschreiten des Plans wächst auch die kreative Denkfähigkeit, die man leicht einbüßt, wenn man darüber spricht.

Kreative Menschen bedienen sich dieser

Denkfähigkeit, um ihre Pläne zu realisieren. Lesen Sie die Memoiren von Erfindern und Künstlern, und Sie werden sehen, daß nur selten von unfertigen Werken die Rede ist. Viele Maler zeigen ihre unfertigen Bilder nicht; viele Schriftsteller lassen ihre halbfertigen Manuskripte nicht lesen und diskutieren auch nicht ungeschriebene Ideen. Machen Sie es ebenso: Vermeiden Sie Widerspruch von anderen und stärken Sie Ihre eigene kreative Fähigkeit, indem Sie Stillschweigen bewahren.

Es bedarf schon eines gewissen Einfallsreichtums, um so ein Geheimnis vor seiner Familie zu bewahren. So hatte eine Dame in einem meiner Kurse Schwierigkeiten, ihre Notizen und schriftlichen Übungen vor ihrem Mann zu verbergen. Andere Damen desselben Kurses konnten dazu sofort Vorschläge machen: Bewahren Sie Ihre Übungsblätter in einem Kochbuch auf; stecken Sie Ihre Notizen hinter das Foto in Ihrer Geldbörse; bewahren Sie Ihre Übungsblätter im Wäschekorb auf. Es gibt in jedem Fall immer einen Weg.

Reden Sie auch nicht darüber, wenn Sie schon einige Ihrer Ziele erreicht haben und das Ergebnis unbedingt sichtbar ist. Sie könnten ja jemandem sagen: «Ist es nicht wunderbar, wie ich dieses und jenes geschafft habe!»

Auch dann noch würden die Kritiker versuchen, Ihre Pläne zu durchkreuzen. «Eigenlob ist keine Empfehlung», würde es heißen. «Das kannst du unmöglich fertiggebracht haben. Jahrelang warst du so und so; du kannst dich nicht plötzlich so verändert haben. Nimm mich also nicht auf den Arm!» So und ähnlich wäre der Kommentar zu Ihren Plänen.

Jesus hatte diese Gefahr erkannt. Deshalb riet er vielen Menschen, die er geheilt hatte, nichts davon zu sagen!

Die Gefahr liegt auf der Hand. Skeptiker würden dem gerade Genesenen ins Gesicht sagen: «Du weißt doch selbst genau, daß dein Leiden nicht heilbar ist. Es geht dir nur im Augenblick besser. Schon morgen kann es dir schlechter als je zuvor gehen.»

Deshalb behalten Sie Ihre Geheimhaltungspolitik auch bei, wenn Sie ein Ziel erreicht haben. Andere sollen den Unterschied bei Ihnen feststellen. Wenn sie denken, selbst eine Entdeckung gemacht zu haben, werden sie glauben, was sie sehen; sie werden Ihren Erfolg schon in die Welt posaunen.

Jetzt, wo sich Ihr Leben und Charakter so merklich gebessert haben, kann es sein, daß Sie jemand fragen wird: «Was haben Sie denn unternommen?» Erzählen Sie keine Einzelheiten.

Sie können dann ruhig eine generelle Antwort geben wie «Ich habe studiert» oder «Ich habe Übungen gemacht» oder «Ich habe nach einem Programm gelebt, das ich einem Buch entnommen habe.» Wenn der Fragende weiterbohrt, sagen Sie ihm den Namen des Buches und lassen Sie ihn seine eigenen Erfahrungen damit machen.

(Nur in einem Fall, der in Kapitel 12 behandelt wird, wird diese Geheimnisregel aufgehoben.)

Zusammenfassung

- Durch Geheimhaltung können Sie Ihre Ziele schneller erreichen.
- Durch Geheimhaltung vermeiden Sie Kritik und Spott.

- Durch Geheimhaltung umgehen Sie gutgemeinte Ratschläge.
- Durch Geheimhaltung vermeiden Sie negative Gedankenbeeinflussung.
- Durch Geheimhaltung bewahren Sie Ihre kreative Denkfähigkeit.
- Lassen Sie andere Ihre Erfolge entdecken.
- Geben Sie keine ins Detail gehenden Erklärungen Ihrer Erfolge ab.

Warum Ihre Pläne in die Welt hinausposaunen?
Rückschläge erwähnt man besser nicht.
Erfolge sprechen für sich selbst.

6. Kapitel

Denken Sie um

«Das, was jemand von sich selbst denkt, bestimmt sein Schicksal.» Mark Twain

Die bis zu diesem Kapitel beschriebenen Übungen beschäftigen Ihr bewußtes Denken nur wenige Minuten täglich. Dieses Kapitel nun soll Ihnen für die Momente Stoff zum Nachdenken geben, wenn Sie gerade nicht mit irgendwelchen anderen Dingen beschäftigt sind.

In Kapitel 2 erwähnte ich das Durcheinander von Gedanken, die ein Durchschnittskopf beherbergt. Geistige Aktivität ist wohl da, führt aber zu nichts: Sie ist wie ein Sturm im Wasserglas, voller Bewegung und ohne Fortschritt. Hinzu kommt, daß nicht gutes, klares Wasser in dem Glas ist, sondern eine abscheuliche Brühe, die aus schmutzigem Spülwasser und unappetitlichem Bodensatz besteht.

Unerfreulich? Ja, aber nicht hoffnungslos. Auch der trübste, unorganisierteste Geist kann verändert werden. Sein Inhalt kann gereinigt und seine Bewegung geregelt werden. Anstelle des Schlamms, der aus dem Glas herausschwappt, kann Ihr Geist zu einem starken Strom werden; mit klarem Wasser und einem Verlauf, der genau in die gewünschte Richtung führt. Und so kann diese Ordnung erreicht werden:

Es gilt als fast sicher, daß jedes Erlebnis im Leben eines Menschen – alles, was man je erlebt hat – irgendwo in einem geistigen Hinterstübchen aufbewahrt wird.

Diese Ereignisse umfassen auch alle Mahlzeiten, die Sie jemals eingenommen haben, alle Worte, die Sie gesprochen und gehört haben, alles, was Sie je gesehen und in der Schule gelernt haben, alle Bücher, die Sie gelesen, und alle Filme, die Sie gesehen haben etc. Jeder Bruchteil dieser gelagerten Erlebnisse kann durch einen entsprechenden Auslöser ins Bewußtsein zurückgerufen werden. Die meisten von ihnen wird man nicht mehr ausgraben, und doch agieren sie im Unterbewußtsein, genauso wie die tote Ratte unter dem Dielenboden ein ganzes Haus mit Gestank erfüllen kann.

Es ist in diesem Zusammenhang wichtig zu

wissen, daß jeder Gedanke, den man bewußt hat, ein Erlebnis fürs Leben darstellt, welches seinen Platz im Lagerhaus der Erinnerungen einnimmt, wenn es aus dem Bewußtsein schwindet.

Sie müssen wissen, daß dieses Lagerhaus weit mehr Gedanken als Handlungen enthält. Wie oft und wie lange saßen Sie schon da und taten nichts, während Gedanken durch Ihren Kopf jagten wie Fernsehbilder?

Mark Twain führt unser 2. Kapitel mit folgendem Zitat an: «Das Leben besteht nicht im wesentlichen aus Tatsachen und Geschehnissen. Es besteht in der Hauptsache aus dem Gedankensturm, der einem wieder und wieder durch den Kopf tobt.» Sie sehen jetzt die tiefere Bedeutung hinter diesem Zitat: nicht nur Ihr gegenwärtiges Leben besteht im wesentlichen aus Gedanken, sondern auch Ihre Vergangenheit, die unauslöschlich in Ihrem geistigen Lagerhaus aufbewahrt wird.

Haben Sie in der Hauptsache starke, konstruktive, gesunde und glückliche Gedanken, oder sind Ihre Gedanken im allgemeinen schwacher, destruktiver, kranker, armer und depressiver Natur?

Ich bin von Natur aus wenig anziehend und dazu ungesellig. Niemand mag mich. Sie denken lebhaft und ganz bewußt an ein verpfuschtes, armseliges und im Alter einsames Leben. Mit solchen Gedanken ist man auf dem besten Weg, so ein Leben auch wirklich führen zu müssen!

Ich bin nicht klug. Ich werde nie etwas erreichen. Mit solchen Gedanken leben Sie in einer Vorstellung von Mißerfolg, Bedeutungslosigkeit, Enttäuschung und Armut.

Angenommen, ich fände heraus, daß meine Frau mich betrogen hat. Ich würde niemals darüber hinwegkommen. Was würde ich tun? Sie denken sich bis ins kleinste Detail in diese Situation hinein.

Ich beneide B. um seine Stelle (oder sein Haus oder seine Frau oder sein Geld). B. hat es eben geschafft! Himmel, wie ich sein Strebertum verabscheue! Wenn ich Mut hätte, würde ich ihn umbringen! Sie beschäftigen sich lange mit Ihrer eingebildeten Unterlegenheit. Sie verbringen kostbare Stunden damit, Rachepläne auszuhecken, die Sie doch niemals durchführen würden – Stunden, die, richtig verbracht, Ihnen schon längst geholfen hätten, es B. gleichzutun oder ihn gar zu überflügeln.

Frau T. ging auf der Straße an mir vorbei, ohne ein Wort zu sagen. Wer, glaubt sie, ist sie denn, daß sie sich zu gut vorkommt, um mich in der Öffentlichkeit zu sehen? Immer wieder stellen Sie sich die vermeintliche Demütigung aufs neue vor und schleppen diese Qual mit sich herum.

R. ist krank. Vielleicht werde ich auch bald krank. Letzte Woche hatte ich so ein Stechen in der Brust. Es könnte das Herz sein oder vielleicht Lungenkrebs. Um Himmels willen! Vielleicht muß ich bald daran sterben! Ihre Gedanken beschäftigen sich mit Krankheit und Tod, Sie schwitzen vor Angst und denken mit Bitterkeit daran, daß gerade Ihnen bald die Stunde schlägt.

Ich verbrachte viel Zeit mit solchen Gedanken. Auch Sie haben sicherlich mit solchen und ähnlichen Gedanken Erfahrung.

Dann spielen Sie mit Dynamit, denn der negative, destruktive Typ denkt wirklich, in des Wortes vollster Bedeutung. Er konzentriert sich; er beschäftigt sich lange mit einem Gedanken; er bringt mit einem Gedanken sinnliche Eindrücke in Verbindung wie Vorstellungen, Worte, fühlbare Empfindungen; Haß, Neid, Eifersucht, Angst oder Gewissensbisse sind die ständigen Begleiter seines Gedankens; beim negativen Typ schlagen sich solche Gedanken auch physisch nieder – er blickt mürrisch und mißmutig drein, er wird rot, er wird blaß, er zittert, er bekommt Muskelspannungen usw.; und er wiederholt alles immer wieder. Auf diese Weise werden Gedanken Wirklichkeit und tragen zu seiner Zerstörung bei.

Welchen Abschnitt Ihres Lebens haben Sie mit solchen Gedanken verbracht? Auch die kürzeste Zeitspanne ist hier zu lang! In einem klaren Augenblick werden Sie das verstehen; Sie fühlen, daß Sie vieles an sich ändern wollen. Das ist ja auch der Grund, warum Sie dieses Buch lesen.

Sie können das, was sich in Ihrem Kopf bereits festgesetzt hat, nicht mehr auslöschen, deshalb lohnt es sich nicht, sich damit zu quälen.

Sie können aber bestimmen, was von jetzt ab in Ihren Kopf hinein soll und was nicht. Sie können einen ganzen Strom konstruktiver, nützlicher Gedanken in Ihren Kopf pumpen, die seinen Inhalt günstig beeinflussen.

Diese Beeinflussung geschieht auf zwei Arten:

1. Sie erhöhen den Durchschnittsstandard Ihrer Gedanken. Nehmen Sie einmal an, Ihre Badewanne ist halb voll mit kaltem Wasser und Sie beginnen, heißes Wasser hinzuzufügen. Das kalte Wasser wird auf diese Weise nicht abgelassen, aber die Durchschnittstemperatur steigt beständig.

So ist es auch mit dem Inhalt Ihrer Gedanken. Stellen Sie sich ein «geistiges Thermometer» vor mit kalten, schwachen, negativen Gedanken auf dem Grund der Skala und warmen, starken und nützlichen Gedanken an der Spitze der Skala. Fügen Sie immer mehr Gedanken hinzu, die Ihnen für das Leben, das Sie führen möchten, geeignet scheinen; Sie werden sehen, daß sich Ihre generelle Denkweise immer mehr in der richtigen Richtung bewegt. Die «geistige Temperatur» steigt ständig.

2. Sie profitieren davon, daß man nicht an Ihren gesamten geistigen Vorrat herankommt. Um mit dem Lagerhaus-Beispiel zu sprechen:

Die ersten Erlebnisse werden zuunterst in dem Gedankenberg aufbewahrt. Die neuesten Erlebnisse befinden sich zuoberst. Einige ältere Erlebnisse, die Sie öfters hervorholen, liegen ebenfalls obenauf, aber im allgemeinen gilt die oben erwähnte Regel.

Deshalb bleibt das neue Material in Ihrer geistigen Lagerhalle zuoberst liegen. Dieses Material dringt am ehesten in Ihr Bewußtsein vor; man könnte es eine Deckschicht für das frühere Material darunter nennen. Ein weiterer Vergleich: Wenn im Frühjahr die Sonne auf einen winterlich kalten See scheint, beginnt die Durchschnittstemperatur des Wassers zu steigen. Das ist wie der unter 1 beschriebene Verlauf. An der Oberfläche bildet sich eine Schicht warmen Wassers; ein Schwimmer kann sich in dieser Schicht bewegen, ohne etwas von dem kalten Wasser tiefer unten zu spüren. Das ist wie die «Deckschicht» unter Punkt 2.

Sie erreichen dieses erfreuliche Ergebnis, wenn Sie Ihrem Gehirn die richtigen Gedanken zuführen. Das Ergebnis verzögert sich, wenn Sie in müßigen Augenblicken destruktive Gedanken hegen – wenn Sie mit der Gegenwart nicht fertig werden, vor der Zukunft Angst haben oder ein schlechtes Gewissen haben, wenn Sie an die Vergangenheit denken.

Um sicherzugehen, daß die richtigen Gedanken in Ihren Kopf gepumpt werden und dort verfügbar sind, versuchen Sie einmal die folgende Übung.

Übung 9: Nehmen Sie 52 Zettel, von denen jeder 5 × 8 cm groß ist. Schreiben Sie auf jeden Zettel eines der unten angegebenen Zitate. Bewahren Sie einen Zettel in Ihrem Geldbeutel, in Ihrem Tagebuch oder einfach da auf, wo Sie häufig darauf stoßen. Bewahren Sie die Zettel eine Woche lang am selben Ort auf. Lernen Sie diesen Satz auswendig.

Sie werden sehen, daß Sie in müßigen Augenblicken, wenn Sie gerade nichts anderes tun, an diesen Satz denken werden. Wiederholen Sie den Satz dann einige Male langsam. Überlegen Sie ihn sich. Suchen Sie nach einer tieferen Bedeutung darin. Prüfen Sie, welche Aussage der Satz für Sie hat. Halten Sie

Augen und Ohren offen, um praktische Beispiele für seine Anwendung nicht zu versäumen. Umschreiben Sie ihn; schreiben Sie ihn in anderen Worten nieder. Versuchen Sie, den Satz nach Ihren Bedürfnissen und Wünschen zu kürzen, ihn aussagekräftiger und direkter zu machen. Und vergessen Sie nicht, diese Übung zwackt Ihnen keine Zeit von irgendeiner anderen Tätigkeit ab; lediglich müßige Augenblicke werden nutzbringend ausgefüllt.

Sie können den Satz auch noch in anderer Weise anwenden. Sie haben sicherlich Zeiten oder Momente, in denen Sie sich ängstlich, gelangweilt, angefeindet oder deprimiert fühlen. Sie können diese destruktiven Gedanken nicht ausschalten. Sie strömen aus so vielen Richtungen auf Sie ein – durch Zeitungen, Radio, Fernsehen, durch die Reden anderer Leute und die direkte geistige Übertragung anderer. Wie gesagt, Sie können nicht verhindern, daß diese negativen Gedanken in Ihr Bewußtsein eindringen, aber Sie können aufhören, sich mit ihnen zu beschäftigen. Sie können nicht verhindern, daß jemand, den Sie nicht mögen, an Ihre Tür klopft, aber Sie brauchen diese Person nicht hereinzubitten, damit sie Ihre Familie kennenlernt oder sogar zum Abendessen bleibt!

Sie können die Auswirkungen dieser eindringenden Gedanken auf ein Minimum reduzieren, weil die Wirkung eines Gedankens nicht nur vom Charakter dieses Gedankens abhängt, sondern auch davon, wie lange Sie sich mit ihm beschäftigen und wieviel Interesse Sie ihm entgegenbringen. Das läßt sich leicht in folgende Formel fassen:

Auswirkung = *Gedanke* × *Zeit* × *Interesse*.

Wenn Sie also bemerken, wie sich ein unwillkommener Gedanke in Ihrem Kopf einnistet, versuchen Sie sofort, ihn wieder loszuwerden! Sagen Sie das Zitat auf Ihrem Zettel auf, oder denken Sie daran. Wiederholen Sie die Zitate, oder schreiben Sie diejenigen auf, an die Sie sich aus den vergangenen Wochen noch erinnern. Sie werden sehen, daß diese Technik destruktive Gedanken ganz schnell vertreibt. Diese Methode ist einfach. Sie wirkt schon beim ersten Versuch. Sie wirkt deshalb, weil das menschliche Gehirn nicht bewußt zwei verschiedene Gedanken gleichzeitig haben kann. Wenn Sie einen konstruktiven Gedanken in Ihr Bewußtsein schubsen, verdrängen Sie damit den destruktiven Gedanken. Mit einiger Praxis arbeitet diese Methode ganz automatisch. Sie werden sie mit der Zeit immer schneller anwenden; Sie lernen, jeden destruktiven Gedanken abzuschütteln, bevor er Zeit gefunden hat, sich in Ihrem Gehirn einzunisten. Sie investieren in solche Gedanken nur wenig Zeit und wenig Interesse, und deshalb machen sie auch keinen nachhaltigen Eindruck. Sie verwenden mehr Zeit und Interesse an konstruktive Gedanken, die deshalb auch einen tieferen Eindruck hinterlassen. Die in diesem Kapitel beschriebenen Techniken werden den Inhalt Ihrer Gedankenwelt ändern. Und vergessen Sie nicht: Indem Sie Ihren Geist ändern, ändern Sie Ihr ganzes Leben!

Bedienen Sie sich der folgenden 52 Zitate:

1. *Der Mensch ist nicht das Produkt seiner Umgebung. Vielmehr ist seine Umgebung ein Produkt des Menschen.* Benjamin Disraeli

2. *Ein fester Vorsatz ist das wichtigste Instrument für Erfolg.* Lord Chesterfield

3. *Man muß jedem Hindernis Geduld, Beharrlichkeit und eine sanfte Stimme entgegenstellen.* Thomas Jefferson

4. *Bewältige eine Schwierigkeit und du hältst hundert andere von dir fern.* Konfuzius

5. *Die Menschen werden nicht durch die Dinge, die passieren, beunruhigt, sondern durch die Gedanken darüber.* Epiktet

6. *Große Werke werden nicht durch Stärke, sondern durch Beharrlichkeit vollbracht.*
Samuel Johnson

7. *Nichts ist unter Ihrer Würde, was Ihrem Lebensziel dient: Nichts ist groß und wünschenswert, wenn es diesem Ziel nicht dient.*
Ralph Waldo Emerson

8. *Der Geist wächst in unmerklichen Schritten.* John Dryden

9. *Glück ist eine andere Bezeichnung für Willensstärke.* Ralph Waldo Emerson

10. *Die Menschen gebrauchen im allgemeinen nur einen kleinen Teil der Macht, die sie besitzen.* William James

11. *Halten Sie sich fern von denjenigen, die versuchen, Ihren Ehrgeiz herabzusetzen. Kleingeister tun das immer, aber die wirklich großen geben Ihnen das Gefühl, daß auch Sie selbst groß werden können.* Mark Twain

12. *So wie er in seinem Herzen denkt, so ist er.* Sprüche Salomos 23; 7

13. *Da, wo der Wille groß ist, können die Schwierigkeiten nicht groß sein.*

Nicolò Machiavelli

14. *Es ist so leicht, unwillkommene und unliebsame Gedanken zurückzuweisen, und schon hat man seine Ruhe wieder.*

Marc Aurel

15. *Erfolg kommt nicht zu denen, die warten – und er erwartet auch nicht von jemandem, zu ihm zu kommen.* Anon

16. *Liebst du das Leben? Dann verschwende keine Zeit, denn daraus ist das Leben gemacht.* Benjamin Franklin

17. *Viel Gutes bekommt ein Mann durch die Frucht seines Mundes.*
Sprüche Salomos 12; 14

18. *Wenn du die Absicht hast, dich zu erneuern, tu es jeden Tag.* Konfuzius

19. *Eine linde Zunge ist ein Baum des Lebens.*
Sprüche Salomos 15; 4

20. *Ruin und Wiederaufbau liegen dicht beieinander.* Epiktet

21. *Glück und Unglück hängen genauso vom Temperament wie vom glücklichen Zufall ab.* La Rochefoucauld

22. *Derjenige, der nicht ermüdet, ermüdet Not und Elend.* Anon

23. *So wie man in den Wald hineinruft, hallt es heraus.* Sprichwort

24. *Die meisten Menschen sind so glücklich, wie sie sein wollen.* Abraham Lincoln

25. *Das Leben eines Menschen ist das, was seine Gedanken daraus machen.* Marc Aurel

26. *Ein kluger Mensch läßt sich von Schwierigkeiten nicht entmutigen; er verdoppelt seine Energie und seinen Fleiß, setzt seine Bemühungen standhaft fort und kommt schließlich sicher zum Erfolg.* Lord Chesterfield

27. *Verschwendete Zeit ist Dasein; nutzbringend verbrachte Zeit ist Leben.*

Edward Young

28. *Die Fähigkeit, glücklich zu sein, befreit einen, zumindest größtenteils, vor der Herrschaft äußerer Einflüsse.*

Robert Louis Stevenson

29. *Häng kein düsteres Bild an die Wand. Klage und weine nicht. Nimm keine negativen Vorschläge an. Geh uns ruhig mit ständigem Optimismus auf die Nerven.*

Ralph Waldo Emerson

30. *Niemand kann ehrlichen Herzens versuchen, einem anderen zu helfen, ohne sich selbst zu helfen.* Ralph Waldo Emerson

31. *Die Macht der Gewohnheit ist wahrlich stark.* Publilius Syrus

32. *Worte sind Dinge.* Lord Byron

33. *Niemand weiß, was er kann, wenn er es nicht versucht.* Publilius Syrus

34. *Eine positive Einstellung ist unüberwindlich, wenn sie echt ist.* Marc Aurel

35. *Schau nicht klagend in die Vergangenheit zurück. Sie kommt nicht wieder.*

Henry Wadsworth Longfellow

36. *Unglücksfälle sind wie Messer, entweder sie arbeiten für uns oder schneiden uns, je nachdem, ob wir sie am Griff oder an der Schneide anfassen.* James Russell Lowell

37. *Im bloßen Wünschen bleiben Narren untätig. Wo aber ein Wille ist, findet die Weisheit ihren Weg.* George Crabbe

38. *Jeder sollte all das werden können, wozu er bei der Geburt die Fähigkeiten mitbekommen hat.* Thomas Carlyle

39. *Um wirklich glücklich zu sein, brauchen wir nur etwas, wofür wir uns begeistern können.* Charles Kingsley

40. *Überlaß dich nie der Melancholie; widersteh ihr hartnäckig, denn sie nistet sich schnell als Gewohnheit ein.* Sidney Smith

41. *Fleiß und Betriebsamkeit sind wunschlos.* Benjamin Franklin

42. *Mißerfolg und Erfolg unterliegen nicht dem Zufall, sondern der Gerechtigkeit.*

Alexander Smith

43. *Menschen schaffen Verhältnisse und Umstände, und sowohl geistig als auch wirtschaftlich ist jeder seines eigenen Glückes Schmied.* Thomas Carlyle

44. *Das Gute, das der Mensch in dieser Welt schafft, ist sein wirklicher Reichtum.*

Mohammed

45. *Aufschub heißt der Dieb der Zeit.*

Edward Young

46. *Jemand mit einer ruhigen, glücklichen Natur wird kaum unter dem Druck des Alters zu leiden haben.* Plato

47. *Werde gesund. Keine Anstrengung und Mühe ist zu groß, um an dieses Ziel zu gelangen.* Ralph Waldo Emerson

48. *Hundert Menschen sprechen für einen, der denkt.* John Ruskin

49. *Ein fester Vorsatz ist so viel wert wie die Tat.* Edward Young

50. *Das, was wir tun, ist für unsere Zukunft weniger wichtig als das, was wir denken.*
Philip James Bailey

51. *Säe einen Gedanken, und du kannst eine Tat ernten;*
säe eine Tat, und du kannst eine Gewohnheit ernten;
säe eine Gewohnheit, und du kannst Charakter ernten;
säe Charakter, und du erfüllst deine Bestimmung. Anon

52. *Ein Betrübter hat nie einen guten Tag; aber ein guter Mut ist ein tägliches Fest.*
Sprüche Salomos 15; 15

Diese Zitate sind gut und nützlich – sie haben mir selbst auch schon geholfen –, und wenn Sie mehr brauchen, können Sie noch viele entdecken. Sie werden sehen, daß Sie ein Zitat in weniger als einer Woche fest im Gedächtnis haben und ganz in sich aufnehmen. Sie werden in jedem Fall mehr Zitate brauchen, wenn die 52 Wochen vorüber sind, weil diese Übung so wertvoll ist, daß Sie sie Ihr ganzes Leben beibehalten sollten.

Hier einige Materialquellen:

1. Sie unterstreichen in diesem Buch Sätze, die Ihnen besonders gut erscheinen. Vielleicht wollen Sie einige davon notieren.
2. In anderen Büchern, Zeitschriften und Zeitungen werden Sie auf Sätze stoßen, die Ihnen besonders geeignet erscheinen.
3. Es werden Ihnen selbst solche Sätze einfallen. Wenn Ihnen Ideen dazu kommen, schreiben Sie sie sofort auf.

Am besten ist es, wenn Sie die Notizzettel, die Sie schon gebraucht haben, immer wieder durchsehen. Decken Sie den Zettel so ab, daß nur die ersten Worte sichtbar sind, und versuchen Sie, sich den Rest des Zitats und die Quelle in Erinnerung zu rufen.

Übrigens trägt diese «Arbeit» entscheidend dazu bei, Ihr Erinnerungsvermögen zu stärken.

Zusammenfassung

- Sie können Ihren Geist aufbauen und aufwerten.
- Alles, was in Ihren Geist eindringt, wird dort gehortet.
- Gedanken sind Erlebnisse und werden ebenfalls aufbewahrt.
- Lassen Sie Ihre «geistige Temperatur» steigen.
- Benutzen Sie den «Deckschichteffekt».
- Vergrößern Sie das Lager Ihrer konstruktiven Gedanken in jedem müßigen Moment.
- Ein konstruktiver Gedanke kann eine destruktive Stimmung vertreiben.
- Auswirkung = Gedanke × Zeit × Interesse.
- Erneuern Sie Ihren Geist, und Sie bauen ein neues Leben auf.

Das Gehirn ist eine Fabrik.
Die Qualität des Produkts hängt ab von der Güte der verwendeten Materialien!

7. *Kapitel*

Die Gewalt der Sprache

«Die größte Macht hat das richtige Wort zur richtigen Zeit.» Mark Twain

Rede und Gedanke sind eng verbunden. Manchmal geht der Gedanke der Rede voraus; manchmal – das wissen wir nur zu gut – sprechen wir, bevor wir denken.

Es liegt auf der Hand, daß Ihre Sprache Ihr Leben formt und bestimmt. Immer wieder befinden Sie sich in Situationen, deren Ausgang entscheidend von Ihrer Rede- und Ausdrucksweise abhängt: bei der Bewerbung um einen Arbeitsplatz, bei neuen Bekanntschaften, bei einem Heiratsantrag (egal, ob Sie ihn entgegennehmen oder machen), bei einer Rede, die Sie halten müssen, bei Verkäufen und beim normalen Tagesablauf mit der Familie, Freunden und Mitarbeitern.

Ein unfreundlicher Satz kann eine lange Freundschaft zerstören; ein taktvoller Satz kann einen alten Feind besiegen. Eine indiskrete Bemerkung oder mißbrauchtes Vertrauen können Ihr geschäftliches Ansehen schmälern. Eine Lüge kann Sie vor Gericht bringen.

Ihre Rede- und Ausdrucksweise beeinflußt die Meinung anderer über Sie. Aber noch wichtiger ist, daß sie Ihre eigene Denkweise beeinflußt. Sie können deshalb regelmäßig und systematisch Ihre Redeweise dazu benutzen, Ihre Gedanken zu kontrollieren.

Sie müssen das nicht glauben. Wie schon gesagt, brauchen Sie keinen Glauben, um dieses System anzuwenden. Sie müssen aber eine gehörige Portion Neugier besitzen, um ein Experiment zu wagen. Versuchen Sie lediglich, Ihre Rede zu kontrollieren, und beobachten Sie die Auswirkungen auf Ihr Denken.

Die Sprachkontrolle ist einfacher als die direkte Gedankenkontrolle. Ein Vergleich: Ein starker Mann könnte kein Pferd in eine Richtung zwingen, die dieses nicht einschlagen will, aber mit Hilfe eines Zaumzeugs kann selbst ein Kind ein Pferd lenken!

Kontrollieren Sie Ihre Zunge, und Sie werden sehen, daß Sie ganz leicht Kontrolle über die gewaltige Macht des Geistes gewinnen. Jeder zügelt seine Zunge bis zu einem gewissen Grad und wendet bei der Zensur seiner eigenen Rede ein bestimmtes Maß an Takt und Diskretion an. Diese Teilkontrolle kann so weit entwickelt werden, daß sie alles, was man sagt, mit in die Kontrolle einbezieht. Das kann ohne große Schwierigkeit erreicht werden: Der Hauptgrund, warum sich die wenigsten Menschen die Vorteile der Sprach-Kontrolle zunutze machen, liegt darin, daß sie niemals an einen Versuch gedacht haben. Versuchen Sie es jetzt!

Lassen Sie alte Wunden heilen

Karl versäumt keine Gelegenheit, das Gespräch auf die Untreue der Frauen zu bringen, um schließlich immer wieder bei der Geschichte zu landen, wie ihn seine gewesene Frau betrogen hat. Er hat die Gabe, alles zu dramatisieren; er scheint jeden qualvollen Augenblick beim Erzählen noch einmal zu erleben. Seine Stimme wird laut und bitter; er wird weiß vor Wut. Sein Erinnerungsvermögen ist erstaunlich; er erinnert sich an jeden Streit, den er je mit Doris gehabt hat, und berichtet darüber wahrheitsgetreu. Isabelle ergreift jede sich bietende Gelegenheit, um zu erzählen, wie sie durch die persönliche Gehässigkeit einer Aufsichtskraft ihren Arbeitsplatz verloren hat. Sie erzählt allen ihren Freunden diese Geschichte; sie erzählt sie den Angestellten des Arbeitsamtes; sie erzählt sie bei der Bewerbung zukünftigen Arbeitgebern; sie hat in Leserbriefen diese Ungerechtigkeit an Zeitungen weitergegeben und hat ihre Beschwerden in einem aktuellen Radioprogramm aller Welt verkündet. Sie hat sich den Ruhm einer notorischen Nörglerin erworben und kann deshalb in der ganzen Stadt keine Arbeit mehr finden.

Natürlich haben Karl und Isabelle echten Kummer. Aber damit stehen sie nicht allein da. Sie haben auch selbst schon Sorgen gehabt; ich auch. Keiner blieb davon verschont. Aber warum sollte man darüber sprechen?

Vergessen Sie die Regel nie, daß andere an Ihrem Kummer nicht interessiert sind. Im Gegenteil, wenn Sie dauernd darüber sprechen, werden Sie damit lästig!

Solche Redensweisen entfremden Ihre Freunde, aber sie haben eine viel ernstere

Auswirkung auf Sie selbst. Wenn Sie schmerzliche Erinnerungen ausgraben, erleben Sie sie gewissermaßen noch einmal. Unangenehme Gefühle, wie Furcht, Haß, Neid, Eifersucht etc., sind für Ihre Gesundheit nicht zuträglich. Sie vergeuden geistige Energie; Sie vergeuden sie, indem Sie in der Vergangenheit anstatt in der Gegenwart leben und sie für Zukunftspläne verwenden. Geistige Wunden werden wieder aufgerissen, die man viel eher heilen lassen sollte.

Rede und Erfahrung

Ebenso, wie Sie vermeiden sollten, über schmerzhafte Erinnerungen zu sprechen, sollten Sie vermeiden, über schmerzhafte Dinge der Gegenwart zu sprechen. Wenn Sie versuchen wollen, eine ungewünschte Gewohnheit abzuschütteln, tun Sie das, indem Sie aufhören, darüber zu sprechen. Wenn Sie über sich selbst als faul, dumm, scheu oder unentschlossen sprechen, überträgt sich die entsprechende Eigenschaft auf Ihren Geist und den anderer Menschen.

Sie – genauso wie jeder andere – tendieren dazu, Ihrem Ruf und guten Namen gemäß zu leben. Sie sind wie ein Schauspieler: Sie leben die Rolle, die Sie sich gewählt haben, die Rolle, deren Personifizierung die anderen von Ihnen erwarten.

Wenn Sie deshalb die alte Rolle nicht mehr spielen wollen, hören Sie auf, die Aufmerksamkeit darauf zu lenken, das heißt darüber zu reden.

Nur ein Dummkopf macht auf das Loch im Teppich aufmerksam; der kluge Mann stellt seinen Fuß darauf!

Sprechen Sie nicht über Dinge, die Sie sich nicht wünschen und die Sie nicht erleben wollen!

Machen Sie es anders. Sprechen Sie über Gesundheit, Wohlstand und Glück; Sie können das ganz allgemein tun, ohne etwas von diesem System und Ihren Plänen zu verraten.

Mit der Zeit überträgt sich das, was Sie sagen, auch auf Ihre Gedanken und die Gedanken anderer. In dem Maße, wie die neue Rolle in Ihrem Geist und bei anderen Leuten Gestalt annimmt, in dem Maße werden Sie befähigt, danach zu leben.

Vergessen Sie nicht: Das, was Sie sagen, denken Sie auch. Und was Sie denken, bringen Sie auch fertig!

Rede und Fortschritt

Ihre Redeweise bestimmt nicht nur das, was Sie werden; sie bestimmt auch Art und Weise Ihres Fortschritts – ob langsam und mühselig oder schnell und auf angenehme Weise.

Vermeiden Sie Ausdrücke, die Zweifel, Schwierigkeit oder den ungünstigen Ausgang einer Sache in sich bergen. Nehmen Sie einmal an, Sie unterziehen sich einer Abmagerungskur. Sagen Sie nicht: «Das ist das Schlimmste, was ich jemals erlebt habe. Ich bin immer hungrig, ich denke nur ans Essen.» Sie haben vielleicht das Gefühl, in den Augen Ihrer Freunde der große Held zu sein, aber in Wirklichkeit leiden Sie unnötigerweise unter diesen Vorstellungen. Sagen Sie statt dessen: «Diese Abmagerungskur bekommt mir sehr gut. Ich nehme 3 Pfund in der Woche ab.» Es ist völlig nutzlos zu sagen: «Es steht in den Sternen, wie ich jemals diese Prüfung bewältigen soll; ich habe einfach nicht genügend dafür gelernt.» In Ihrem Unterbewußtsein macht sich die Vorstellung von Mißerfolg breit, die Vorstellung, die am Tag der Prüfung zur Auswirkung kommt. Es ist weit besser, in einem solchen Fall etwa zu sagen: «Ich arbeite schwer und werde mich bis zum Prüfungstermin sicher vorbereitet haben.»

Sie können Ihren Fortschritt behindern durch eine «halbkonstruktive» Redeweise, wie wir sie nennen wollen. So können Sie z. B. zu jemandem oder zu sich selbst sagen: «Endlich unternehme ich etwas gegen meine Angewohnheit, alles hinauszuschieben.» Die Absicht ist gut, aber die Formulierung ist unglücklich, denn Sie betonen auf diese Weise praktisch, daß Sie ein Bummler sind! Sie können dieselbe Formulierung so vornehmen, daß Sie nicht noch einmal ausdrücklich die Eigenschaft betonen, die Sie loswerden wollen. Sie können sagen: «Ich bewältige meine Arbeit jetzt schnell» oder «Ich habe endlich gelernt, einen Arbeitsplan zu machen und mich daran zu halten.»

Ich habe diesen Punkt schon früher, in Verbindung mit der schriftlichen Übung 1 erwähnt. Achten Sie auch beim Sprechen darauf.

Vergessen Sie auch nicht, am Grundsatz der Geheimhaltung festzuhalten. Die oben erwähnten Ratschläge, über Ihre Ziele nicht zu sprechen, brauchen Sie erst, wenn Sie schon einen so großen Fortschritt gemacht haben, daß andere darauf aufmerksam werden und darüber zu sprechen anfangen.

Wenn Sie den Grundsatz der konstruktiven Redeweise stets im Auge behalten, werden sich Ihre Wünsche sehr viel schneller verwirklichen lassen.

Sprechen Sie nicht zuviel

Bei manchen Fragen findet man für beide Ansichten Sprichwörter, was aber das Thema Reden anbetrifft, wirft die Weisheit der Sprichwörter ihr ganzes Gewicht auf die Seite des Schweigens.

Leere Töpfe machen den größten Krach.
Ein großer Redner ist ein großer Lügner.
Der wirklich Kluge ist der, der schweigt.

Derjenige, der seine Zunge im Zaum halten kann, kann viel.

Ein geschlossener Mund deutet auf einen klugen Kopf.

Reden ist Silber, Schweigen ist Gold.

Niemand braucht je zu bedauern, seinen Mund gehalten zu haben.

Diese Liste könnte eine ganze Seite für sich beanspruchen. Die Sprichwörter enthalten tiefe Wahrheit. Übertriebenes, unnötiges Reden ist im allgemeinen ein Zeichen von Dummheit oder Nervosität; es ist das Geräusch einiger nichtssagender Ideen, die in einem halbleeren Kopf herumklappern. Ein Einfaltspinsel könnte den Anschein von Intelligenz erwecken oder ein Nervenbündel könnte selbstsicher wirken, wenn jeder den Mund halten würde. Zuviel Reden nutzt niemandem. Es erschöpft im Gegenteil die Energie des Sprechenden; es bereichert weder den Geist des Sprechenden noch den seiner Zuhörer. Es besteht natürlich keineswegs die Notwendigkeit, den «stummen Diener» zu spielen, aber die folgende gute Regel vermeidet nutzloses Geschwätz: Bevor Sie etwas sagen, fragen Sie sich selbst: «Ist das, was ich sagen will, wahr, nett, notwendig?»

Sie brauchen nicht zu fürchten, daß das Ihr Leben ruinieren wird. Freundschaft, Liebe und Familienbeziehungen bleiben auch ohne Redeschwall bestehen. Viele Leute könnten ihre Arbeit leichter, erfolgreicher und schneller bewältigen, wenn sie weniger Zeit und Energie mit Sprechen vergeuden würden. Zuviel Reden kann genausoviel Schaden anrichten wie übermäßiges Essen oder Trinken.

Kontrollieren Sie Ihre Worte. Würden Sie sich zutrauen, Ihrer Zunge regelmäßige Pausen vorzuschreiben? Würden Sie einen Teil der Zeit, den Sie jetzt «verreden», nicht nützlicher verbringen, wenn Sie statt dessen lesen oder nachdenken würden? Ich kann Ihnen nicht genau sagen, wie weit Sie Ihre Redseligkeit einschränken sollen. Aber lassen Sie sich meine Anregung durch den Kopf gehen, und wenn Sie sie aufgreifen wollen, wissen Sie, was Sie zu tun haben.

Unangenehme Themen

Vermeiden Sie, unnötig traurige, unangenehme und destruktive Themen anzuschneiden. Wenn ein Freund Unannehmlichkeiten gehabt hat, behalten Sie sie für sich und lassen Sie nicht die halbe Welt Anteil nehmen. Sprechen Sie nicht über die unerfreulichen und tragischen Geschichten, die man jeden Tag in der Zeitung liest, im Radio hört und im Fernsehen sieht. Die meisten unerfreulichen Geschichten, die Sie jeden Tag lesen und hören, gehen Sie wirklich nichts an. Ein Erdbeben macht eine Stadt im Mittleren Osten dem Erdboden gleich; ein Taifun bringt eine Fähre in der Japanischen See zum Kentern. Sie hätten nichts unternehmen können, um diese Katastrophen zu verhindern; Sie können den Opfern nicht helfen; es wäre überhaupt viel besser gewesen, Sie hätten von diesen Dingen gar nicht erst erfahren!

Sie können sich dazu erziehen, schlechte Nachrichten, die Sie nichts angehen, gar nicht aufzunehmen. Lesen Sie keine Zeitungsberichte darüber, und verfolgen Sie sie auch nicht im Fernsehen.

Ich will mich hier nicht zum Sprecher für die berühmte rosarote Brille machen. Ich rate Ihnen keineswegs, sich gegen alle unangenehmen und schmerzhaften Ereignisse abzukapseln. Die Wirklichkeit ist in Ihrem eigenen Leben, in Ihrer Familie, an Ihrem Arbeitsplatz, in Ihrer Stadt und in Ihrem Land traurig genug.

Wenn Sie zu irgendwelchen Unannehmlichkeiten wirklich eine Beziehung haben, wenn Sie sie durch Gedanken, Reden, Taten, Geld oder Ihre Stimme abmildern können, dann unternehmen Sie auch etwas. Aber kümmern Sie sich nicht um Dinge, die Sie nun einmal nicht ändern können. Sparen Sie sich Ihre Gefühle, Ihre physische Kraft und Ihren Stimmaufwand lieber für Geschehnisse auf, bei denen Sie helfend eingreifen können.

Natürlich gibt es Gelegenheiten, wo es Ihre Pflicht ist, etwas Unangenehmes zu erwähnen. Dann:

1. Seien Sie taktvoll. Erwähnen Sie den Vorfall so zurückhaltend wie nur möglich. Gehen Sie nicht in traurige Details. Übertreiben Sie nicht. Lassen Sie Ihre Vorstellungskraft nicht mit Ihnen durchgehen. Beschränken Sie sich lediglich auf reine Tatsachen.

2. Bemühen Sie sich, über die Person oder die Organisation etwas Positives zu sagen, damit die vorher erwähnten unangenehmen Tatsachen etwas übertüncht werden.

3. Fassen Sie sich kurz. Wechseln Sie das Thema so bald als möglich. (Dasselbe gilt auch für Tadel und Kritik, die sozusagen von Mann zu Mann geäußert werden.)

Das soll keine freundliche oder taktvolle Geste anderen gegenüber sein. Eine negative, destruktive Aussage schafft negative, destruktive Gedanken, die nicht nur andere verletzen, sondern auf Sie selbst zurückkommen und Sie auch selbst verletzen.

Nehmen wir einmal an, daß Sie irgendwelche Regierungsprobleme diskutieren. Dabei sagen Sie über einen Politiker: «X ist ein Gauner; er hätte ins Gefängnis gehört.» Das ist eine negative, destruktive Redeweise. Wissen Sie denn ganz sicher, haben Sie Beweise, daß X ein Gauner ist und ins Gefängnis gehörte? Wenn ja, erstatten Sie doch Anzeige bei der Polizei, anstatt «hintenherum» zu nörgeln. Wenn Sie nicht sicher sind, warum schneiden Sie das Thema überhaupt an? Basiert denn die ganze Geschichte nur auf Klatsch oder einem

Zeitungsbericht? Wäre es Ihnen angenehm, auf dieselbe Art unter die Lupe genommen und zerredet zu werden? Vergessen Sie nie, daß höchstwahrscheinlich eine ganze Menge Leute, die genauso gut informiert sind wie Sie, X für einen fähigen Kopf halten, der in Amt und Würden bleiben sollte.

Wäre es nicht besser gewesen, Sie hätten statt dessen gesagt: «X hat da oder dort gute Arbeit geleistet, aber in diesem oder jenem Punkt stimme ich mit seiner Politik nicht überein»? Diese Formulierung würde vielleicht zu einer fruchtbaren, lehrreichen Diskussion führen. Persönliche Verunglimpfung wird X nichts anhaben; sie hilft und bringt Ihnen auch nichts.

Oder nehmen wir einmal an, Sie sagen über die Eheschwierigkeiten irgendwelcher Freunde: «M. ließ N. und die Kinder wieder sitzen: schon zum zweitenmal in diesem Jahr. Ich habe ja immer gesagt, daß diese Ehe niemals gutgehen wird.»

Am besten wäre natürlich, solche Dinge überhaupt nicht zu diskutieren. Sie können nicht helfen, und ein schadenfroher Kommentar kann den Betreffenden nur schaden.

Wenn Sie aber unbedingt darüber sprechen müssen, sagen Sie etwas wie: «M. und N. sind jeder für sich feine Menschen, aber zusammen scheint es mit der Harmonie nicht ganz zu klappen.»

Seien Sie mit Lob großzügig

Edward Young schrieb dazu: «Auch verstecktes Lob hört jeder gern.»

Ehrlich gemeinte Komplimente, Danksagungen, anerkennende Worte sind stets willkommen. Lob und Preis helfen Freunde gewinnen und Freunde behalten.

Lob ist wie ein Bumerang. Ohne Ausnahme werden Sie finden, daß Sie um so mehr Lob ernten, je mehr Lob Sie spenden. Lob ist eines der bewährtesten Mittel, andere Menschen nach Ihrem Willen zu formen. Loben Sie die Taten, die Sie wiederholt haben möchten, loben Sie die Eigenschaften, die Sie verstärkt sehen möchten. In einem Garten gießen Sie die Pflanzen, deren Wachstum Sie fördern wollen; Unkraut lassen Sie austrocknen.

Üben Sie sich darin, über jeden Menschen,

den Sie treffen und mit dem Sie zu tun haben, etwas Nettes zu sagen. Fangen Sie bei Kaufhausangestellten und Mitarbeitern an und machen Sie auch vor Ihrer Familie und Ihren Freunden nicht halt. Suchen Sie dabei nach einer Eigenschaft, die Sie für aufrichtig und lobenswert halten: Kleidung, Frisur, Gesundheitszustand, Schmuck etc. «Ich weiß, ich kann immer damit rechnen, ein Lächeln auf deinen Lippen zu sehen.»

«Ehrlich, du hast heute einen so beschwingten Schritt. Du mußt ja vor Energie strotzen.»

«Ah, da kommst du ja, pünktlich wie immer.»

Sprechen Sie Ihr Lob nicht nur von Angesicht zu Angesicht aus: Loben Sie ruhig auch «hintenherum». Das ist die feinste Art, Komplimente zu machen, und Sie können sicher sein, daß sie auch auf diesem Wege dem Betreffenden zu Ohren kommen. Umgekehrt kritisieren Sie nie jemanden hinter seinem Rücken; denn Sie können genauso sicher sein, daß die Kritik dem Betreffenden hinterbracht und als schwerwiegender Affront aufgenommen wird.

Sprechen Sie ruhig und beherrscht

Vermeiden Sie, wenn möglich, ärgerlich zu werden. Ärger ermüdet Sie; er verbraucht Ihre Energie, die Sie anderweitig nutzvoller hätten einsetzen können. Ärger schafft Feinde. Ärger kann Sie töten; schon oft war ein Wutanfall Ursache für einen Schlaganfall oder eine Herzattacke. Thomas Jefferson weiß guten Rat: «Wenn du ärgerlich bist, zähl bis zehn, bevor du etwas sagst; wenn du sehr ärgerlich bist, bis hundert.»

Wenn Sie in der entsprechenden Situation nicht zählen wollen, können Sie ebensogut im stillen wiederholen: «Ich bewahre in jeder Situation Ruhe und Nerven.» Das wirkt wie ein Blitzableiter, lenkt ab und hilft, wirklich in jeder Situation ein Lächeln auf den Lippen zu haben.

Oder Sie lenken Ihre Gedanken rasch zu einem Zitat auf einem Ihrer Zettel. Es wird als Feuerlöscher gute Dienste leisten und das erste Aufflackern von Zorn im Keim ersticken.

Übung 10: Achten Sie einmal eine Stunde lang auf das, was Sie sagen, besonders dann, wenn Sie sich entspannt in angenehmer Umgebung befinden. Prüfen Sie jede negative, destruktive Äußerung noch einmal, bevor Sie sie aussprechen. Ist sie aber einmal gesagt, lassen Sie sich eine positive Äußerung einfallen, die besser am Platz gewesen wäre.

Machen Sie anfangs diese Übung ein- oder zweimal in der Woche. Sie werden sehen, wie einfach sie ist. Sie können diese Aufmerksamkeit immer weiter ausbauen, bis alles, was Sie sagen, konstruktiv und positiv ist.

Wie man mit seinen «Feinden» fertig wird

Wenn jemand Sie für Ihre positiven, konstruktiven Worte lächerlich macht, lassen Sie ihn ruhig. Wenn er mit gemeinen, pessimistischen Methoden kommt, geht Sie das gar nichts an. Sie können ihn schließlich nicht zwingen, diese Einstellung aufzugeben. Sie können nur mit gutem Beispiel vorangehen.

Bleiben Sie deshalb mit mitleidigem Lächeln Ihrem Wesen treu und lassen Sie ihn auf seine Fasson selig werden.

Zusammenfassung

- Ihre Worte formen Ihr Leben.
- Ihre Worte formen Ihre Gedanken und die Ihrer Mitmenschen.
- Kontrollierte Worte bedeuten einen kontrollierten Geist.
- Lassen Sie alte Wunden heilen.
- Reden Sie über Dinge, die Sie erleben wollen.
- Eine konstruktive Ausdrucksweise beschleunigt die Realisierung Ihrer Wünsche.
- Sprechen Sie nicht zuviel.
- Sprechen Sie in netter Form über Ihre Mitmenschen.
- Sprechen Sie nicht über Ihre Sorgen.
- Loben Sie, und Sie werden Lob ernten.
- Die konstruktive Ausdrucksweise liegt bei Ihnen. Machen Sie noch heute davon Gebrauch!

Die Zunge ist ein guter Diener, aber ein schlechter Herr und Meister.
Deine Sprache zeigt, was du heute bist,
und sie bestimmt, was du morgen sein wirst.

8. Kapitel

Das dritte Ziel

«Unsere Zweifel sind Verräter am Guten, das wir oft erringen könnten, wenn wir den Versuch nicht fürchten würden.» William Shakespeare

Ihre Ziele sind abgesteckt, und Sie haben damit begonnen, die konzentrierte, gelenkte Denkweise zu ihrer Realisierung einzusetzen. Versuchen Sie nicht, aus Mangel an Geduld zu viele Dinge gleichzeitig in Angriff zu nehmen. Es ist besser, Schritt für Schritt vorwärtszugehen und Erfolg zu haben, als zuviel auf einmal zu erzwingen und dann entmutigt zu werden.

Denken Sie daran, Ihr Ziel nicht verkrampft anzusteuern und sich dauernd zu fragen: «Was muß ich jetzt tun? Wann sehe ich endlich einmal ein Ergebnis?» etc. Das würde der Unsicherheit und Sorge gefährlich nahe kommen und würde zu nichts führen.

Denken Sie an Ihr Ziel, als hätten Sie es bereits erreicht. Denken Sie so ruhig daran, als ob Sie es noch einmal nacherleben. Werden

Sie in Gedanken detaillierter, und sehen Sie Ihr Ziel lebendiger. Zeigen Sie Interesse und Freude. Sagen Sie Ihren Wunsch laut auf, schreiben Sie ihn nieder und konzentrieren Sie ihn in einem Memo.

Das ist der einfache, entscheidende erste Schritt. Lassen Sie die Idee in Ihrem Kopf Wurzeln schlagen. Lassen Sie sie dort arbeiten. Das, an was Sie intensiv denken, bringen Sie auch zustande.

Durch Anregung und Inspiration wird Ihr Wunsch Wirklichkeit. Die Ideen kommen von selbst – und nützliche Ideen bringen Sie der Verwirklichung Ihrer Ziele näher. Begrüßen Sie jede Idee, und schreiben Sie sie auf, auch wenn sie zunächst unbrauchbar aussieht. Schreiben Sie sie auf, und warten Sie geduldig und vertrauensvoll auf die nächste, die sich vielleicht zusammen mit der ersten unbrauchbaren Idee für einen guten ausführbaren Plan verwenden läßt.

Archimedes hat diese Erfahrung gemacht. Der König von Syrakus ließ einem Goldschmied Gold für eine neue Krone liefern. Er verdächtigte diesen, etwas Gold gestohlen und durch einfaches Metall ersetzt zu haben.

Archimedes sollte herausfinden, ob der Mann gestohlen hatte.

Zuerst wollte er das Volumen der Krone bestimmen und es dann gegen ein gleiches Volumen reinen Goldes abwägen; wenn die Krone leichter gewesen wäre, hätte das bedeutet, daß das Gold «gepanscht» worden ist. Trotzdem schien die Idee nicht durchführbar; er konnte das Volumen der Krone nur messen, wenn er sie zu einem rechteckigen Barren einschmelzen würde. Das würde jedoch bedeuten, daß die Krone völlig zerstört werden würde.

Die zweite Idee, die ihm zeigte, wie er die erste einsetzen konnte, erleuchtete ihn, als er gerade ein Bad nehmen wollte. Er sah, wie Wasser über den Wannenrand floß und überlegte bei diesem Anblick sehr richtig, daß die verdrängte Wassermenge seinem eigenen Körpervolumen entsprach. Dieselbe Methode wandte er an, um das Volumen der Krone zu bestimmen. Alexander Graham Bell hatte die «nutzlose» Idee, verschieden starken elektrischen Strom über einen Draht zu leiten und so Schall zu «transportieren». Erst später fand er heraus, wie man mit Hilfe einer schwingenden Membrane den Strom verschieden fein dosieren kann. Die Idee von Thomas Edison vom Glühfaden schien nutzlos, bis er die genaue Idee hatte, wie dieser Glühfaden herzustellen ist.

Schreiben Sie deshalb alle Ideen, die Ihnen in den Kopf kommen, auf. Im nächsten Kapitel werde ich Ihnen einige Anregungen geben, wie Sie mit diesen Ideen zu verfahren haben.

Sie sollten jetzt schon Anzeichen einer günstigen Veränderung Ihres Charakters feststellen: Ihre Gedanken sollten mehr und mehr in konstruktive Bahnen gelenkt werden. Verzweifeln Sie nicht, wenn Sie von Zeit zu Zeit destruktive Gedanken überfallen. Sie wissen jetzt, wie Sie sie bekämpfen müssen. Sie werden kaum Schaden anrichten, zumindest so lange nicht, als Sie sie nicht bei Ihnen verweilen lassen. Einige Tage Regen machen noch keinen nassen Sommer: Die Durchschnittstemperatur, die vorherrschenden Sonnen-, Wind- und Wettereinwirkungen sind es, die letztlich über die Schönheit des Sommers entscheiden. Genauso ist es die vorherrschende Stimmung, die Ihre Gedanken lenkt, Ihren Charakter formt und Ihr Schicksal bestimmt.

Sie haben vielleicht schon Kontakt zu Leuten gefunden, die Ihnen weiterhelfen können. Wenn nicht, liegen Sie auf der Lauer: Die richtigen Menschen gibt es, und sie werden von Ihnen angezogen, wenn Sie sich im richtigen Gedankenkreis bewegen.

Sie haben einen erfolgversprechenden Anfang mit der Umbildung Ihrer Einstellung gemacht. Diese geistige Entwicklung vervielfältigt Ihren Erfolg; Ihre Bemühungen werden jetzt in die richtigen Bahnen gelenkt, und Sie verfügen über bessere geistige Hilfsmittel.

Sprechen Sie auch weiterhin nicht über Ihre Wünsche und Pläne. Lassen Sie den Erfolg für sich sprechen.

In der Übung 8 erläuterten Sie den zweiten Punkt der Übung 2 im Detail. Sie haben eine Weile dazu gebraucht, Ihren Wunsch genau zu umreißen, bis Sie sicher waren, daß er nicht besser formuliert werden konnte. Erzwingen Sie dieses Stadium nicht mit allen Mitteln. Es kann in einer Woche erreicht sein; auf der anderen Seite brauchte ich schon drei oder vier Wochen, um meinen Wunsch genau zu definieren.

Wenn Sie glauben, daß Sie nichts mehr verbessern können, können Sie die Präzisierung zu einem kompakten Memo zusammenschrumpfen lassen.

Übung 11: Drücken Sie den zweiten Punkt der Übung 2 in konzentrierter, konstruktiver Form aus. Wenden Sie auf dieses Memo die Technik TSU an. Lesen Sie diese Übung dreimal täglich durch; denken Sie von Zeit zu Zeit daran; schreiben Sie sie täglich ab.

Überarbeiten Sie die Übung 2 noch einmal, um festzustellen, ob irgendeiner Ihrer Wünsche geändert oder ganz gestrichen worden ist. Wenn einer oder zwei von der Liste gestrichen werden sollen, fügen Sie neue Wünsche ein, damit Ihr 10-Punkte-Plan vollständig bleibt. Ob mit oder ohne Änderungen, schreiben Sie die Übung 2 auf ein sauberes Blatt Papier, bevor Sie sich Punkt 3 zuwenden.

Übung 12: Schreiben Sie oben auf die Seite den dritten Punkt der Übung 2. Beschreiben Sie diesen Punkt so genau, wie Sie ihn haben wollen. Wenden Sie auch hier die TSU an.

Ihr Tagesprogramm umfaßt jetzt die Übungen 7, 11 und 12. Ziehen Sie Ihren Zettel in freien Augenblicken zu Rate. Wenn sich die Gelegenheit bietet, machen Sie die Übung 10, Ihren Rede- und Konversationstest.

Vergessen Sie nicht, daß Ihnen alle Ihre Übungen Spaß und Freude machen müssen. Das ist entscheidend für den Erfolg. Lächeln Sie; atmen Sie tief und langsam, um das Gefühl von Ruhe in Ihnen einkehren zu lassen; empfinden Sie Ihre kurzen Übungszeiten als einen Ihrer angenehmsten Tagesabschnitte.

Zusammenfassung

- Verfolgen Sie Ihren Plan stetig und ruhig.
- «Unrealisierbare» Ideen erweisen sich oft als wertvoll.
- Die vorherrschende Stimmung bestimmt Ihr Schicksal.
- Sprechen Sie nicht über Ihren Weg zum Erfolg; lassen Sie den Erfolg selbst sprechen.
- Vergessen Sie nicht, daß der Faktor «Spaß und Freude» entscheidend ist.

Mit der Zeit werden Ihre Gedanken die Konturen Ihres Gesichts verändern.
Es ist leicht, einen Schritt zu machen,
und nach dem ersten Schritt sind die nächsten Schritte erst recht einfach.
Machen Sie ihn deshalb!

9. Kapitel

Ideen werden Taten

«Nicht auf Wissen kommt es im Leben an, sondern auf Taten.» Thomas Henry Huxley

Nachdem eine Frau drei Wochen lang meinen Kurs besucht hatte, sagte sie mir: «Ich konnte eines Abends eine Stunde lang nicht einschlafen, weil ich von guten Ideen förmlich überflutet wurde, die aus dem Unterbewußtsein aufstiegen.»

Zweifellos haben Sie jetzt auch schon gute Ideen gehabt, die ihren Weg zu Ihnen über das Unterbewußtsein gefunden haben. Sie haben diese Ideen gemäß den Anregungen in Kapitel 3 gesammelt und aufgeschrieben. Sie wollen sie jetzt natürlich in die Praxis übertragen und sie so einsetzen, daß sie die Realisierung Ihrer Wünsche bewirken.

Sortieren Sie die Ideen nach Themen und Gebieten. Übertragen Sie sie vom Notizblock oder von dem Schmierzettel, worauf Sie sie anfangs festgehalten haben, in Ihr richtiges Übungsheft. Vergessen Sie auch die Ideen nicht, die Sie von anderen bezogen haben. Schreiben Sie oben auf eine Seite Punkt 1 von Übung 2, und schreiben Sie darunter alle zu diesem Wunsch gehörigen Ideen. Schreiben Sie auf eine andere Seite Punkt 2 und darunter alle Ideen, die zu diesem Punkt gehören. Fahren Sie fort, bis Sie für alle 10 Punkte der Übung 2 je eine Seite gefüllt haben.

Hier einige Eintragungen, wie sie im Notizbuch stehen könnten:

Fred empfahl D.s neues Diätbuch. Besorgen.

Soll ich aufhören, Beiträge an die Wohlfahrtsorganisation XYZ zu leisten?

10 Zeilen eines Gedichts pro Tag auswendig lernen.

Monats- oder Jahresbudget erstellen.

In der Bücherei Literatur über Italien besorgen.

Alte Kleider aussortieren und gegebenenfalls weggeben.

Abendschule anrufen, um Sprachkenntnisse aufzufrischen.

Ein neues Adreßbuch anlegen; Namens-, Telefonnummernliste vervollständigen.

Nebenbeschäftigung suchen.
Gratulationsbrief an Hans.
Badezimmerwaage kaufen; täglich wiegen.
Ein neues Konto für Ersparnisse anlegen.
Buch über Grundkenntnisse der Buchhaltung kaufen.
Tanzstunde?
Lebensversicherung kündigen?

So können die Eintragungen nach Sachgebieten geordnet werden (in der Praxis beginnt jede Überschrift eine neue Seite).

1.
Finanzlage reorganisieren, um zahlungskräftig zu werden.
Soll ich aufhören, Beiträge an die Wohlfahrtsorganisation XYZ zu leisten?
Monats- und Jahresbudget erstellen.
Alte Kleider aussortieren und gegebenenfalls weggeben.
Lebensversicherung kündigen?
Ein neues Konto für Ersparnisse anlegen.
Buch über Grundkenntnisse der Buchhaltung kaufen.
Nebenbeschäftigung suchen.

2.
X Pfund abnehmen.
D.s Diätbuch kaufen.
Badezimmerwaage kaufen, täglich wiegen.

3.
Gedächtnis verbessern.
10 Zeilen eines Gedichts pro Tag auswendig lernen.

4.
Gesellschaftliches Leben ausbauen und verbessern.
Neues Adreßbuch anlegen, Namens- und Telefonnummernliste vervollständigen.
Gratulationsbrief an Hans.
Tanzstunde.

5.
Nächstes Jahr Urlaub in Italien.
Bücher besorgen.
Abendschule anrufen, um Sprachkenntnisse aufzufrischen.

Merke: Sie haben vielleicht Ideen, die nicht in direktem Zusammenhang mit Ihren zehn Hauptwünschen stehen: Es kann sich dabei um allgemeine Ideen zur Selbstentfaltung, Anregungen für andere, spätere Ziele etc. handeln. Erstellen Sie dafür eine neue Liste zum späteren Gebrauch auf einem anderen Blatt. Setzen Sie die einzelnen Punkte unter die Sammelbezeichnung «Verschiedenes».

Achten Sie auf die schöpferische Kraft dieser Technik. Sie ist ungleich wirksamer als ein Tagebuch. Ein Tagebuch ist eine Erfassung der Dinge, die schon gemacht und vorbei sind. Wenn man ein Tagebuch führt und liest, lebt man in der Vergangenheit, erlebt man Gutes und Schlechtes, Destruktives und Positives noch einmal. Aber diese Erfahrung konstruktiver Ideen, deren Realisierung noch vor uns liegt, ist ein Hilfsmittel, um die Zukunft zu formen.

Ein alter Freund von mir, schon in den Achtzigern, wendet diese Methode etwas anders an. In jedem Zimmer seines Hauses hat er Notizblock und Bleistift. Immer wenn er eine Idee hat, kann er sie schriftlich festhalten. Die schöpferische Fähigkeit kann, ohne an ein bestimmtes Alter gebunden zu sein, weiterentwickelt und in Gang gehalten werden!

Abschreiben und Ordnen Ihrer schöpferischen Ideen bringt einen wichtigen gefühlsmäßigen Nutzen.

Sie sind hoffnungsvoller, selbstsicherer, weil Sie etwas dafür tun, um ans Ziel Ihrer Wünsche zu gelangen. Sie begannen mit etwas Vagem, Unbestimmtem – einem Wunsch. Diesen verarbeiten Sie nun zu etwas Sichtbarem, Greifbarem und Beständigem, einem geschriebenen Aktionsplan. Das ist das vierte Stadium im Prozeß schöpferischen Denkens.

Das erste Stadium war, eine klare Vorstellung über das gewünschte Ding zu bilden: in anderen Worten, Sie entscheiden sich ganz exakt für eine bestimmte Sache.

Im zweiten Stadium wird die Vorstellung ins Unterbewußtsein versenkt mit Hilfe der TSU.

Im dritten Stadium erfassen und sammeln Sie die schöpferischen Ideen, die Ihnen Ihr Unterbewußtsein anbietet.

Im vierten Stadium schließlich ordnen Sie diese Ideen in einem Aktionsplan.

Wenn Sie Ihre Aufzeichnungen einstufen, werden Sie vielleicht feststellen, daß Sie nicht zu allen Punkten die gleiche Anzahl von Ideen gehabt haben; eine Seite enthält vielleicht 10, eine andere 5, eine 2 und eine schließlich gar keine Punkte. Damit können Sie fast rechnen. Die Äpfel an einem Baum reifen auch nicht alle gleichzeitig an einem Tag. Mit Ihren Wünschen ist es ebenso: Sie sind auch nicht alle gleichzeitig zur Realisierung reif. Nehmen Sie sich zuerst die Seite mit den meisten Ideen vor. Lesen Sie sie möglichst laut, und denken Sie darüber nach. Vielleicht kommen Ihnen dadurch noch weitere Ideen in den Sinn. Schreiben Sie diese Extraideen alle auf.

Wenn Sie alle Ideen eines bestimmten Bereiches geprüft haben, werden Sie sich in einer der folgenden Situationen befinden:

1. Es läßt sich nicht sofort ein Weg erkennen.

2. Sie sehen auf den ersten Blick eine oder mehrere Möglichkeiten zu handeln.

3. Zu verschiedenen Punkten müssen Entscheidungen gefällt werden: ja oder nein, jetzt oder später, mehr oder weniger etc.

4. Sie sehen zwei oder mehr sich gegenseitig ausschließende Handlungsweisen.

Betrachten wir einmal diese vier Möglichkeiten:

1. Es läßt sich nicht sofort ein Weg erkennen

In diesem Fall müssen Sie lediglich so lange warten, bis Ihnen durch eine Eingebung mehr Ideen kommen. Weitere Ideen werden bestimmt kommen, wenn Sie weiterhin exakt und konstruktiv denken. Mit wachsendem Vertrauen kommen die Ideen schneller. Sie werden bald sehen, daß Sie für den einen oder anderen Punkt die Schlüsselidee finden, die Ihnen hilft, frühere Ideen in die Praxis umzusetzen. Vergessen Sie nicht, daß Sie, während Sie Ideen sammeln, Ihren Geist üben und stärken, damit Sie sie wirklich richtig einsetzen, wenn ihre Zeit gekommen ist.

2. Eine oder mehrere augenfällige Möglichkeiten zu handeln

Sie wissen jetzt, wie Sie vorgehen müssen, um an dieses spezielle Ziel zu gelangen oder wenigstens um darauf hinzuarbeiten. Einige Ideen auf S. 156/157, wo wir einzelne Interessengebiete eingeteilt haben, können ohne weitere Überlegungen ausgeführt werden:

Ein Monats-, Jahresbudget erstellen.

Aussortieren und Weggeben nicht mehr getragener Kleider.

Eröffnung eines Sparkontos.

Kauf eines Buches über Grundkenntnisse der Buchhaltung.

Badezimmerwaage kaufen; jeden Tag wiegen.

Jeden Tag zehn Zeilen eines Gedichts auswendig lernen.

Wenn Sie so eine Idee finden, zögern Sie nicht: Handeln Sie sofort. Unter der Überschrift «Entscheidungen ausführen» behandelt dieses Kapitel später die Gefahren des Aufschiebens und der Verzögerung und Vorschläge, wie man sich an schnelles Handeln gewöhnt.

3. Zu treffende Entscheidungen

Einige Punkte in dem nach Themen eingeteilten Muster können nicht ohne ein paar Überlegungen angegangen werden:

Soll ich aufhören, der XYZ-Wohlfahrtsorganisation Zuwendungen zu machen?

Meine Lebensversicherung kündigen?

Nebenbeschäftigung?

Wägen Sie das Für und Wider jedes einzelnen Punktes sorgfältig ab mit Hilfe der später in diesem Kapitel beschriebenen Methode «Entscheidungen treffen».

4. Sich gegenseitig ausschließende Möglichkeiten zu handeln

Ein Mann kann sich zu zwei Frauen hingezogen fühlen; er kann nicht beide heiraten. Um auf das vorherige Beispiel zurückzukommen, könnte es ja sein, daß der Betreffende keine Zeit hat, um Buchhaltung zu lernen, eine Nebenbeschäftigung auszuüben, zur Tanzstunde zu gehen und eine Sprache zu lernen. Er müßte sich eben entscheiden, welcher dieser Punkte ihm am meisten am Herzen liegt.

Entscheidungen treffen

Die folgenden Anregungen beziehen sich nicht nur darauf, die Ideen zu bewerten, die Sie in Ihrem Notizbuch vermerkt haben. Vielmehr können Sie diese Anregungen immer dann verwenden, wenn Sie zu irgendeiner

Zeit, unter irgendwelchen Umständen eine Entscheidung treffen müssen.

Nehmen wir einmal an, Sie müssen zwischen zwei Berufen wählen.

Schreiben Sie den ersten Beruf oben auf ein Blatt Papier. Teilen Sie das Blatt mit einem Längsstrich in zwei Hälften. Schreiben Sie jetzt in die eine Spalte alle Vorteile und in die andere Hälfte alle Nachteile, die dieser Beruf hat.

Machen Sie es für den zweiten Beruf auf einem anderen Stück Papier ebenso.

Die Prüfung der beiden Listen kann Ihnen Ihre Entscheidung schon abnehmen: der eine Beruf hat ganz offensichtlich mehr Vorteile oder weniger Nachteile als der andere.

Wenn sich die beiden Listen in etwa gleichen, müssen Sie mit dieser Technik noch ein wenig weiter gehen. Wenden Sie je nach Bedeutung für alle Vor- und Nachteile ein Punktesystem an, das, sagen wir, von 1 bis 10 reicht. Als Beispiel nehmen wir den Vorteil eines bestimmten Berufs an: «Onkel Fred würde sich freuen, wenn ich diesen Beruf wählen würde», und einen Nachteil wie: «Meiner Frau würde dieser Beruf nicht passen.» Die meisten Männer würden den Nachteil in diesem Fall mit mehr Punkten belegen als den Vorteil. Arbeiten Sie sich so durch die Listen; zählen Sie die Für- und Widerpunkte jedes Berufes zusammen, und Sie haben die Antwort.

Dieselbe Technik kann man anwenden für die «Soll-ich-oder-soll-ich-nicht-Entscheidung»; sie wird zwischen drei oder mehr Möglichkeiten entscheiden und hilft Ihnen, alle Arten von Entscheidungen zu treffen.

Bei außergewöhnlich wichtigen Entscheidungen wenden Sie dieses System an, überschlafen Sie sie, nehmen Sie am nächsten Tag Ihre Liste noch einmal zur Hand, um eventuell noch weitere Für- und Widerpunkte hinzuzufügen.

Der Vorteil dieser Technik besteht darin, daß das Problem aus Ihrem Kopf auf das Papier gebracht wird. Komplizierte Entscheidungen im Kopf zu treffen ist genauso schwierig, wie einige verschiedene Gegenstände zu jonglieren und dabei ihr Gewicht, ihren Umfang und Aufbau genau zu schätzen.

Setzen Sie die Technik regelmäßig ein; das beschleunigt Ihre Entscheidungen und macht sie zuverlässiger. Üben Sie sich an kleinen Dingen, um so auf große vorbereitet zu sein.

Scheuen Sie keine Mühe, um den Einsatz dieser Technik zu perfektionieren. Schon die Bereitschaft dazu führt Sie auf den Weg zu Erfolg und Glück. William James sagte: «Es gibt kein armseligeres menschliches Wesen als das, dem nur Unentschiedenheit gegeben ist.» Sie können die Gewohnheit kultivieren, entscheidungsfreudig zu sein.

Entscheidungen ausführen

Viele Menschen treffen Entscheidungen – sie wissen sehr gut, was sie tun sollten oder was sie wollen –, und trotzdem zögern oder versäumen sie, diese auszuführen. Zögere nicht. Zurückstellen und Aufschieben bedeuten deinen Ruin. Am nächsten Tag wird dich der fatale Präzedenzfall reuen.

Das geht weiter so lange, bis es keine Vernunft mehr in deinem Leben gibt.

Verschleppte Entscheidungen sind der Dieb der Zeit. – *Edward Young*.

Wenn Sie sich aus triftigen Gründen entscheiden, in ein Problem nicht einzugreifen – oft eine kluge Entscheidung, denn viele Probleme lösen sich mit der Zeit von selbst –, so ist das eine Entscheidung, die Sie nicht weiter belastet. Aber der geistige Zwiespalt dessen, der ein Problem verschleppt, liegt im Konflikt zwischen Entscheidung (er hat entschieden, was er tun sollte) und Verhalten (er tut nichts) begründet.

Hier ein Sieben-Punkte-Plan, um mit der Neigung zur Verzögerung zu brechen:

1. Gewöhnen Sie sich daran, Entscheidungen zu treffen. Wenden Sie die oben beschriebenen Techniken an, um so schnell wie möglich zu entscheiden, wie Sie weiter vorgehen müssen.

2. Gewöhnen Sie sich daran, kleine, leichte Probleme sofort anzupacken; Sie werden sehen, wie sich diese Einstellung von selbst mit der Zeit auf bedeutendere Probleme ausweitet. Der Soldat z. B. gewöhnt sich an sofortigen Gehorsam in harmlosen Übungen auf dem Kasernenhof; diese Gewohnheit wird auf das Schlachtfeld übertragen. Ebenso können Sie Ihren Körper erziehen, sofort den Befehlen Ihres Geistes zu gehorchen. Stehen Sie auf, arbeiten, spielen Sie, gehen Sie schlafen, und das alles zu seiner Zeit. Bezahlen Sie Rechnungen sofort, erfüllen Sie Versprechen prompt. Unpünktlichkeit, Unordnung, Unzuverlässigkeit mögen für manche Leute gut sein, aber nicht für Sie, denn Sie sind ja entschlossen, Ihr Leben zu verbessern.

3. Gewöhnen Sie sich daran, zu einer Entscheidung zu stehen, wenn sie einmal gefällt ist. Nichts zu unternehmen ist nicht schlechter, als dauernd die Argumente für und wider zu überdenken und aufzuwärmen und dauernd zu grübeln, ob man die richtige oder falsche Entscheidung getroffen hat. Deshalb legen Sie eine Entscheidung, wenn sie einmal getroffen ist, sozusagen im Geist «ab», und gehen Sie ständig und stetig Ihren anderen Aufgaben nach. Wenn sich die Umstände ändern oder wenn neue Gesichtspunkte auftreten, ist immer noch Zeit, eine neue Entscheidung zu fällen.

4. Stärken Sie Ihren Tatendurst. Erstellen Sie eine Liste, aus der hervorgeht, wie Ihre beabsichtigten Aktionen allen oder einigen der zehn grundlegenden Motive zu handeln gerecht werden (siehe Kapitel 12). Diese Liste wird Ihnen den stärksten Anreiz geben, schnell Fortschritte zu machen.

Holen Sie sich Anreiz von sichtbaren Objekten. Legen Sie für jeden dringlichen Wunsch ein «Bilder-Buch» an, um Ihr Denken darüber anzuregen. Schneiden Sie aus Zeitschriften Bilder aus – oder malen Sie sie, wenn Sie können –, die Ihren Wunsch von verschiedenen Seiten beleuchten.

Wenn Sie ins Ausland reisen wollen, sammeln Sie Karten derjenigen Länder, die Sie besuchen werden; sammeln Sie Fotos der Städte, Menschen und Dinge, die Sie dort sehen werden.

Wenn Sie sich ein neues Heim wünschen, machen Sie einen Grundriß; besorgen Sie sich Fotos oder Zeichnungen von Einrichtungen und Hilfsgeräten, die für Sie in Frage kommen. Legen Sie Ihren Garten an, und schmükken Sie den Plan mit Bildern von Blumen und Sträuchern, die darin wachsen werden.

Wenn Sie Gesundheit und Stärke erstreben, schneiden Sie das Foto einer Person aus, die die Figur hat, die Sie anstreben. Wenn Sie besser singen, tanzen, reden etc. wollen – besorgen Sie sich das Bild von jemandem, der die angestrebte Fähigkeit bis zur Perfektion beherrscht.

Wenn Sie selbst Zeichnungen anfertigen, müssen diese kein Kunstwerk sein: Strichmännchen reichen völlig aus, um Menschen darzustellen. Die Idee ist dasjenige, was wichtig ist – die sichtbar gemachte Idee. Natürlich sollten Ihre Strichmännchen sauber gezeichnet sein, so sauber, wie es nur irgend geht.

Alles, was Sie sich wünschen, läßt sich sichtbar darstellen. Kleben Sie Ihre Bilder oder Zeichnungen auf, und legen Sie für jedes Interessengebiet ein separates Büchlein an.

Sie werden vielleicht sagen: «Das braucht viel Zeit!» Natürlich. Aber Sie haben jetzt so viel Zeit, wie Sie vorher hatten. Sie füllten vorher irgendwie den Tag mit 24 Stunden, ohne zu bekommen, was Sie sich wünschten. Die 24 Stunden sind auch jetzt noch 24 Stunden, aber wenn Sie einen Bruchteil konstruktiv verbringen, können Sie erreichen, was Sie wollen.

Unterschätzen Sie die Bedeutung von sichtbarer Anregung nicht. Religiöse Organisationen machen weiten Gebrauch davon: Der

Kirchgänger wird zu der Betrachtung eines Bildes oder einer Darstellung eines Heiligen geführt und wünscht sich dabei für sich selbst auch einen kleinen Anteil an dieser Heiligkeit. Auch Anzeigenblätter wenden diese Methode an: Sie zeigen Ihnen das Bild eines Kleides, eines Autos oder eines Steaks; Sie wünschen sich das betreffende Objekt und besorgen es sich.

Sie werden sehen, daß die «Bilderbuch»-Methode Ihre Aktionsbereitschaft erhöhen wird, indem sie Ihnen dauernd das Ergebnis, das Sie erstreben, vor Augen führt.

5. Machen Sie sich vor jeder Handlung Mut. Wiederholen Sie im stillen (oder laut, wenn Sie können) einen passenden Satz aus Ihrem Zettel-Sortiment. Oder verwenden Sie ein allgemeines Memo, das Selbstvertrauen, Stärke und Tüchtigkeit ausströmt.

«Die unbegrenzte Macht konzentrierten Denkens arbeitet für mich mit jedem Wort und jeder Handlung.»

«Ich nutze meine Zeit richtig: Das, was ich tun muß, tue ich schnell und freudig.»

Ein Verkäufer sagte mir einmal, daß er sich vor einem wichtigen Gespräch selbst sagt:

«Bernd, du bist kein gewöhnlicher Verkäufer. Du bist eine Fachkraft. Du bist ein Starverkäufer.» Das half! Es gab ihm den letzten Schuß Energie und Selbstvertrauen in dem Moment, wo er beides am nötigsten brauchte.

Manche Menschen sprechen auch ein kurzes Gebet wie: «Bei allem, was ich tue und sage, bitte ich Gott um seinen Beistand.»

Finden oder stellen Sie einen Satz zusammen, der Ihrem Geschmack und Ihren Bedürfnissen ganz besonders entspricht. Lernen Sie ihn auswendig, und gebrauchen Sie ihn. Eine solche Wiederholung bewirkt Ruhe, Selbstvertrauen und Tüchtigkeit im Moment der Tat. Probieren Sie es bei sich aus.

6. Erstellen Sie täglich einen Tätigkeitsplan, und erfüllen Sie ihn. Wenden Sie die Technik des Tagesplanes regelmäßig an, auch wenn Sie noch nicht bei zielgerichteten Tätigkeiten für Ihre Hauptwünsche angelangt sind. Verwenden Sie diese Technik, um Zeit zu sparen, Ihr Gedächtnis zu schonen, Ihren Einfluß zu verstärken und um mehr persönliche Befriedigung aus dem täglichen Leben zu ziehen.

Erstellen Sie sich zunächst einfach Tagespläne. Schreiben Sie nicht mehr Punkte auf, als Sie mit einiger Wahrscheinlichkeit erfüllen können; andernfalls würden Sie laufend Fehlschläge hinnehmen müssen und würden so entmutigt und apathisch werden. Seien Sie bescheiden. Schreiben Sie auf, was Sie ausführen können. Dadurch bauen Sie die wertvolle Gewohnheit auf, Ihre Pläne zu erfüllen.

Notieren Sie nicht einfach Trivialitäten, nur damit der Plan voll ist. Das ist Zeit- und Papierverschwendung. Es ist für Sie selbstverständlich, daß Sie sich waschen, anziehen, essen etc. Es besteht keine Veranlassung, diese Dinge zu planen.

Auf der anderen Seite führen Sie nicht nur einen einzigen, besonders wichtigen Punkt auf. Treffen Sie eine kluge Auslese: Schreiben Sie einige Dinge auf, die Sie mit großer Wahrscheinlichkeit tun werden, und einige Dinge, für deren Realisierung der Plan eine wichtige Stütze sein wird. In der Regel besteht mein eigener Tagesplan aus fünf oder sechs Punkten, die ein kleines Blatt Papier (10 × 12,5 cm) füllen. Eine Seite eines kleinen Taschenbuches reicht also vollständig aus.

Wenn bei einem Punkt die Zeit eine entscheidende Rolle spielt, schreiben Sie dazu, bis wann dies oder jenes gemacht sein muß. Andere Punkte, die nicht zeitgebunden sind, sollten der Bedeutung nach aufgeführt werden, so daß – wenn Ihnen die Zeit nicht reicht, alle Punkte zu erledigen – wenigstens die wichtigsten erledigt werden.

Haben Sie ein anderes Blatt Papier in Reichweite, um Dinge festzuhalten, die Sie morgen erledigen müssen? Diese können dann später in den neuen Plan aufgenommen werden. Manche machen ihren Tagesplan am Abend vorher; andere tun es als erstes in der Frühe. Probieren Sie aus, wie es für Sie günstiger ist.

Diese Planungstechnik gibt Ihnen, wenn sie richtig angewandt wird, jeden Tag das Gefühl, Erfolg zu haben: «Ich habe mir Aufträge erteilt und habe diese ausgeführt.»

7. Belohnen Sie sich selbst in Worten und Taten für Ihre Erfolge. Loben Sie sich mit Worten. Wenn Sie eine bestimmte Sache prompt und wie geplant erledigt haben, sagen Sie sich – laut oder geflüstert – dasselbe, was Sie einem Angestellten gesagt hätten, der seine Sache gut gemacht hat: «Smith, das haben Sie heute prima gemacht. Ich bin sehr zufrieden mit Ihnen» oder: «Jones, Sie haben die Sache prima angepackt. Sie werden jeden Tag tüchtiger.»

Belohnen Sie sich wirklich richtig. Essen Sie etwas, was Sie besonders mögen, kaufen Sie sich etwas Hübsches zum Anziehen, behandeln Sie sich selbst auf irgendeine Weise bevorzugt, so daß Sie den verdienten Lohn für die geleistete Arbeit angenehm empfinden.

Unterschätzen Sie die Bedeutung dieser Selbstbelohnung nicht. Ermutigung, Ausführung, Belohnung: mit dieser Technik werden Tiere und Menschen trainiert, schwierige Aufgaben zu meistern. Sie stecken in einem Trainingsprozeß für sich selbst, und deshalb müssen Sie versuchen, die wirksamsten Methoden anzuwenden.

Befolgen Sie diesen 7-Punkte-Plan. Es gibt keinen besseren Weg, um Eigenschaften wie Unentschlossenheit, unklare Denkweise und Verzögerungstaktiken abzulegen, die Sie leicht in Krankheit, Armut und Unglück stoßen; es gibt keinen besseren Weg, um sich Gewohnheiten wie Ordnung, Schnelligkeit und Selbstdisziplin anzueignen, die Sie zu

Gesundheit, Wohlstand und Glück führen werden.

Zusammenfassung

- Ideenverarbeitung: Prüfung, Abschätzung, Entscheidung, Ausführung.
- Nehmen Sie sich Ihre Ideenliste einmal in der Woche vor.
- Um Ideen zu sondieren und auszubauen, müssen Sie abschreiben, lesen, nachdenken.
- Treffen Sie Ihre Entscheidung auf dem Papier – das geht schnell und leicht.
- Führen Sie Ihre Entscheidungen zügig aus.
- Üben Sie rasches Handeln in kleinen Dingen, und tun Sie es bei den großen.
- Treffen Sie eine Entscheidung, und stehen Sie zu ihr.
- Seien Sie bereit zu handeln.
- Sprechen Sie sich selbst Mut zu.
- Machen Sie einen Tagesplan, und erfüllen Sie ihn.
- Belohnen Sie sich für erfüllte Arbeit.
- Ein ausgeführter Plan gibt Ihnen ein Gefühl von Erfolg.

Seelenfrieden erlangt man nicht dadurch, daß man Problemen aus dem Weg geht, sondern dadurch, daß man sie löst.
Der Geist, der auf eine Idee stößt, wird auch auf die Mittel stoßen, diese in die Tat umzusetzen.

10. Kapitel

Die ersten zehn Ziele

«Der bescheidene Forscher ist der, der wirklichen und sicheren Fortschritt bringt.» Henry St. John, Viscount Bolingbroke

Die folgenden Anregungen werden Sie weiter durch die restlichen sieben Punkte Ihrer Originalliste führen.

Nehmem Sie die Übung 2 einmal wöchentlich zur Hand. Wir haben ja schon gesehen, daß diese Gewohnheit dazu beiträgt, Ihre Wünsche genauer zu umreißen und zu formulieren. Schreiben Sie die Übung 2 jede Woche auf ein neues, sauberes Blatt Papier. Es reicht nicht, wenn Sie Bemerkungen auf der Liste der vorigen Woche ausstreichen und neue einsetzen. Die alten Worte stehen nämlich immer noch da; jedesmal, wenn Sie die Liste betrachten, werden Sie daran erinnert. Eine saubere neue Abschrift konzentriert Ihre Gedanken auf die neuen Ideen, die sie enthält.

Machen Sie sich diesen Grundsatz für Ihren

gesamten Selbstentfaltungsprozeß zu eigen. Nehmen Sie niemals unsaubere Schmierblätter für Ihre Aufzeichnungen, Übungen oder Ihre Liste. Vergessen Sie nicht, daß diese Unterlagen die sichtbaren Vertreter Ihrer Gedanken sind und daß Ihr Leben von Ihren Gedanken bestimmt wird.

Dieses System gründet sich auf indirekte Hilfsmittel zur Verbesserung Ihres Lebens. Man könnte durchaus mit direkter Willenskraft sofortige, radikale Veränderungen seines Charakters erzielen – und es gibt sicher Leute, die das schaffen. Aber dieser Vorsatz ist so schwierig und deshalb so selten auszuführen, daß er schon fast ein Wunder genannt werden kann. Es ist viel einfacher, auf Umwegen vorzugehen, indem man Worte und Taten dazu verwendet, um Gedanken zu formen, immer in dem Wissen, daß Gedanken den Charakter formen und Vorfälle und Ereignisse unter Kontrolle halten.

Deshalb liegt der Schlüssel zum Erfolg in der sorgfältigen – man könnte fast schon sagen ehrerbietigen oder unterwürfigen – Aufmerksamkeit, die Sie Worten und Handlungen schenken.

Schriftliche Unterlagen sind besonders wichtig, weil sie eine Serie von Worten festhalten und sichtbar machen. Denken Sie daran!

Übungen 13, 15, 17, 19, 21, 23, 25 und 27: Wenn jede Ihrer detaillierten Beschreibungen ihre endgültige Form annimmt, fassen Sie sie in einem konzentrierten, konstruktiven Memo zusammen, um so das Ziel, das Sie beschrieben haben, noch einmal auszudrücken. Wenden Sie auf diese Memos die Technik TSU an: Lesen Sie das Geschriebene dreimal täglich; denken Sie von Zeit zu Zeit darüber nach; schreiben Sie das Memo täglich ab.

Übungen 14, 16, 18, 20, 22, 24 und 26: Wenn Sie ein Memo für ein Ziel gefunden haben, schreiben Sie oben auf eine Seite das nächste Ziel der Übung 2. Beschreiben Sie dabei das Ziel ausführlich, so, wie Sie es erfüllt sehen wollen. Wenden Sie dann die TSU an.

Denken Sie daran, mit einem Lächeln und Freude an Ihre Übungen zu gehen. Sie werden Ihnen zu den liebsten Augenblicken des Tages werden.

Denken Sie daran, wie wichtig es ist, Ihre Memos und andere Übungen zu sprechen oder zu flüstern. Am besten ist, wenn Sie dabei allein sind. Mit einiger Findigkeit werden Sie das leicht schaffen. Halten Sie im Wagen irgendwo an, und machen Sie Ihre Übungen. Stehen Sie morgens zeitig auf, und machen Sie Ihre Denk- und Schreibübungen, während andere noch im Bett sind. Machen Sie einen Spaziergang, und wiederholen Sie im Gehen Ihre Übungen. Denn wo ein Wille ist, ist auch ein Weg. Jedesmal wenn Sie ein Hindernis überwinden, werden Ihre Kraft, Ihr Einfallsreichtum, Ihr Selbstvertrauen größer, um neuen Hindernissen gegenüberzutreten und sie zu überwinden.

Profitieren Sie von Rückschlägen

Wenn man von Hindernissen spricht, denkt man auch an Rückschläge, Fehler und Verzögerungen. Es würde nicht der Wahrheit entsprechen, es wäre grausam zu behaupten, daß diese oder eine andere Methode Ihnen ohne Rückschläge zur Verwirklichung Ihrer Ziele verhilft. Trotzdem habe ich vorgeschlagen, daß Sie die Vorstellung, Ihre Ziele leicht und mühelos zu erreichen, hegen und beibehalten sollen. Liegt hier ein Widerspruch? Ich glaube nicht.

Meine Anregung geht dahin, daß keine Notwendigkeit besteht, durch Widerstand aufgehalten zu werden oder Ihr Ziel aufzugeben, nur deshalb, weil Sie einen Fehler machen. Sie können nämlich von Ihren Rückschlägen profitieren, einen Irrtum als Lehrstoff betrachten, vorübergehenden Mißerfolg schließlich in Erfolg umwandeln.

Jeder macht Fehler

Der Violinstudent spielt Tausende von falschen Noten, bevor er das einfachste Musikstück öffentlich vortragen kann. Er gibt aber nicht bei der ersten falschen Note auf oder bei der hundertsten oder der tausendsten. Der Lehrer zeigt ihm, wie er sein Gehör für die richtigen Töne schult, indem er falsche Noten erkennen lernt.

Beim Schlittschuhlaufen sind die Knöchel bei einer blutigen Anfängerin zu schwach, um ihr Gewicht zu tragen; ihr Gleichgewichtssinn ist untrainiert. Sie fällt pausenlos. Durch unsichere Wank- und Schwankbewegungen lernt sie, was sie nicht tun soll, und mit der Zeit bewegt sie sich anmutig auf ihren Schlittschuhen.

Der Möchtegernredner zittert und erblaßt, wenn er zum erstenmal vor Zuhörern steht. Seine Stimme ist schwach und schrill; er vergißt die Hälfte von dem, was er sagen wollte. Wenn er sich schließlich hinsetzt, ist er schweißnaß und überzeugt, daß er sich völlig lächerlich gemacht hat. Aber er steht wieder auf, spricht wieder, merzt seine Fehler aus und lernt mit der Zeit, gewandt und sicher zu sprechen.

Lesen Sie die Biographien berühmter Männer und Frauen. Sie werden nämlich sehen, daß alle Fehler begingen und Rückschläge erleiden mußten. Es muß auch so sein. Wir lernen durch unsere Fehler. Deshalb rechnen Sie ruhig mit Fehlern. Begrüßen Sie Ihre Fehler, um aus ihnen zu lernen.

Jeder stößt auf Widerstand

Ein Kind im Krabbelalter versucht zu stehen und stößt durch die Schwerkraft auf Widerstand. Es könnte aufgeben; es könnte sich gelähmt und kraftlos auf den Rücken legen. Aber ein gesundes Kind gibt nicht auf; es versucht weiter, bis es stehen und gehen kann. Indem es mit der Schwerkraft fertig wird, bildet und kräftigt es die Muskeln von Rücken und Beinen.

In der Schule, bei der Arbeit, in der Politik stoßen die Menschen auf Widerstand, den sie überwinden und an dem sie reifen und stark werden.

Widerstand ist sogar so notwendig, daß wir absichtlich Opposition hervorrufen, wo keine unbedingte Notwendigkeit besteht. Was wäre an Spielen wie Bridge, Golf, Tennis, Baseball oder Fußball ohne Gegner schon interessant? Opposition entwickelt Stärke; Opposition ist die Würze des Lebens.

Jeder braucht Widerstand. Jeder stößt auf Widerstand. Deshalb planen Sie bei Ihren Vorhaben ruhig die Opposition mit ein. Begrüßen Sie sie als Gelegenheit, Ihre Stärke und Geschicklichkeit zu erhöhen und unter Beweis zu stellen.

Verarbeiten Sie Rückschläge

Manchmal wird sich Ihr Plan oder Einsatz sofort und leicht realisieren: Sie bekommen die gewünschte Information, die Stelle, Idee, den gewünschten Gegenstand und die nötige Hilfe sofort. Aber oft erleben Sie, wie oben erwähnt, Rückschläge. Das Mädchen antwortet auf Ihren ersten Heiratsantrag nicht mit «Ja»; der Interessent kauft Ihr Produkt nicht gleich, wenn Sie es ihm vorführen; die Clubmitglieder wählen Sie nicht zum Präsidenten, wenn Sie sich das erste Mal darum bewerben; die Ansätze zu einem ausgeglichenen Temperament schwinden unter der Belastung, und Sie schreien und toben wieder und machen sich selbst lächerlich; Sie vergessen Ihren neuen «Haushaltsplan» und kaufen ein Kleid oder eine Flasche Whisky, die Sie sich eigentlich nicht leisten können; Sie stehen Ihre Schlankheitskur nicht durch.

Das trennt die Spreu vom Weizen. Denn Rückschläge scheiden die Männer von den Knaben. Rückschläge scheiden Erfolgsmenschen von Versagern. Es gibt drei ungewünschte, aber allgemeine und alltägliche Reaktionen auf Opposition, Kritik, Verzögerungen und Mißerfolge:

1. Selbstvorwürfe. «Ich hätte es wissen müssen! Ich bin einfach zu nichts zu gebrauchen.»

«Ich hätte mich zurückhalten sollen.»

«Ich habe es nie zu irgend etwas gebracht und werde es auch nie zu etwas bringen» etc.

Man teilt diese Selbstkritik jedem mit, der zuhört; die selbstkritischen Gedanken schwirren tage-, wochen- und jahrelang in Ihrem Kopf herum.

2. Die Schuld bei anderen suchen. «Es war nicht mein Fehler! Du bist einfach zu dumm, um meinen Vorschlag zu nutzen.»

«Wenn du so darüber denkst, würde ich deine Hilfe nie in Anspruch nehmen, nicht, wenn du mich darum bitten würdest.»

«Ich weiß, wo der Hase im Pfeffer liegt: X hat hinter meinem Rücken über mich geredet.»

Solche Worte an jemanden gerichtet, der Ihnen Widerstand geleistet hat, nützen nichts. Sie können Ihnen nicht helfen, einen Verbündeten zu gewinnen, und verhelfen Ihnen höchstens zu einem Feind.

3. Wenn der Fehler bei Ihnen selbst liegt und Sie ihn immer wieder aufwärmen. «Das war mein Plan, deshalb muß er realisierbar sein. Nichts wird mich jemals davon abbringen.»

Es gibt eine einfachere, bessere und konstruktivere Methode, um solchen Rückschlägen entgegenzutreten.

1. Versuchen Sie aus dem Rückschlag zu lernen.

Lassen Sie sich nicht entmutigen, werden Sie nicht ärgerlich oder starrköpfig. Behalten Sie Ruhe, gönnen Sie sich eine Pause und stellen Sie sich einige Fragen:

«Habe ich auch wirklich genau das getan, was ich mir vorgenommen hatte?»

«Wenn nicht, was habe ich übersehen?»

«Wenn ja, wo ist der Fehler zu suchen?»

«Wenn der und der gegen mich opponiert hat, warum tat er das?»

Es gibt immer einen Grund für einen Mißerfolg Ihrerseits. Es gibt immer einen Grund zur Opposition für andere.

Ein Gärtner pflanzt einige Zwiebelsamen, aber anstelle der hübschen, dicken Zwiebeln, die er erwartete, zieht er nur ein paar verhutzelte kleine Dinger, die zu ernten sich nicht lohnt. Anstatt nun zu fluchen oder zu verzweifeln, muß er den Rückschlag analysieren, die Qualität seiner Samen und die Saatzeit prüfen, die Fruchtbarkeit des Bodens etc.

Wenn Sie einen Wutanfall haben, stufen Sie sich nicht gleich als jähzornig ein; suchen Sie den Grund nicht bei jemand anderem. Überdenken Sie den Vorfall in Ruhe, und suchen Sie genau nach dem Auslöser in Wort und Tat, der für den Mißerfolg verantwortlich war.

Ihre Bewerbung um das Amt des Clubpräsidenten wurde abgelehnt. Unterdrücken Sie Neidgefühle, und vergleichen Sie Ihre Fähigkeiten und Wahltaktiken mit denen desjenigen, der gewählt wurde.

Was mich und meine Schriftstellerei angeht, lehnt schon hin und wieder mal ein Herausgeber ein Manuskript von mir ab. Zu Anfang hat mich eine Absage so entmutigt, daß ich die abgelehnten Manuskripte in einer Schublade wegschloß. Ich konnte sie nicht einmal anschauen. Jetzt versuche ich, den Grund für die Ablehnung zu erfahren, ich vergleiche meine Manuskripte mit erfolgreichen veröffentlichten Arbeiten, um festzustellen, was ich falsch gemacht habe.

2. Überdenken Sie Ihren Plan noch einmal genau.

Der anfängliche Rückschlag bedeutet entweder, daß der Plan nicht gut angelegt, oder aber, daß der Plan gut, aber nicht richtig ausgeführt war. Beleuchten Sie Ihren Plan deshalb so, wie Sie es von der Analyse des Rückschlags her wissen:

Für das erhoffte Jawort Ihrer Angebeteten müssen Sie vielleicht mehr auf Ihr Äußeres, Ihr Auftreten oder Einkommen achten.

Vielleicht wird Ihnen klar, daß Sie noch nicht «reif» sind, um die Präsidentschaft

Ihres Clubs zu übernehmen. Wäre es vielleicht gut, wenn Sie sich um den Posten des Vizepräsidenten oder Sekretärs bewerben würden?

Vielleicht reicht Ihre jetzige ruhige, beherrschte Gemütsart aus, um normalen (Durchschnitts-)Belastungen standzuhalten. Wäre es vielleicht ratsam, eine Zeitlang bestimmte Leute und Situationen zu meiden, bis Sie wirklich ganz zu sich selbst und Ihrer veränderten Gemütsart gefunden haben?

In meinem Fall, sollte ich das abgelehnte Manuskript nochmals neu schreiben? Oder sollte ich nach einem anderen Verleger suchen?

Sie haben den Arbeitsplatz, den Sie anstrebten, nicht bekommen. Heißt das, daß Sie noch an sich arbeiten müssen? Würde ein Abend- oder Korrespondenzkurs Abhilfe schaffen?

Überdenken Sie Ihren Plan noch einmal, aber nicht mit trübseligen, düsteren Gedanken, sondern mit Neugier, Interesse und Begeisterung. Das muß nicht mit Schwierigkeiten verbunden sein: Es sollte leicht und angenehm sein. Vergessen Sie nicht, daß diese Aufgabe ebenso wie die anfänglichen Überlegungen und Gedanken, die Sie darüber hatten, einfach ein notwendiger Schritt zur Realisierung Ihres Ziels ist.

Wenn Sie nicht sofort nach sorgfältigem Nachdenken eine Idee haben, wie Sie Ihren Plan vernünftig ändern können, wenden Sie sich Ihren Übungen wieder zu. Denken Sie die detaillierte schriftliche Formulierung Ihres Wunsches noch einmal durch; prüfen Sie, ob sie richtig gemacht wurde. Überprüfen Sie Ihr entsprechendes Memo; prüfen Sie, ob Sie es kraftvoller, konstruktiver formulieren können. Fahren Sie mit der Technik TSU fort, und halten Sie scharf Ausschau nach neuen Inspirationen für Ihr Ziel, für zusätzlichen Rat und weitere Ideen von anderen Leuten und nach neuen Kontakten mit Leuten, die Ihnen helfen können.

3. Versuchen Sie es wieder.

Wenn Sie überzeugt sind, daß Sie einen neuen, besseren Plan haben oder eine Idee, wie Sie den alten Plan besser ausführen können, versuchen Sie es.

Wenn dieser neue Anlauf erfolgreich ist, schön und gut. Wenn er einen erneuten Rückschlag bringt, wiederholen Sie diese «Drei-Punkte-Prozedur» – lernen, überprüfen, wieder versuchen –, bis Sie zum Schluß Erfolg haben.

Lassen Sie sich von Rückschlägen nicht entmutigen. Bedenken Sie, daß jeder Rückschlag der Entdeckung einer falschen Spur dient, die Sie schon nicht mehr einzuschlagen brauchen. Und indem jede falsche Spur mit der Zeit ausgeschlossen wird, kommen Sie dem richtigen Weg zu Ihrem Ziel näher.

Ich betone noch einmal, daß diese Vorgänge nicht harte Arbeit sein müssen, die schließlich entmutigt. Sie sollen anregend sein; sie können leicht sein.

Sie werden sicherlich einige Rückschläge erleben, bevor Sie alle Übungen zu Ende geführt haben, die in diesem Kapitel empfohlen werden. Sie werden sicherlich von Zeit zu Zeit darauf stoßen, während Sie sich durch Ihr Selbstentfaltungsprogramm hindurcharbeiten. Aber Sie können jeden Rückschlag zu einem Mittel für weiteren Fortschritt machen, indem Sie die oben beschriebenen Methoden anwenden.

10 Wünsche in Aktion

Wenn Sie bis hierher durchgedrungen sind, haben Sie zehn kurze Memos zu lesen und abzuschreiben sowie einige Minuten konzentriertes gezieltes Denken jeden Tag. Sehr wenig Zeit und Mühe für die Ergebnisse, die Sie mit diesem Einsatz erzielen werden.

Sie haben die schöpferischen Kräfte Ihres Geistes angesetzt, um an den zehn Dingen, die Sie sich wünschen, zu arbeiten. Sie haben viele Ideen eingefangen und niedergeschrieben, um Ihren Zielen näherzukommen. Einige dieser Ideen haben Sie auch schon in die Tat umgesetzt; Sie sind Ihren Zielen spürbar nähergekommen. Vielleicht haben Sie auch schon einige davon erreicht.

Einige der konstruktiven Gedanken aus Kapitel 6 haben sich tief in Ihren Geist versenkt.

Sie haben angefangen, Ihr Leben zu planen, Ihre Zeit, Ihr Geld, Ihre Energie und Denkmacht richtig zu nutzen.

Sie und auch Ihre Freunde bemerken bereits eine beträchtliche Veränderung in Ihrem Charakter.

Diese Ergebnisse sind befriedigend, obwohl sie nur ein Vorgeschmack dessen sind, was Sie mit Beharrlichkeit erreichen werden. Wenn Sie in Wochen schon soviel erreicht haben, was werden Sie erst in Jahren erreichen?

Einige Gedanken darüber, wie Sie Ihr Selbstentfaltungsprogramm fortsetzen und beschleunigen können, werden Ihnen im nächsten Kapitel unterbreitet.

Zusammenfassung

- Nehmen Sie die Übung 2 regelmäßig zur Hand, und schreiben Sie sie immer wieder neu.
- Sauber geschriebene Arbeit führt zu klarem, genauem Denken.
- Ihre Worte und Taten bestimmen Ihre Gedanken.
- Ihre Gedanken bestimmen Ihr Schicksal.
- Vergnügen vervielfältigt die Kraft des Denkens.
- Selbstentfaltungsübungen lassen sich in der Einsamkeit am besten machen.

- Versuchen Sie aus einem Rückschlag zu lernen.
- Nehmen Sie Ihren Plan nach einem Rückschlag wieder zur Hand, und verbessern Sie ihn.
- Nehmen Sie mit dem neuen Plan neuen Anlauf.
- Rückschläge zu überwinden befriedigt.
- Früher Erfolg regt Sie zu fortgesetzten Bemühungen an.

Erfolg ist eine Gewohnheit:
Die Gewohnheit, sich in der richtigen Richtung zu bewegen, bis man sein Ziel erreicht hat.
«Keine Zeit für Selbstentfaltung», sagt derjenige, der jeden Tag 24 Stunden seiner Selbstzerstörung widmet.

11. Kapitel

Der Plan auf lange Sicht

«Liebst du das Leben?
Dann vergeude keine Zeit,
denn daraus besteht das Leben.» Benjamin Franklin

Dieses Kapitel enthält einige Ideen, die Ihnen helfen werden, Ihr Selbstentfaltungsprogramm stetig fortschreiten zu lassen.

Halten Sie nach Ergebnissen Ausschau

Kurze Zeit nachdem Sie mit diesem System begonnen haben – wahrscheinlich schon nach Tagen –, werden Sie anfangen, Ergebnisse zu erzielen. Diese Ergebnisse treten manchmal offen zutage und sind sehr befriedigend; oft aber treten sie so leise in Ihr Leben, daß Sie kaum wahrnehmen, daß das System für Sie arbeitet. Manchmal klopft die günstige Gelegenheit laut an die Tür; weitaus häufiger klopft sie nur leise an, und wenn auf das

Klopfen kein «Herein» ertönt, geht die günstige Gelegenheit ebenso leise weg. Liegen Sie deshalb auf der Lauer, um die günstige Gelegenheit zu erkennen und zu nutzen.

Halten Sie Ausschau nach Gelegenheiten, die nach Zufall aussehen. Vielleicht sind Sie Mr. X einmal vorgestellt worden, der viel für Sie tun könnte, wenn Sie die Bekanntschaft pflegen würden. Das ist so eine günstige Gelegenheit, geschaffen durch die Kraft des Denkens. Ihre Denkweise hat Ihre Persönlichkeit soweit geformt, daß sich jemand veranlaßt fühlt, Sie Mr. X vorzustellen.

Bis hierher hat das System ohne größere Anstrengungen Ihrerseits funktioniert; jetzt müssen Sie Ihr Scherflein dazugeben. Nutzen Sie die Einführung.

Sie hören irgendwo eine Bemerkung heraus, die nützlich für Sie sein könnte. Wie kam es, daß Ihr Ohr aus dem Geschwirr von Tönen, die täglich um Sie sind, gerade die paar Worte heraushörte? Ihre Denkweise hat Ihr Gehör sozusagen in Bereitschaft gestellt für diese oder jene Information. Jetzt liegt es an Ihnen, ob diese Information zu einem Ohr herein- und zum anderen wieder hinausgeht oder ob sie niedergeschrieben wird und Nutzen bringt.

Sie treten in eine Buchhandlung und entdecken, ohne intensiv gesucht zu haben, gerade das Buch, das Sie brauchen. Wie kam es, daß Ihr Blick gerade auf diesen Titel unter zehntausend anderen fiel? Ihre Denkweise hat Ihre Augen alarmiert für die Art von Information, die Sie gerade brauchen, so wie die Tonregler eines Radios für Signale einer Frequenz empfänglich und für alle anderen taub sind.

Kultivieren Sie die Empfänglichkeit von Auge und Ohr. Bereiten Sie sich auf eine ganze Serie von günstigen Gelegenheiten vor. Greifen Sie sich diese schnell. Auch wenn Sie anfangs nicht genau wissen, wie diese günstige Gelegenheit Sie Ihrem Ziel näherbringt, halten Sie sie trotzdem fest.

Sie werden dann bald sehen, daß Sie auf Ihre Ziele zumarschieren. Einige davon kann man vielleicht gleich und ohne Mühe erreichen. Die Erreichung anderer Ziele dauert naturgemäß länger: Sie können schließlich nicht in einer Woche oder einem Monat 50 Pfund abnehmen, einen akademischen Grad erreichen, Klarinette spielen lernen, eine Kette von Supermarktgeschäften gründen oder der Autor von Bestsellern werden. Aber zweifellos können Sie den Fortschritt bei sich selbst beobachten, den Sie in Richtung auf das entfernteste Ziel hin machen.

Übung 28: Erstellen Sie eine Liste der Ergebnisse, die Sie erzielt haben. Überprüfen Sie die Liste einmal in der Woche, und halten Sie sie auf dem laufenden.
Teilen Sie jedem Punkt der Übung 2 eine Seite zu. Erwähnen Sie auf Ihrer Liste nicht nur die Ziele, die Sie schon ganz erreicht haben, sondern auch die kleinen Schritte, die Sie jedem Ihrer Wünsche nähergekommen sind.

Erfolg hat auch Unterbrechungen

Sie werden nicht in jedem Teil Ihres Plans fortlaufenden Erfolg sehen. Erfolg tritt in Etappen ein, immer mit einer Pause zwischen zwei Etappen. Auf die gleiche Weise wächst ein Baum; so lernen wir singen, tanzen, schwimmen, Violine spielen; jede Arbeit geht so voran. Das trifft generell auf alles, was wächst, zu. Rechnen Sie deshalb damit, dieses Phänomen bei Ihrer Selbstentfaltung und der Realisierung Ihrer Pläne zu erleben. Begrüßen Sie es dankbar.

Das ist auch ein Grund, warum wir 10 Projekte gleichzeitig in Angriff nehmen. Nicht alle davon werden zur gleichen Zeit aussetzen; Sie werden zu jeder Zeit mit Befriedigung sehen, daß eines oder mehrere Ihrer Projekte Fortschritte machen. Sie werden dadurch immer wieder ermutigt.

Starten Sie trotzdem nicht zu viele Projekte zur selben Zeit. Begnügen Sie sich damit, mit einem anzufangen und auf 10 aufzubauen. Wenn alle 10 einmal in Bewegung sind, werden Sie feststellen, daß sich Ihr Leben so schnell zum Positiven verändert, daß Sie mit diesem Programm alle Hände voll zu tun haben. Wenn Sie z. B. neue Freunde gewinnen, werden sie Sie Zeit kosten; wenn Ihr Einkommen größer wird, wollen Sie sicherlich Zeit damit verbringen, nach einem schöneren Heim zu suchen; wenn Ihre Gesundheit besser ist, werden Sie sicherlich Lust haben, eine neue Sportart oder Freizeitbeschäftigung auszuüben, die vorher für Sie zu anstrengend war; wenn sich die Möglichkeit für Sie bietet, etwas für Ihre Bildung zu tun, brauchen Sie für das Studium Zeit. Jeder Wechsel zieht notwendigerweise andere Wechsel nach sich, die Sie in Atem halten werden.

Erfolg – ein faszinierendes Erlebnis

Wenn Sie bei einigen Dingen Erfolg haben, erfüllt Sie das mit einem ermutigenden Gefühl. Wenn Sie zu viele Dinge in Angriff nehmen und damit Ihr Denken, Ihre Bemühungen und Ihre Zeit zu sehr aufteilen und zerstreuen, können Sie auf den Mißerfolg förmlich warten und laufen Gefahr, entmutigt zu werden.

Stellen Sie Ihr Programm zur Selbstentfaltung so auf, daß Sie mit Erfolgen anfangen, wobei es keine Rolle spielt, wie klein diese sind. Wenn Sie zur Erlangung bestimmter Ziele eine bestimmte Zeit festsetzen, was viele als große Hilfe empfinden, setzen Sie diese Zeit realistisch fest.

Es ist eine gute Idee, wenn Sie einen Plan in eine Zahl von Etappen aufteilen und jedes Etappenziel als Ziel für sich betrachten: Auf diese Weise haben Sie häufiger Erfolg und erhalten häufig eine Dosis Ermutigung.

Ich habe mir z. B. zur Fertigstellung dieses Buches eine bestimmte Frist gesetzt. Ich werde zweifellos dieses Ziel erreichen, aber es ist noch drei Monate von heute entfernt und gibt mir jetzt wenig Ansporn. Deshalb habe ich es mir zum Ziel gesetzt, jeden Tag 1000 Worte zu schreiben. Manchmal habe ich die 1000 Worte schon bis zum Mittagessen geschrieben und schaffe mehr. Ich könnte die Tagesquote leicht erhöhen, aber dann riskiere ich, daß ich sie vielleicht einmal nicht erreichen kann.

Kleine, bescheidene Ziele geben, wenn sie regelmäßig erreicht werden, sozusagen Erfahrung im Erfolg und entwickeln und stärken Ihre Selbstsicherheit.

Mit Zweifeln fertig werden

Hier eine Warnung. Sie werden sehen, daß Sie bald nachdem Sie mit diesem Programm begonnen haben, spürbar größere Leistungsfähigkeit, Fröhlichkeit, Selbstvertrauen und andere konstruktive Eigenschaften, die Sie gerne entwickeln möchten, an sich wahrnehmen werden. Sie müssen das erleben, weil Sie Ihre Gedanken diese Kanäle entlangschicken und weil Sie das, woran Sie denken, auch fertigbringen. Trotzdem werden Sie auch Perioden der Zweifel, Furcht und Schwermut durchmachen.

Ihre alte, destruktive Einstellung wird nicht kampflos die Waffen strecken wollen. Sie wird Ihnen eine trübselige, wenig erfreuliche Zeit bereiten, bevor sie endgültig aufgibt. Wenn Sie aber vorher gewarnt sind, wenn Sie auf diese Zeiten von Entmutigung vorbereitet sind, wenn Sie wissen, daß sie nur eine Zeitlang andauern, werden Sie sich von ihnen nicht unnötig aus der Ruhe bringen lassen.

Solch eine Stimmung kommt plötzlich wie aus heiterem Himmel, ohne daß ein ersichtlicher Grund dafür vorliegt. Sie kann im Anschluß an einen Rückschlag bei der Realisierung eines Ihrer Pläne kommen. Ähnlich wirkt sich eine Verzögerung, wie sie beim Erreichen eines Plateaus auftritt, aus, wo Sie zwischen zwei Anläufen auf Erfolg eine Rast einlegen.

Depressive Gedanken sind manchmal die Begleiter oder Nachfolger einer zeitweiligen Schwäche Ihrer Gesundheit. Die Grippe z. B. hinterläßt bei einem Patienten oft nach Husten, Schwitzen und physischer Schwäche wochenlang eine depressive Stimmung.

Betrachten Sie solche Stimmungen einfach als das, was sie sind – nämlich einfach Stimmungen –, und sie verlieren beträchtlich an Bedeutung. Sie wissen, daß Ihr Essen nur fade scheint, daß das Leben nur wertlos zu sein scheint, daß die Menschen nur feindlich zu sein scheinen. Es ist, als ob Sie gezwungen sind, eine Zeitlang eine Brille mit dunklen Gläsern zu tragen; der Himmel mag grau erscheinen, aber Sie wissen, daß er heller ist, als Sie ihn sehen. Sie wissen, daß Sie nach einer bestimmten Zeit die Brille wieder abnehmen können und dann die Dinge in einem besseren Licht sehen werden.

Wenn Sie in depressiver Stimmung sind, verzweifeln Sie nicht, was immer auch der Grund dafür sein mag. Fahren Sie mit Ihrem Programm fort. Das ist der Zeitpunkt, wo Ihre auswendig gelernten Memos und Ihre Zettel Ihnen zu treuen Dienern werden. Greifen Sie getrost darauf zurück; greifen Sie oft darauf zurück; sie werden Ihre düsteren Gedanken aufhellen. Denken Sie an die enge Verbindung zwischen Körper und Geist, zwingen Sie sich zu einem Lächeln, das Sie schließlich selbst fröhlicher stimmen wird. Unternehmen Sie gleichzeitig alles, was Ihren Körper stärken könnte: Achten Sie besonders darauf, tief zu atmen, essen Sie Diät, machen Sie Gymnastik und schlafen Sie viel.

Denken Sie daran, daß nicht Sie allein leiden. Den meisten Menschen sind solche Stimmungen bekannt. Denken Sie daran, daß Sie sie durch entsprechende Übungen zeitlich abkürzen, sie immer seltener werden lassen können, bis Sie sie schließlich ganz aus Ihrem Leben verbannt haben.

Geben Sie Ihrer Genugtuung Ausdruck

Achten Sie unbedingt darauf, Freude und Genugtuung über die Ergebnisse, die Sie erzielt haben, zu empfinden und auszudrücken. Ja, drücken Sie für das kleinste bißchen Erfolg, das Sie haben, Ihre Genugtuung aus.

Wenn Sie gläubig sind, drücken Sie Ihre Freude mit einem Dankgebet aus. Ob Sie nun aber religiös sind oder nicht, achten Sie darauf, den Menschen, die Ihnen mit Informationen, Rat oder Hilfe zur Seite gestanden haben, zu danken.

Eine andere Möglichkeit – die beste –, Dankbarkeit auszudrücken, ist, Wissen und Hilfe, wann immer möglich, anderen zuteil werden zu lassen.

Brigitte S., die ihre eigenen gefühlsbedingten Probleme gelöst hatte, trat als Gruppenhelferin in einen Mädchenverein ein, wo sie die Einsicht und Stärke, die sie gewonnen hatte, an andere weitergeben konnte.

Sven D. überwand seine langandauernde Gewohnheit, pessimistisch eingestellt zu sein und entsprechende Reden zu führen, dadurch, daß er es sich zur Gewohnheit machte, jede Woche wenigstens drei nette, lustige Briefe zu schreiben. Er schrieb nicht nur seiner Familie und seinen Freunden, sondern suchte aus Zeitungen die Berichte über Menschen heraus, die sich in seinen Augen irgendwie lobenswert verhalten hatten, und schrieb diesen dann ein paar Zeilen, mit denen er ihnen gratulierte und sie zu weiteren guten Taten ermutigte.

Geben Sie deshalb das weiter, was Sie erreicht haben. Wenn Sie die Bedeutung des Weitergebens erkannt haben, werden Sie auch auf unzählige Gelegenheiten stoßen. Lassen Sie sie nicht aus, und Sie werden sehen, daß Ihr hilfsbereites Wesen Ihnen selbst wieder zugute kommen wird. Je mehr Sie anderen helfen, desto mehr Kraft und Wissen entwickeln Sie, um sich selbst zu helfen.

Überdenken Sie es noch einmal, und Sie werden sehen, warum. Versuchen Sie es, und Sie werden sehen, daß es so funktioniert.

Machen Sie weiter, bleiben Sie nicht stehen

Sie begannen Ihr Programm zur Selbstentfaltung mit den zehn verschiedenen Wünschen, die Sie in Übung 2 niedergeschrieben haben. Sobald einer von ihnen erreicht ist, streichen Sie ihn von der Liste, und fügen Sie einen anderen Wunsch ein. Machen Sie für jeden neuen Wunsch die ganze Prozedur noch einmal durch: Erklären Sie ihn ganz detailliert, prüfen und verbessern Sie ihn, bis er exakt formuliert ist; fassen Sie ihn kurz in einem präzisen Memo zusammen, und wenden Sie die TSU an; sammeln und wenden Sie Ideen zur Realisierung Ihres Wunsches an, sobald Sie entsprechende Eingebungen haben.

Neue Wünsche nach den ersten zehn brauchen nicht nach einem bestimmten Schwierigkeits- oder Leichtigkeitsgrad geordnet zu werden. Der Zweck, die ersten zehn Wünsche ihrem steigenden Schwierigkeitsgrad nach aufzuführen, war nur, Ihnen so früh wie möglich Befriedigung über gehabten Erfolg zu verschaffen.

Sie haben diese befriedigende Erfahrung

jetzt gemacht; Sie können sich jetzt vertrauensvoll an jedes beliebige Projekt heranwagen.

Festigen Sie das Erreichte

Sie erreichen also ein Ziel nach dem anderen, streichen es von Ihrer Liste und ersetzen es durch neue. Und doch besteht hauptsächlich in den ersten Monaten Ihres Selbstentfaltungsprogramms die Gefahr, daß Sie von dem Boden, den Sie gewonnen haben, wieder verlieren können. Begegnen Sie dieser Gefahr wie folgt:

Nehmen wir einmal an, daß Sie z. B. einige Gesundheitsprobleme überwunden haben. Sie haben jetzt vielleicht das Gefühl, daß Sie sich eine Zeitlang nicht mehr um Ihre Gesundheit kümmern müssen. Hier besteht die Gefahr, daß, wenn Sie gar nicht mehr daran denken, einige Ihrer alten, falschen Vorstellungen wieder aufleben; einige Ihrer alten, gefährlichen Gewohnheiten zu neuem Leben erwachen. Treffen Sie dagegen lieber Vorsorge.

Formulieren und gebrauchen Sie etwas, das man ein Memo für Dauerhaftigkeit nennen könnte. In Verbindung mit der Gesundheit könnte es lauten: «Ich entwickle und bewahre meinen ganzen Körper in ausgezeichneter gesundheitlicher Verfassung.» Dieses Memo, das Sie täglich an Ihre Übungen anhängen, wird Ihre Gedanken in den richtigen Bahnen halten. Bei einer finanziellen Angelegenheit könnte, nachdem die anfänglichen Schwierigkeiten überwunden sind, das Dauerhaftigkeitsmemo wie folgt lauten: «Ich verwalte meine Finanzen klug und ordentlich. Ich verdiene genug, um gut auszukommen.»

Um gute persönliche Beziehungen andauern zu lassen, könnte man sagen: «Ich habe und unterhalte ein nettes, harmonisches Verhältnis mit meiner Familie, meinen Freunden und Mitarbeitern.»

Sie sehen das Prinzip. Sie werden es bei sich selbst anwenden können. Erfolg ist nicht ein greifbarer Gegenstand wie ein Edelstein, den man gewinnt und festhält: Er ist ein Umstand, den man sich erarbeiten und erhalten muß. Diese Technik wird Ihnen helfen, ihn zu bewahren.

Wenn Sie eines oder mehrere Dauerhaftigkeitsmemos gelegentlich wiederholen, ist das nur gut und nützlich. Prägen Sie sie sich ein, und denken Sie oft an sie.

Schreiben Sie fleißig weiter

Ich habe schon früher auf die Bedeutung hingewiesen, Ihre Gedanken, Pläne, Wünsche, Memos etc. niederzuschreiben. Ich kann das gar nicht oft genug tun. Schreiben Sie Ihre Memos täglich neu – sogar mehrmals, wenn Sie Zeit dazu haben. Schreiben Sie das Geschriebene immer wieder ab, wenn Sie das Gefühl haben, Verbesserungen oder Klarstellungen vornehmen zu müssen. Der physische Vorgang des Schreibens führt die Gedanken Ihrem Geist zu; das ist besonders wichtig in Zeiten von Spannungs- oder Angstzuständen.

Maria Montessori wandte dieses Prinzip bei der Erziehung geistig geschädigter Kinder an: indem sie sich durch die Bewegung ihrer Hände Zugang zu ihrem Geist verschaffte. Sie wandte es auch an sich selbst an. Sie schrieb mit der Hand alle Bücher der Erzieher Itard und Séguin ab, um ihre Lehren zu meistern und zu verdauen.

Hören Sie nicht auf zu versuchen, Ihre schriftlichen Übungen und Aufzeichnungen besser lesbar und sauberer abzufassen. Wie ich schon früher bemerkte, werden dadurch Ihre Konzentrationsfähigkeit erhöht und Ihr Charakter verändert.

Die Macht des Schreibens ist lange Zeit nur sehr vage und undeutlich verstanden worden. Die Leute trugen als Talisman irgendeinen erleuchtenden Satz oder einen heiligen Namen auf Pergament geschrieben bei sich in einem Kästchen oder Döschen. Von diesem Schriftstück erwartete man, daß es die Macht und Kraft hat, Unglück und böse Geister von einem fernzuhalten. Aber bis vor zweihundert Jahren waren im wesentlichen nur Priester des Schreibens kundig. Historisch gesehen, ist Schreiben ein neues Werkzeug für den Menschen.

Denken Sie an die Macht des Schreibens. Ihre Unterschrift kann rund um die Welt als Ihr Botschafter reisen, kann in Ihrem Namen Geschäfte tätigen, kaufen, verkaufen, austauschen. Machen Sie von der Macht des Schreibens Gebrauch, um Ihre Ideen sichtbar und dauerhaft zu machen. Gebrauchen Sie sie großzügig. Dehnen Sie die Anregungen in diesem Buch darauf aus, eigene Wege und Möglichkeiten zum Gebrauch des Schreibens zu finden. Sie werden erstaunt und begeistert sein über die Ergebnisse, die Sie erzielen werden.

Der Zwölf-Monats-Plan

Sie machen zur Erlangung jedes Ihrer Ziele einen Plan. Sie machen einen Tagesplan für alles, was Sie tun müssen. Es ist nützlich, weiter vorauszuschauen, so daß Sie Ihre Unternehmungen und Pläne koordinieren und zusammenschließen können und damit Ihr Leben systematisch formen.

Übung 29: Machen Sie einen Plan für die nächsten 12 Monate mit Daten, an denen die verschiedenen Etappen erreicht sein müssen. Nehmen Sie ihn einmal im Monat zur Hand, und korrigieren Sie ihn, wenn nötig.

Sie werden sehen, daß die Errichtung dieses Plans einem viele Überlegungen abnötigt. Das beweist, wie notwendig der Plan war. Stellen Sie die erforderlichen Übungen freudig an, schreiben Sie sie gerne nieder, weil Sie damit Kontrolle über Ihr Leben bekommen.

Ein Mensch ohne Plan ist ein Blatt, das von den Lebenswinden hin und her geblasen wird. Die meisten dieser Blätter enden im Rinnstein! Wenn Sie einen Plan haben, wissen Sie, wohin Sie zu gehen haben und wann Sie Ihr Ziel erreicht haben.

Lesen Sie Ihre Sparte «Verschiedenes» regelmäßig durch (siehe Kapitel 9), um sich zu überzeugen, ob sie irgendeinen Punkt enthält, der jetzt oder später Ihrem Plan zugefügt werden könnte.

Machen Sie Ihre Übungen abwechslungsreich

Es ist nicht nötig, daß Sie Ihre Übungen in genau derselben Form Monat für Monat wiederholen. Es handelt sich hier schließlich nicht um eine Religion mit einem streng zu befolgenden Ritual. Dies ist Ihr ureigenes Selbstentfaltungsprojekt. Es wird Sie fesseln und Sie stolz machen, wenn Sie es Ihrem Temperament und Ihren Notwendigkeiten entsprechend gestalten.

Nachfolgend gebe ich Ihnen einige Anregungen und Möglichkeiten, die Ihnen zeigen, was Sie hierzu tun können und wie Sie sie zusätzlich zu der regelmäßigen TSU-Einprägetechnik anwenden können:

1. Wenn Sie Zeit haben, schreiben Sie Ihre «Memos» oder andere Bemerkungen öfters als nur einmal am Tag ab. Das verschafft Ihren Übungen mehr Gewicht.
2. Wenn Sie eine freie Minute haben, schreiben Sie aus dem Gedächtnis – ohne in Ihr Notizbuch zu schauen – einige der Memos nieder, die Sie gerade gebrauchen.
3. Sagen Sie aus dem Gedächtnis – ohne in Ihr Notizbuch zu schauen – einige der Memos herunter, die Sie gerade in Gebrauch haben. Das können Sie laut oder leise tun.
4. Erfinden Sie Wege und Möglichkeiten, um sich selbst so oft wie möglich an Ihre Ziele zu erinnern. Ein Herr erfand einen einfachen Code, wobei jeweils ein Buchstabe eines sei-

ner Ziele vertrat, und bewahrte diesen in seinem Schreibtisch auf. Eine Frau stellte eine Reihe Gewürzgläser in ihrer Küche so auf, daß sie diese als memotechnische Hilfe an ihre Ziele erinnerten.

5. Schreiben Sie Ihre Bemerkungen und Memos in Kurzschrift nieder oder in einer anderen Sprache, die Sie beherrschen.

6. Wenn Sie bestimmte Ideen besonders betonen möchten, damit Sie sich schnell und tief Ihrem Gedächtnis einprägen, versuchen Sie, Lieder oder Reime daraus zu machen, indem Sie die Worte – wenn nötig entsprechend angepaßt – mit einer geeigneten Melodie vertonen. Diese Technik ist für Memos besonders empfehlenswert, die in Ihren Übungen einen festen Platz einnehmen müssen und einen dauerhaften Teil Ihres Denkens in Anspruch nehmen.

«Ich bin glücklich und erfolgreich, weil ich es will», kann z. B. mit kleiner Nachhilfe auf die Melodie von «Hab' mein' Wagen vollgeladen» gesungen werden:

Ich bin glücklich und erfolgreich, weil ich es will,
ich bin glücklich und erfolgreich, weil ich es will,
und ich erreiche jedes Ziel,
und ich erreiche jedes Ziel usw.

Oder nehmen wir an, daß Sie ein Dauermemo brauchen für körperliche und geistige Stärke. Nehmen Sie die Melodie von «Oh, my darling, oh my darling, oh my darling, Clementine» und passen Sie die Worte an: Ja, von nun an ist mein Körper, auch mein Geist gesund und stark, auch in Zukunft will ich trachten, mir zu stärken Bein und Mark.

Sie haben jetzt die Idee. Sie können sie Ihren Notwendigkeiten anpassen. Machen Sie sich keine Gedanken darüber, ob die Worte sich genau reimen oder exakt zu Ihrer Melodie passen. Machen Sie sich keine Gedanken darüber, daß Ihr Wortspiel in anderen Ohren vielleicht dumm klingen könnte. Andere werden es ja nicht hören! Sie können die Melodie summen, während Sie an die Worte denken; Sie können Ihr Liedchen laut singen, wenn Sie allein sind.

Wie auch immer Sie diese Technik anwenden, Sie werden sehen, wie wirksam sie ist. Vertreter verschiedener Religionen sowie Lehrer und Werbeleute haben die Wirksamkeit und den Einfluß, den die Kombination Idee/Melodie hat, längst erkannt: Sie können von dieser wirksamen Kombination für sich selbst Gebrauch machen.

Ein zusätzlicher Ansporn

Außer Ihren Übungen, die Sie auf die besprochene herkömmliche Art oder in Variationen absolvieren, steht eine andere Macht zu Ihrer Hilfe bereit: die Macht des Nacheiferns. Das ist der Ehrgeiz, den man entwickelt, um anderen ebenbürtig oder gar überlegen zu sein.

Besorgen Sie sich das Bild eines Menschen, dessen Charakter und Handlungen Sie bewundern. Das kann ein Prophet oder Philosoph sein – irgend jemand eben. Stecken Sie das Bild in Ihr Notizbuch oder in Ihre Brieftasche oder irgendwohin, wo Sie es oft sehen können im Zusammenhang mit Ihrem Selbstentfaltungsprogramm.

Jedesmal, wenn Sie das Bild von X ansehen, fragen Sie sich selbst: «Was würde X von meinem heutigen Verhalten denken?»

Oder schauen Sie das Bild in einer schwierigen Situation an und fragen Sie sich: «Was würde X an meiner Stelle tun?»

In allen Dingen versuchen Sie Ihrem Vorbild gleich oder gar überlegen zu sein.

Was aber, wenn Sie kein Vorbild finden? Dann haben Sie noch keine klare Vorstellung von dem, was Sie vom Leben erwarten. Wenden Sie sich wieder der Übung 1 zu, und denken Sie noch ein wenig darüber nach. Entwirren Sie das Durcheinander von Gedanken, und Sie werden bald ein Vorbild gefunden haben.

Zusammenfassung

- Achten Sie auf das, was ein Zufall zu sein scheint, und nutzen Sie ihn.
- Legen Sie sich selbst Rechenschaft über Ihre erzielten Erfolge ab.
- Fortschritt kommt in Etappen.
- Regelmäßiger Erfolg in kleinen Dingen stärkt das Selbstbewußtsein.

- Seien Sie auf Perioden des Zweifelns und der Unsicherheit gefaßt: Lernen Sie, mit ihnen fertig zu werden.
- Drücken Sie Ihre Freude in Worten und Handlungen aus.
- Dauerhaftigkeitsmemos festigen Ihre Erfolge.
- Das geschriebene Wort hat eine große Macht: Machen Sie Gebrauch davon.
- Erstellen Sie einen Plan auf lange Sicht, und ziehen Sie ihn oft zu Rate.
- Bringen Sie Abwechslung in Ihre Übungen.
- Prägen Sie Ihrem Geist eine Idee mit Hilfe einer Melodie ein.
- Suchen Sie sich ein Vorbild, und eifern Sie diesem nach.

Der kluge Mann erwartet nicht, daß ihm der Erfolg auf einer Platte gereicht wird.
Er sucht Gelegenheit, den Erfolg selbst zu finden.

12. Kapitel

Die Kunst zu überzeugen

«Sie müssen gefallen,
wenn Sie überzeugen wollen.» Lord Chesterfield

Was für Ziele Sie sich auch immer gesetzt haben, Sie werden bald entdecken, daß Sie sie nie erreichen können – ja nicht einmal einen Schritt auf sie zu machen können –, ohne das Leben anderer irgendwie mit einzubeziehen.

Ob Sie nun eine neue Stelle suchen, die Finanzlage Ihrer Familie umorganisieren, ein Geschäft eröffnen, sich an einer Wahl beteiligen, heiraten oder sich scheiden lassen wollen, immer müssen Sie andere zur Zusammenarbeit gewinnen können.

Manchmal werden Sie Information, Rat, Hilfe, Mitleid oder Liebe brauchen. Sie können diese ohne andere niemals erreichen.

Um Violine spielen zu lernen, müssen Sie einen Lehrer finden; um Schauspieler zu werden, müssen Sie einer Theatergruppe beitreten; um Tischtennis zu spielen, brauchen Sie einen Mitspieler; um eine Erfindung herauszubringen, brauchen Sie eventuell finanzielle Rückendeckung.

Natürlich können Sie Ihr Gedächtnis ausschließlich durch einen Anleitungstext stärken; Sie können sich einen muskulösen Körperbau antrainieren; Sie können ein Buch schreiben, Briefmarken sammeln, sich daran gewöhnen, entschieden und rasch zu handeln, und können viele andere Dinge ohne jede fremde Hilfe tun.

Aber sogar diese Unternehmungen bedürfen einer gewissen Anpassung und Bereitschaft von seiten Ihrer Familie und Freunde. Gedächtnistraining und Bücherschreiben werden einen Teil Ihrer Zeit in Anspruch nehmen; der neue muskulöse Körper verlangt nach neuen Kleidern; die Briefmarkensammlung braucht Platz, Zeit und Geld; Ihre Gewohnheit, entschieden zu handeln, wird auch das Leben anderer verändern.

Wie wir aus Kapitel 3 wissen, werden Sie nicht lange den Weg der Selbstentfaltung gehen, bevor Sie Menschen treffen, die Ihnen helfen können. Aber diese Menschen werden Ihnen ihre Hilfe nicht alle aufdrängen: Sie müssen sie für sich gewinnen.

Bis zu einem gewissen Grad wird deshalb jeder Wechsel, jede Entwicklung in Ihrem Leben durch die Zusammenarbeit zwischen Ihnen und einem oder mehreren anderen Menschen entstehen.

Beim Militär oder unter einem Diktator kann die Zusammenarbeit erzwungen werden, obwohl sogar da der Zwang seine Grenzen hat und unter zu harten Bedingungen zur Meuterei der Untergebenen führt. Aber Sie können selten jemand zwingen, etwas zu tun; Sie müssen Mittel und Wege finden, um die freiwillige Hilfe anderer zu gewinnen. In anderen Worten, niemand wird etwas für Sie tun, weil Sie es wünschen; wenn jemand etwas tut, so deshalb, weil er etwas tun will.

Überzeugungsgabe ist deshalb die Kunst, die freiwillige Mitarbeit anderer zu gewinnen. Wir können diesen Vorgang in sechs Schritte einteilen:

1. Umreißen Sie Ihr Ziel.
2. Wecken Sie Aufmerksamkeit.
3. Wecken Sie Interesse.
4. Flößen Sie Vertrauen ein.
5. Wecken Sie Wünsche.
6. Verschaffen Sie sich Mithilfe.

Lassen Sie uns diese sechs Schritte in den folgenden Abschnitten einen nach dem anderen genauer betrachten.

Umreißen Sie Ihr Ziel

Wir haben die Bedeutung bereits erkannt, die Ziele in unserem Leben genau zu umreißen: Das ist der erste Schritt zum Erfolg. Fragen Sie sich deshalb, bevor Sie von Ihrer Überzeugungsgabe Gebrauch machen, selbst: «Was verspreche ich mir davon, wenn ich diese Person oder Gruppe treffe oder anrufe?»

Vor kurzer Zeit rief mich ein Herr an, der sagte: «Mr. Hull, ich habe gehört, daß Sie Schriftsteller sind. Kann ich vorbeikommen, um mich einmal mit Ihnen zu unterhalten?»

Von solchen Anrufen erwartet der Schriftsteller zweierlei: Entweder hat der Anrufer ein Manuskript und möchte, daß der Schriftsteller es durchliest und korrigiert (im allgemeinen kostenlos!), oder der Anrufer hat ein aufregendes Erlebnis gehabt, das der Schriftsteller in einem Buch niederschreiben soll, wobei er mit dem Anrufer die Einkünfte teilen soll.

Nun denn, ich hatte gerade ein wenig Zeit und sagte dem Herrn deshalb, daß er vorbeikommen könnte. Er kam, aber er zog kein Manuskript heraus und er fing auch nicht an, irgendeine haarsträubende Geschichte vor mir auszubreiten. Er versuchte nicht einmal, Geld von mir zu borgen. Er unterhielt sich etwa eine Stunde plan- und ziellos mit mir und ging dann wieder. Ich habe nie den Grund seines Besuches erfahren. Er muß irgend etwas gewollt haben, aber er hat diesen Wunsch nicht für sich selbst so weit umrissen, daß er ihn mir nahebringen konnte.

Ein Treffen mit jemandem kann im voraus festgelegt und allen Beteiligten bekannt sein, z. B. eine Musikstunde, ein Besuch beim Zahnarzt, eine politische Zusammenkunft, eine «Familienfinanzstunde».

Alle Teilnehmer haben vielleicht unterschiedliche Ziele. Wenn sich jemand irgendwo vorstellt, hat dieser Jemand den Wunsch, die Stelle für sich selbst zu bekommen; das Ziel des Arbeitgebers jedoch ist, den bestmöglichen Mann für diese Stelle herauszugreifen – ein großer Unterschied.

Deshalb ist es in vielen Situationen notwendig, daß Sie nicht nur Ihr eigenes Ziel genau vor Augen haben, sondern auch versuchen, sich an die Stelle der anderen Partei oder Parteien zu versetzen. Wir werden später noch genauer darauf eingehen.

Deshalb definieren Sie Ihr Ziel genau und auch das der anderen Partei, indem Sie es niederschreiben, bevor Sie Ihre Überzeugungskunst einsetzen. Wenn diese Ziele definiert sind, wissen Sie, was Sie zuerst zu sagen haben: Sie wissen, wie Sie die Aufmerksamkeit Ihres Gegenübers fesseln und lenken können.

Aufmerksamkeit erregen

Ich sah, wie ein Magier seine Vorstellung damit begann, daß er eine weiße Taube zum Vorschein brachte. Auf diese Weise fesselte er die Aufmerksamkeit der Zuschauer: Ihre Augen waren auf den Vogel gerichtet, ihre Ohren auf die Stimme des Magiers. Sie nahmen neben ihm und seiner Vorführung nichts wahr, solange diese andauerte.

Die Aufmerksamkeit anderer so auf einen

bestimmten Punkt zu richten ist ein großes Phänomen. Der Magier hält in seiner rechten Hand die Taube, die er eben aus einem Gefäß mit Wasser herausgezaubert hat. Er schaut auf die Taube, läßt sie mit den Flügeln schlagen und spricht darüber. Aller Augen sind auf die Taube in seiner rechten Hand gerichtet. Niemand sieht, wie er mit seiner linken Hand in die Tasche greift und das Ei herausholt, das er wirkungsvoll in seinem nächsten Akt hervorzaubern wird.

Sie sind auf einer lustigen Gesellschaft. Dreißig Personen sprechen und übertönen noch den Plattenspieler. Trotzdem ist es mit einiger Aufmerksamkeit möglich, die Stimme eines einzelnen herauszuhören und die übrige Geräuschkulisse zu vergessen.

Ich will Ihre Aufmerksamkeit jetzt auf den Druck Ihres Körpers auf den Stuhl richten, auf das Gefühl, das Ihre Kleider auf Ihrem Rücken erregen oder das der Ring an Ihrer Hand, die Uhr an Ihrem Handgelenk und der Druck Ihrer Oberlippe auf die Unterlippe erregt. Vor einer Minute noch hatten Sie diese Empfindungen gar nicht wahrgenommen. Jetzt achten Sie darauf und hören nicht auf, es zu tun, bis Ihre Aufmerksamkeit von einer anderen Sache in Anspruch genommen wird.

Ich könnte sagen: «Denken Sie nicht an das Gewicht Ihres Körpers, das stark, stark auf den Stuhl drückt. Nehmen Sie es einfach nicht zur Kenntnis! Beachten Sie diese Empfindung einfach nicht. Vergessen Sie sie!» Aber das verstärkt Ihre Aufmerksamkeit für diese Wahrnehmung nur noch mehr.

Ich habe über 40 Jahre lang Brennholz gemacht, und erst vor zehn Tagen hat mir ein Stück Klafterholz gezeigt, wie ich es richtig machen muß. Die Technik ist unbekannt, sogar vielen professionellen Holzfällern. Die bekannte Methode, Holz zu spalten – wie es auch die meisten tun –, besteht darin, den Axtkopf vertikal zu dem zu spaltenden Holzblock niedersausen zu lassen. Mit schönem Krach dringt die Axt etwa 10 cm in den Block ein, aber genauso häufig bleibt sie auch einfach stecken, ohne den Block zu spalten.

Hier das Geheimnis für leichtes Holzspalten: In dem Moment, wo die Axt auf den Block trifft ...

Nein, ich will hier keine Abhandlung darüber schreiben, wie man Holz spaltet. Ich wollte lediglich demonstrieren, daß, indem ich Ihre Aufmerksamkeit auf etwas Neues lenkte, ich Sie dazu bringen konnte, Sie vom Gefühl auf Ihrem Stuhl, Ihrer Kleider, Ihres Ringes, Ihrer Uhr und Ihrer Lippen abzubringen. Jetzt fühlen Sie sie wieder!

Wenn Aufmerksamkeit körperliche Empfindungen so vollständig beherrscht, wieviel mehr kann sie dies bei geistigen Vorgängen!

Wenn Sie also jemanden überzeugen wollen, müssen Sie die Aufmerksamkeit dieser Person gewinnen und beherrschen.

Techniken, um Aufmerksamkeit zu gewinnen

1. Entwickeln Sie Ihre Stimme zu Klarheit und Entschiedenheit. Vergewissern Sie sich, daß jedes Wort, das Sie sagen, zu hören und zu verstehen ist. Vergessen Sie nicht, daß viele Menschen unter Hörfehlern leiden, oftmals ohne daß sie es selbst wissen. Fast jeder, der älter als 35 Jahre alt ist, hört nicht mehr ganz gut und hat Schwierigkeiten, hohe Frequenzen – die harten Konsonanten – zu hören.

Deshalb ist der Schlüssel für eine klare Stimme eine deutliche Aussprache – eine klare, genaue Aussprache der T, P, B und anderer Konsonanten, besonders am Wortende.

Nehmen wir einmal an, Sie sagen: «Herr Hart, ich glaube, diese Prospekte der Hapag-Lloyd könnten Sie interessieren.»

Wenn Sie eine undeutliche Aussprache haben, könnte es etwa so heißen wie: «Herr Hart, ich glaube, dieser suspekte Papa heult usw. ...»

In dieser Situation wird kaum jemand sagen: «Ich kann Sie nicht verstehen. Sprechen Sie bitte deutlicher.» Er wird sich einfach zurücklehnen, Sie weitersprechen lassen und seine Aufmerksamkeit für jemanden aufbewahren, der sich die Mühe macht, deutlich zu sprechen.

Bei öffentlichen Reden ist das Prinzip das gleiche: Sie können die Aufmerksamkeit Ihrer Zuhörer nicht gewinnen und halten, wenn sie nicht verstehen, was Sie sagen. Und der Schlüssel zum Verstehen liegt in der genauen Aussprache.

Sie sind vielleicht mit der Gewohnheit aufgewachsen, undeutlich zu sprechen und Silben zu verschlucken: Vielleicht verstehen Ihre Familie und Ihre Freunde Sie so. Das ist aber noch keine Garantie dafür, daß es auch andere tun.

Sie werden es zunächst komisch finden, wenn Sie sich klar sprechen hören. Vielleicht werden sich sogar einige über Sie lustig machen. Machen Sie sich nichts daraus. Die Hänseleien und Ihr komisches Gefühl gehen vorbei. Erinnern Sie sich selbst daran: «Eine klare Aussprache ist ein notwendiger Schritt zur Erlangung dieses oder jenes Ziels.» Dieser Satz wird Sie bei der Stange halten.

Sie werden einen weiteren Nutzen daraus ziehen. Wir haben bereits über die Verbindung von Körper und Geist gesprochen und gesehen, wie körperliche Veränderungen entsprechende Veränderungen Ihrer geistigen Tätigkeit zur Folge haben. Wir haben z. B. erkannt, daß Ihre klare und genaue Schreibweise Ihre Gedanken klar und genau macht.

Mit Ihrer Sprache ist es ebenso. Eine in sich hinein genuschelte, undeutliche Aussprache ist ein Zeichen für unklare, wirre Gedanken. Wenn Ihre Aussprache klar und deutlich wird, werden Sie sehen, daß auch Ihre Gedanken immer klarer und genauer werden.

2. Machen Sie Ihre Stimme interessant. Eintönigkeit, eine zu schnelle Aussprache und die Gewohnheit, einen Redeschwall loszulassen, machen eine Stimme langweilig. So eine monotone Stimme – Sie wissen, was ich damit meine, Sie haben sie selbst schon in kleinem Kreis und in der Öffentlichkeit gehört – zerstört das Interesse des Zuhörers an dem, was gesagt wird, und wird ihn mit der Zeit ruhig einschlafen lassen.

Eine abwechslungsreiche Stimme ist der Schlüssel dafür, Interesse an jemandes Sprache zu gewinnen, in der Redegeschwindigkeit, Tonlage und Lautstärke variieren.

Es ist nicht schwer, sich eine abwechslungsreiche, interessante Stimme zu erarbeiten. Gehen Sie Schritt für Schritt vorwärts. Arbeiten Sie eine Woche daran, eine wechselnde Redegeschwindigkeit zu bekommen. Die Faustregel heißt, daß leichtere, weniger wichtige Worte eines Satzes ziemlich schnell gesprochen werden können; die bedeutenden Worte, die Schlüsselworte eines Satzes, sollten langsamer gesprochen werden. Geben Sie dem Zuhörer mehr Zeit, sie in sich aufzunehmen.

Dann sollten Sie eine Zeitlang daran arbeiten, Ihre Tonlage zu wechseln. Leichtere, lustigere Themen können in einer höheren Stimmlage vorgetragen werden, während ernstere Themen eine tiefere Stimmlage verlangen.

Versuchen Sie weiterhin, weniger wichtige Worte weniger zu betonen und die wichtigen Worte eines Satzes mehr hervorzuheben.

3. Entwickeln Sie eine angenehme Stimme. Viele haben eine rauhe, unangenehme Stimme, eine schrille Piepsstimme oder andere unangenehm klingende stimmliche Eigenschaften. Früher bestand die einzige Möglichkeit, stimmliche Probleme zu beseitigen, darin, daß man einen Kurs für Sprachübungen besuchte. Heute haben wir das Tonbandgerät. Sprechen Sie den Absatz eines Buches oder einer Zeitung auf Band, und hören Sie Ihre Stimme dann ab. Klingt sie wirklich angenehm? Ist sie klar? Klingt sie interessant?

Mit dem Tonbandgerät als unparteiischem Kritiker können Sie an der Verbesserung Ihrer Stimme arbeiten. Nehmen Sie die Stimme eines Schauspielers, Radiosprechers, Pfarrers oder irgendeiner anderen Person, die Sie sich als Vorbild ausgesucht haben, auf Band auf, und stellen Sie Vergleiche an. Wenn Sie dann fleißig lesen, sprechen, auf Band aufnehmen, das Gesprochene wieder abhören und Vergleiche anstellen, entwickeln Sie mit der Zeit Ihre gewünschte Stimme.

In diesem Buch habe ich nicht die Möglichkeit, einen kompletten Kurs zur stimmlichen Weiterentwicklung niederzuschreiben. Ich beschäftige mich mit diesem Thema ausführlicher in meinem Buch über Reden in der Öffentlichkeit. Es reicht, wenn ich Ihnen hier sage, daß eine klare, angenehme Stimme einer der größten Pluspunkte ist, die Sie haben können. Sie wird Ihnen helfen, die Aufmerksamkeit anderer Leute, gleichgültig, ob in Gruppen oder allein, auf sich zu lenken und zu fesseln, und das bringt Sie auf dem Weg zu Ihren Zielen leicht und angenehm ein ganzes Stück vorwärts.

4. Seien Sie aufmerksam, um Aufmerksamkeit zu erregen. Denken Sie an den Magier: Er würde ein armseliges Schauspiel bieten, wenn er auf die Bühne käme, in den Hintergrund hineinsprechen würde und dabei seine Vorführungen so darbieten würde, daß sie den Zuschauern nicht gut sichtbar wären. So aber spricht er zu den Zuschauern, bewegt sich auf die Zuschauer hin und läßt die Zuschauer genau sehen, was er tut. Mit anderen Worten: Er versetzt sich in die Zuschauer, damit sie von seiner Vorführung gefesselt werden.

Seien Sie also aufmerksam, um Aufmerksamkeit zu erregen. Achten Sie auf einen freundlichen, aufmerksamen Gesichtsausdruck. Schauen Sie Ihren Gesprächspartner an. Es ist kein Kompliment für ihn, wenn Sie oft von ihm wegsehen und aus dem Fenster schauen oder Ihren Blick über das Zimmer, die Möbel und Bilder schweifen lassen.

Denken Sie daran, daß man generell den Blick als Aufmerksamkeitsmesser betrachtet.

Das muß nicht immer zutreffen. Vielleicht achten Sie auf das, was Ihr Gesprächspartner gerade sagt, während Sie aus dem Fenster starren; er wird aber anderer Meinung sein.

Achten Sie darauf, nie zu gähnen, wenn Sie mit jemandem sprechen oder jemandem zuhören. Das ist ungezogen und zeigt, daß Sie nicht aufmerksam und interessiert sind.

Ihr Gesicht spiegelt den Grad an Aufmerksamkeit wider, den Sie jemandem entgegenbringen. Lassen Sie entsprechende Gefühlsregungen auf Ihrem Gesicht spielen. Beim Pokerspielen ist es ratsam, ein unbewegtes Gesicht zu haben; das ist aber fehl am Platz, wenn Sie versuchen, Aufmerksamkeit zu gewinnen, indem Sie zeigen, daß Sie aufmerksam sind. Lächeln Sie, runzeln Sie die Stirn, wie es die Situation gerade verlangt.

Antworten und Fragen zur richtigen Zeit sind ein weiteres sichtbares Zeichen dafür, daß Sie aufmerksam und bei der Sache sind.

Alle diese Hilfsmittel dienen Ihrem Zweck: Aufmerksamkeit zu zeigen, um Aufmerksamkeit zu gewinnen.

Interesse wecken

Es genügt nicht, die Aufmerksamkeit anderer zu erregen und zu halten, um ihre Mithilfe zu bekommen: Wir müssen ihr Interesse wecken. Interesse ist ein Gefühl persönlicher Anteilnahme.

Vier Frauen schauen sich den Sonnenuntergang an. Drei von ihnen nehmen die prächtige Färbung des Himmels wahr; sie sind lediglich aufmerksam. Die vierte denkt: «Roter Himmel am Abend, für den Schäfer erlabend. Das Wetter für unser Picknick morgen wird gut.» Sie ist interessiert, weil die Färbung des Himmels sie persönlich angeht.

Zwei Männer lesen den Text einer öffentlichen Rede in der Zeitung. Einer denkt: «Reden in der Öffentlichkeit gehört zur Allgemeinbildung.» Er achtet nur auf den Artikel und wird ihn bald vergessen haben. Der andere denkt: «Reden in der Öffentlichkeit wäre gut für mich.» Er ist interessiert.

Drei Männer sehen ein Plakat, das auf die Gefahren des Lungenkrebses hinweist. Zwei sagen dazu: «Ja, Lungenkrebs ist eine scheußliche Krankheit.» Der dritte denkt: «Ich hatte kürzlich einen scheußlichen Husten und bohrende Schmerzen in der Brust, und ich weiß, daß ich zuviel rauche. Ich rufe sofort den Arzt an.» Er interessiert sich für die Sache, weil sie ihn selbst angeht.

Wenn Sie versuchen wollen, das Interesse von jemandem zu wecken, stellen Sie sich vor, daß der Betreffende zwei Fragen stellt: «Worum dreht es sich? Was geht mich das an?» Sagen Sie so schnell und klar wie möglich, worum es geht, und erklären Sie, warum es den Betreffenden angeht.

Ich versuchte, die Mithilfe eines Geschäftsmannes für eines meiner Projekte zu gewinnen. Ich schrieb ihm einen Brief, der in etwa so begann:

Sehr geehrter Herr B.!

Wären Sie daran interessiert, dies oder jenes für mich zu tun? Ich weiß, daß das nicht in die Linie Ihrer sonstigen Geschäfte fällt, aber ich glaube, daß es Sie interessieren würde und uns beiden eine Menge Geld einbringen könnte.

Die Einführung zu diesem Buch beginnt nicht: «Vor einigen Jahren bekam ich einige interessante Informationen. Ich dachte eine Zeit darüber nach, setzte sie in die Praxis um und sah, daß mein Leben sich schnell und angenehm veränderte, etc.»

Das würde nur aussagen, warum das Thema für mich wichtig war. Das wäre ein äußerst schwaches Mittel, Ihre Aufmerksamkeit zu erregen und Ihr Interesse zu wecken. Deshalb beginnt die Einführung statt dessen: «Sie wünschen etwas, was Sie nicht haben.» Dieses Thema ist für Sie wichtig. Ihr Interesse war geweckt; Sie entschlossen sich weiterzulesen.

Vertrauen einflößen

Viele Menschen verhalten sich noch reserviert, auch wenn sie schon an einer Idee, einer Person oder einer Sache interessiert sind. Sie glauben: «Für die Sorglosen ist diese schlechte Welt voller Tücken. Woher soll ich wissen, daß diese Sache in Ordnung ist? Vielleicht ist ein Trick dabei. Wie kann ich dem trauen?» Vielleicht sind sie schon vorher enttäuscht worden. Gebranntes Kind scheut das Feuer.

Vielleicht ging es Ihnen auch schon so, und Sie empfinden auf dieselbe Weise. Vielleicht kennen Sie einen dieser faszinierenden Lügner, die Ihre Aufmerksamkeit fesseln, ja sogar Ihr Interesse wecken und trotzdem kein Vertrauen einflößen.

Um jemanden zu etwas zu überreden, gehen Sie so vor, daß er Vertrauen zu Ihnen hat. Sie bitten ihn schließlich, irgend etwas in Sie zu investieren: zumindest die Zeit, Ihnen zuzuhören, und vielleicht sogar noch mehr Zeit bei der weiteren Entwicklung der Beziehungen. Vielleicht bitten Sie darum, Gedanken, körperliche Anstrengungen, Ruf und Geld zu investieren. Wie können Sie von jemandem erwarten, solch eine Investition zu machen, ohne daß Sie Vertrauen erwecken?

Denken Sie an den «Vertrauensmann». Er lebt ausschließlich davon, daß er versteht, Vertrauen einzuflößen; er hat nichts anderes als die Fähigkeit, dies zu tun. Ich will hier nicht vorschlagen, daß Sie so ein Vertrauensmann werden sollen; ich zitiere das Beispiel nur, um zu zeigen, wieviel Macht Vertrauen als Überzeugungsmittel hat. Selbst wenn es als Fassade dient, wenn nichts dahinter ist, kann Vertrauen so viel ausrichten. Wieviel mehr kann Vertrauen für Sie ausrichten, wenn erst gut durchdachte Pläne dahinterstehen?

10 Möglichkeiten, um Vertrauen zu erwecken

1. Ihr Auftreten erweckt Vertrauen – oder bewirkt genau das Gegenteil.

Der erste Eindruck ist wichtig, und oft genug ist Ihre äußere Erscheinung entscheidend. Ein Politiker, der in einer ländlichen Gegend um Stimmen warb, ließ sich im Arbeitsanzug fotografieren, wie er gerade einen Traktorpflug prüft. Es war sein Pech, daß man auf dem Foto deutlich sah, daß der Arbeitsanzug fleckenlos sauber und gut gebügelt war! Die ländlichen Wähler verloren ihr Vertrauen zu den Behauptungen des Kandidaten, ein schwer arbeitender Bauer wie sie selbst zu sein.

Ihre Kleidung sollte deshalb den jeweiligen Umständen entsprechen, wenn Sie den Leuten, mit denen Sie zu tun haben, Vertrauen einflößen wollen.

Sichtbare Vernachlässigung – Übergewicht, nachlässige Haltung, Pickel im Gesicht, Schuppen auf den Schultern, schlechte oder nikotingelbe Zähne, schlechter oder alkoholischer Atem – lassen den Gedanken aufkommen: «Dieser Mann achtet nicht einmal auf sich selbst! Wie kann man ihm etwas anderes anvertrauen?»

«Das ist ungerecht!» werden Sie vielleicht denken. «Es ist ungerecht, jemanden nach seinem Äußeren zu beurteilen.»

Wir brauchen die Frage, ob es recht oder unrecht ist, nicht zu diskutieren; die Tatsache ist, daß Sie von anderen ebenso beurteilt werden! Wenn Sie sie überzeugen, ihre Mitarbeit gewinnen wollen, müssen Sie eben bereit sein, auf ihre Weise beurteilt zu werden.

Das ist nicht an den Haaren herbeigezogen. Wenn ein Geschäftsmann ins Ausland fährt, ist es nicht zuviel verlangt, daß er die Sprache des Landes erlernt; er tut damit das Einfachste, um sich verständigen zu können.

Ihre äußere Erscheinung gibt über Ihren Charakter und Ihren Erfolg Auskunft, bevor Sie überhaupt den Mund aufmachen. Deshalb achten Sie darauf, daß Ihr Äußeres zu Ihren Gunsten spricht.

2. Entwickeln Sie ein ungezwungenes, offenes Auftreten.

Es bestehen ganz allgemein Vorurteile gegen jemanden mit unsteten oder niedergeschlagenen Augen: das wird als Zeichen von Unsicherheit oder gar Unehrlichkeit ausgelegt. Lernen Sie, Ihrem Gegenüber beim Sprechen in die Augen zu sehen.

Kommen Sie schnell zur Sache. Kurze einleitende Höflichkeitsfloskeln sind im allgemeinen willkommen, aber sollten nicht länger als eine oder zwei Minuten dauern. Je länger Sie nicht zum Thema kommen, belanglose Witze erzählen, sich über nebensächliche Dinge auslassen, desto schneller wecken Sie bei Ihrem Zuhörer Erstaunen, Zweifel, Argwohn. Denken Sie an den Mann, der mich aufsuchte und mir gar nichts zu sagen hatte? Ich hatte wahrlich keinen Grund, Vertrauen zu ihm zu haben.

Wenn Sie Informationen weitergeben, tun Sie das schnell und ausführlich. Sprechen Sie nicht wie ein Gefangener auf der Anklagebank, dem man die Dinge gegen seinen Willen förmlich aus der Nase ziehen muß. Denken Sie daran, daß Sie jemanden überzeugen wollen: Sie können von ihm keine Entscheidung erwarten, wenn Sie ihm nicht reinen Wein einschenken.

Wenn es etwas gibt, worüber Sie nicht frei

sprechen können, drucksen Sie nicht lange herum, sondern sagen Sie einfach: «Ich bedaure, ich kann darüber nichts sagen.»

Ein ungezwungenes, offenes Vertrauen ist ein großes Hilfsmittel, Vertrauen einzuflößen.

3. Sprechen Sie nicht zu schnell.

Es besteht ein allgemeines Vorurteil gegen jemanden, der schnell spricht. Natürlich können Sie ehrliche Absichten haben, aufrichtig sein, egal, wie schnell Sie sprechen, aber der Zuhörer neigt zu der Annahme: «Er will mich über den Haufen reden; er will mir keine Zeit geben, mir über seine Absicht klarzuwerden.»

Machen Sie gelegentlich eine Pause, um Ihrem Gesprächspartner Gelegenheit zu geben, auch etwas zu sagen. Stellen Sie eine Frage, wenn es angebracht erscheint, um seine Ansicht über das betreffende Thema zu hören. Die Pause für eine Frage dient zwei Zwecken: Sie stoppt Ihren Redefluß, und sie gibt Ihrem Zuhörer eine Möglichkeit, seine eigenen Gedanken zu dem betreffenden Thema zu sagen.

4. Beantworten Sie Fragen ehrlich und ohne auszuweichen.

Je mehr Sie zeigen, daß Sie mit dem Betreffenden gut vertraut sind, desto mehr Vertrauen erwecken Sie. Sehen Sie deshalb Fragen nicht als Unterbrechung an; nehmen Sie sie als Möglichkeit, um zu sehen, an welchen Aspekten des betreffenden Problems Ihr Zuhörer besonders interessiert ist. Nehmen Sie sie als Warnung für Punkte, die Sie nicht klar zum Ausdruck gebracht haben.

Wenn Sie die Antwort auf eine Frage nicht kennen, lügen Sie nicht, erfinden Sie nicht einfach eine Antwort. Geben Sie ganz einfach zu: «Ich weiß es nicht.» Gelegentlich zuzugeben, daß man etwas nicht weiß, zerstört kein Vertrauen, sondern festigt es allenfalls.

5. Bezeugen Sie Respekt, wo es dem Alter, der Erfahrung oder dem Rang nach angebracht scheint.

Die Meinung, daß alle gleich sind, lehnt solchen Respekt natürlich ab und betrachtet jeden dem anderen gleich und ebenbürtig in einer manchmal etwas plump wirkenden Vertraulichkeit. Aber indem man Respekt bezeugt, vergibt man sich nichts. Und dem anderen, dem man Respekt zollt, tut man einen Gefallen. Wenn Sie einmal alt sind, vielleicht gelehrt, in einer herausragenden beruflichen oder politischen Position stehen, werden Sie

Anerkennung und Achtung auch schätzen. Und denken Sie daran: Indem Sie Respekt bezeugen, lernen Sie oft etwas, was Sie sonst nicht gelernt hätten.

6. Seien Sie in allem, was Sie sagen, glaubwürdig.

Vermeiden Sie Übertreibungen, Angebereien. Halten Sie sich an Tatsachen. Halten Sie Beweismaterial bereit, damit Sie das, was Sie sagen, untermauern können. Denken Sie daran, daß heutzutage viele Menschen mißtrauisch sind. Wir hören heute so viel, daß dieses Erzeugnis das größte, das beste ist, daß das andere das wirksamste ist etc. Zur Selbstverteidigung neigen wir dazu, zynisch zu werden.

Akzeptieren Sie diesen Umstand. Seien Sie nicht verletzt, wenn die Leute Ihnen nicht so ohne weiteres dieses oder jenes glauben. Bringen Sie Beweise vor, höflich und bescheiden, und Sie werden Zweifel in Vertrauen umwandeln.

7. Seien Sie pünktlich.

Unpünktlichkeit nimmt heutzutage so überhand, daß Sie schon aus der Masse herausragen, wenn Sie pünktlich sind. Es ist doch nicht zuviel verlangt, eine Uhr zu tragen und sich danach zu richten. Es ist nicht zuviel verlangt, wenn man seinen Tagesablauf plant (wir haben schon darüber gesprochen, daß solch eine Planung auch noch andere Vorteile hat). Pünktlichkeit wird entscheidend dazu beitragen, daß andere Vertrauen zu Ihnen haben.

8. Seien Sie zuverlässig.

Ein Mann, der einige hundert Angestellte hatte, wurde einmal gefragt: «Wie viele Ihrer Angestellten sind wirklich gut?»

«Wenn Sie damit meinen, daß sie im allgemeinen ihre Arbeit fehlerfrei ausführen, etwa die Hälfte», antwortete er.

«Und wie viele von ihnen sind zuverlässig – absolut zuverlässig?»

Nach einigem Nachdenken sagte der Arbeitgeber: «Mir fallen nur drei ein.»

Wie viele Menschen kennen Sie, die zuverlässig sind – wirklich zuverlässig? Zu wie vielen könnten Sie Vertrauen haben mit Ihrem Geld, Ihrem Ruf oder Ihrem Leben?

Sind Sie zuverlässig? Wenn Sie versprechen, etwas zu tun, können sich Ihre Familie, Freunde, Mitarbeiter oder Arbeitgeber absolut darauf verlassen? Wenn Sie etwas sagen, können sie sicher sein, daß Sie die Wahrheit sagen? Wenn Sie in ein Geheimnis eingeweiht sind, können sie sicher sein, daß Sie es niemals weitererzählen werden?

Ich sprach vorher darüber, wie selten man Pünktlichkeit antrifft. Wirkliche Zuverlässigkeit ist noch seltener.

Wir können nicht alle hochintelligent sein oder nett aussehen; wir können nicht alle Glückskinder sein. Aber jeder kann zuverlässig sein. Sie können zuverlässig sein und dabei so hohen Seltenheitswert erlangen, daß sich die Leute darum reißen werden, Sie anzustellen, mit Ihnen zu arbeiten oder mit Ihnen in der einen oder anderen Form verbunden zu sein.

Um zuverlässig zu sein, entwickeln Sie ganz einfach einen Sinn für persönliche Ehre, und wenden Sie diesen wann immer möglich an. Sagen Sie sich: «Ich würde mich schämen, da zu versagen oder andere zum besten zu haben; deshalb kann ich nicht versagen und mich auch nicht über andere lustig machen.»

9. Seien Sie vorbereitet.

Ich habe schon oft einen Redner auf einer öffentlichen Rednerbühne mit folgenden

Worten anfangen hören: «Ich weiß eigentlich noch gar nicht, worüber ich heute abend zu Ihnen sprechen werde. Ich habe nichts vorbereitet ...» Niemand wird einer solchen Rede recht trauen.

Ein Wissenschaftler erzählte mir einmal von einem sogenannten Journalisten, der ihn interviewen wollte und Bleistift und Papier ausleihen mußte, bevor er mit dem Interview beginnen konnte.

Wie oft haben Sie den Tag schon ängstlich, unbefriedigt und ziellos begonnen, weil Sie sich nicht am Abend vorher vorbereitet haben? Die einfachen Hilfsmittel, einen Tagesplan und einen Plan auf lange Sicht aufzustellen, sichern Ihnen zu, immer vorbereitet zu sein für das, was Sie zu tun haben. Derjenige, der gut vorbereitet ist, hat Selbstvertrauen und flößt anderen Vertrauen ein.

10. Nehmen Sie alle nur möglichen Hilfsmittel in Anspruch, um Selbstvertrauen zu entwickeln.

a) Seien Sie sich im voraus klar über alles, was Sie zu sagen oder zu tun haben, indem Sie das Ziel genau vor Augen haben, das Sie anstreben.

b) Machen Sie sich vor einem großen Ereignis Mut, indem Sie ein stärkendes Gebet oder eines Ihrer Memos vor sich hin sagen.
c) Machen Sie einige tiefe Atemzüge.
d) Konzentrieren Sie sich auf das, was Sie zu tun haben: auf die ersten Worte, die Sie sagen, oder das, was Sie tun müssen. Sehen Sie sich ruhig, selbstsicher, korrekt sprechen oder handeln.

Diese zehn Schritte werden hundertprozentig helfen, Ihnen Vertrauen zu geben. Systematisch angewandt, werden Sie bei Ihrer Arbeit, bei Ihren Freunden, in Ihrem Kreis Ihren Ruf aufbauen, jemand zu sein, dem man trauen kann. Sie werden Ihnen entscheidend dabei helfen, die Mitarbeit anderer zu gewinnen.

Wünsche wecken

Wie wir schon früher gesehen haben, liegt das Geheimnis, die Mitarbeit anderer Menschen zu gewinnen, darin, diese Menschen dazu zu bringen, Ihnen helfen zu wollen. Mit anderen Worten, zeigen Sie ihnen, daß das, was sie auf Ihre Anregung hin tun, zu ihrem Nutzen ist.

Deshalb ist es gut, die Motive im Auge zu behalten, nach denen Menschen handeln:

1. Profit: der Wunsch, Geld zu verdienen oder zu sparen oder materielle Besitztümer zu erwerben.

2. Angst: der Wunsch, Gefahr, Leiden oder Tod aus dem Weg zu gehen.

3. Stolz und Prestige: der Wunsch, vor sich selbst und vor anderen geachtet dazustehen.

4. Gefühl: der Wunsch, der Familie und Freunden Zeichen von Zuneigung mitzuteilen oder von ihnen zu empfangen.

5. Bequemlichkeit: der Wunsch, weniger arbeiten zu müssen, Zeit zu sparen, das Nichtstun zu genießen.

6. Macht: der Wunsch nach einem Gefühl der Stärke, das man in sich selbst und bei seinen Handlungen spürt, um die Handlungen anderer zu beherrschen.

7. Vergnügen: der Wunsch nach Sinnesfreude oder ästhetischer Befriedigung.

8. Neugier: der Wunsch nach neuen Erfahrungen, neuer Information.

9. Ehrgeiz: der Wunsch, sich zu entfalten, in der Welt vorwärtszukommen, mit schwierigen Aufgaben fertig zu werden.

10. Sex: der Wunsch, für das andere Geschlecht anziehend zu sein.

Nicht alle diese zehn Motive wird man bei ein und derselben Person zur selben Zeit finden. Es wäre deshalb strategisch falsch, einen Schwall Argumente hervorzubringen, die in rascher Folge auf alle zehn Motive Bezug nehmen: das würde Ihren Zuhörer sicher verwirren.

Es ist gut, zuerst zu fragen: «Hat dieser ein vorherrschendes Motiv?»

Eine klare Charakteranalyse wird manchmal solch ein vorherrschendes Motiv zutage bringen. Beim Geizhals z. B. wird der Wunsch nach Gewinn Vorrang haben vor Bequemlichkeit, Prestige, Vergnügen, Gefühl und Sex. Der Gewohnheitsangeber – der Mann, der seine Frau zu Tode ängstigt mit seiner rücksichtslosen Fahrweise – bringt bereitwillig jedes Opfer für Prestige, um Mittelpunkt für jeden auf der Autobahn zu sein. Der Faulenzer liebt seine Bequemlichkeit über alles. Die extrem besitzergreifende Mutter wird für Gefühl alles opfern. Der echte Wissenschaftler wird in erster Linie von Neugier getrieben.

Trotzdem gibt es viele Menschen, die kein

vorherrschendes Motiv haben. Verschiedene Motive bestimmen ihre Handlungsweise zu verschiedenen Zeiten. Bei solchen Menschen aber sollten Sie nicht viel Schwierigkeiten haben, die Motive herauszupicken, die in einer bestimmten Situation wirksam sind.

«Wenn du deine Bowlingzeit so legst, daß ich an diesem Abendkurs teilnehmen kann, qualifiziere ich mich für eine Beförderung im nächsten Jahr, und dann könnten wir uns den Nerzmantel leisten, den du im Auge hast.»

«Wenn wir einen Teil unseres hinteren Rasens umgraben, könnten wir unser eigenes Gemüse anpflanzen. Denk doch, wieviel wir damit sparen könnten. Und du weißt doch, wie gerne du Erbsen direkt aus dem Garten ißt.»

«Aus medizinischen Statistiken geht hervor, daß schlanke Menschen länger leben als korpulente.»

«Mit diesem neuen Herd könnte ich dir deine Steaks genauso braten, wie du sie gern hast.»

Und so weiter und so weiter. Jeder tut das bis zu einem gewissen Maße; Sie können es jetzt systematisch tun.

Wissen Sie noch, was wir früher zur genauen Definition eines Ziels gesagt haben? Sie definieren das Ziel eines anderen Menschen in einer bestimmten Situation und stellen lediglich in Aussicht, dieses Ziel zu erreichen.

Ich habe vorgeschlagen, an die bestehenden Motive bei einem anderen zu appellieren. Sie können noch weiter gehen. Ihre Mitarbeiter mögen zu einem gewissen Grad ihre eigenen Interessen haben; aber Sie können dieses Wissen dazu benutzen, um ihnen weitere Motive zu liefern, so daß sie sehen, daß sie mehr aus einer Verbindung mit Ihnen machen können, als sie erwartet haben. Um mit Lord Chesterfield zu sprechen, erreichen Sie dadurch, daß Ihre Mitarbeiter nicht nur belohnt, sondern zufrieden dabei sind.

Als ich in einem Abendkurs diese Erkenntnisse weitergab, hörte ich folgenden Einwand: «Aber, Mr. Hull, das klingt alles so gewissenlos. Ist es denn richtig, so mit den Motiven anderer Leute zu spielen, nur um ihre Mitarbeit zu erreichen?»

Das ist ein verständlicher Einwand. Zugegeben, einige skrupellose Menschen nutzen ihr Wissen um menschliche Beweggründe für dubiose Unternehmungen aus. Aber wir müssen zugeben, daß die Handlungen von jedem durch diese Motive beeinflußt sind, ob wir nun etwas dazu tun oder nicht.

Auch wenn Sie nicht von Geld sprechen, denkt der Geizhals an Geld. Auch wenn Sie nicht von Vergnügen sprechen, trachten die meisten Menschen unter allen Umständen nach Vergnügen. Es ist Ihrem Verantwortungsgefühl überlassen, Ihr Wissen fair und gewissenhaft einzusetzen. Wie wir früher schon gesehen haben, kann man jedes erlaubte Ziel erreichen, ohne anderen etwas vorzuenthalten oder andere zu verletzen.

Überreden Sie andere, wie Sie sich wünschen würden, selbst überredet zu werden. Um noch einmal Lord Chesterfield zu zitieren: «Behandeln Sie andere so, wie Sie selbst behandelt werden wollen. Das ist die sicherste Art zu gefallen.» In diesem Sinn heißt überzeugen nicht, die Motive anderer für Ihre persönlichen Ziele auszunutzen. Wenn Sie ehrlich vorgehen, geben Sie anderen eine Möglichkeit, ihre Wünsche zu erfüllen, während Sie Ihre erlangen.

Ich habe eine Reihe Gemeinschaftsbücher geschrieben. Einer kennt sich auf einem Gebiet ausgezeichnet aus, aber kann diese Sachkenntnis nicht auf dem Papier wiedergeben. Mir fehlt die Sachkenntnis, aber ich kann mich schriftlich ausdrücken. Ich erfülle meinen Wunsch, ein nützliches, gewinnbringendes Ventil für meine natürlichen Gaben zu finden; der Mitarbeiter erfüllt seinen Wunsch, sein Wissen mitzuteilen und Geld damit zu verdienen.

Denken Sie an den Brief, den ich einige Seiten vorher zitiert habe: «... es könnte uns beiden eine Menge Geld einbringen.» Ich will Geld verdienen; der Angesprochene möchte Geld verdienen. Mit meinem Plan sollte es uns beiden möglich sein.

Setzen Sie die Kunst des Überzeugens ehrlich ein. Achten Sie darauf, daß derjenige, der sich auf eine Mitarbeit mit Ihnen einläßt, den vollen Wert aus der Zusammenarbeit erhält – Bezahlung plus Vergnügen. Dann können Sie ihn für weitere Hilfe immer wieder aufsuchen. Sie haben nicht einfach mit einem Mitarbeiter gearbeitet; Sie haben einen Freund gewonnen.

Wenn Sie die Kunst der Überzeugung mißbrauchen, werden Sie vielleicht ein- oder zweimal Erfolg haben. Aber Sie schaffen sich eher Opfer als Mitarbeiter; Sie schaffen sich Feinde, nicht Freunde.

Es besteht kein Zweifel darüber, welcher Weg der bessere ist.

Aktivität auslösen

Ein junges Mädchen erzählte mir, daß ihr Kirchenverein die Absicht hatte, etwas für einsame, ältere, ans Haus gefesselte Menschen zu tun, von denen etwa hundert in der Nachbarschaft wohnten.

Der Verein kam zusammen, um das Projekt zu besprechen. Eine Sozialhelferin hielt einen Vortrag und beschrieb die mißliche Lage dieser alten Leute und wie sie sich über Besuche und Telefonanrufe freuen würden. Sie beendete ihren Vortrag, indem sie Freiwillige aufrief.

Die Vereinsmitglieder schienen interessiert und beteiligten sich an der Diskussion, als ob sie wirklich helfen wollten. Die Versammlung war zu Ende, die Mitglieder gingen nach Hause, und die Erzählerin hatte nicht einen einzigen Namen auf dem Blatt Papier, von dem sie glaubte, daß es ihre Namensliste für Freiwillige werden würde. Die einleitenden Schritte sind richtig eingeschlagen worden, aber gegen Ende zu ging etwas schief: Die Überzeugungsbemühungen hatten keinerlei Aktivität zur Folge.

Viele Menschen sind unentschlossen und zögern. Sie zeigen Interesse, und sie wollen wirklich aktiv werden – irgendwann einmal. Aber um sie gleich zum Handeln zu bringen, braucht es einen «Auslöser», der die gute Absicht in die Tat umsetzt.

Im Falle des Vereins des jungen Mädchens war die Aufforderung an Freiwillige nicht genau genug, um als «Auslöser» zu wirken. Das, was als Auslöser vielleicht dagewesen ist, verschwand während des Kaffeestündchens, das dem Vortrag folgte.

Ich besprach diesen Vorfall mit verschiedenen Leuten und erhielt die folgenden Anregungen, was man hätte unternehmen können.

1. Man muß schon vorher eine Liste fertigstellen, die die Namen, Adressen, Telefonnummern und jeweiligen Interessengebiete der alten Leute des betreffenden Gebietes enthält.

2. Wenn dann Erfrischungen eingenommen werden, muß man mit dieser Liste die Runde machen, damit jedes Mitglied einen einsamen Menschen auswählt, mit dem es sich in Verbindung setzt. (Wenn die Mitgliederzahl hoch ist, kann die Liste und Fragestellung unter einigen leitenden Mitgliedern aufgeteilt werden.)

3. Machen Sie jedem Mitglied die Wahl leicht. Setzen Sie nicht einer einzelnen Dame die ganze Liste vor mit einem: «Da, wählen Sie einen Namen!» Schlagen Sie ihr Alternativen vor, z. B.:

«Welcher Stadtteil wäre Ihnen angenehmer: das Neubauviertel im Osten oder die Altstadt?»

«Wen würden Sie lieber besuchen: einen Herrn oder eine Dame?»

«Würden Sie lieber Hausbesuche machen oder beim Telefondienst mitmachen?»

«Würden Sie lieber Abend- oder Wochenendbesuche machen?»

«Würden Sie vielleicht Mrs. X anrufen? Sie

lebt nur drei Häuserblocks von Ihnen entfernt. Und wenn Sie glauben, daß Sie mit ihr nicht zurechtkommen, können Sie selbstverständlich einen anderen Namen von der Liste haben.» (Auch wenn die endgültige Entscheidung schon gefallen ist, hat das Mitglied für die Zukunft die Alternative.)

Die Schlüsselidee ist: Werben Sie nicht einfach allgemein für Mithilfe, sondern machen Sie Anregungen für eine bestimmte Tätigkeit oder, wenn möglich, mehrere Tätigkeiten wahlweise. Diese Methoden würden sicherlich im Falle des Vereins des jungen Mädchens gewirkt haben. Lassen Sie sie uns in anderen Anwendungsbereichen betrachten.

Schlagen Sie Anregungen für eine genau bestimmte Tat vor

Wenn Sie einmal Interesse und Wunsch geweckt haben, schießen Sie los und sagen Sie, was der eine oder die andere tun soll.

Sagen Sie z. B. bei der Rede zu einer Wahlkampagne nicht: «Meine Damen und Herren, ich nehme an, daß Sie ebenfalls der Meinung sind, daß Sie und ich gemeinsam die großen Probleme sehen, denen unser Club (oder unsere Stadt, unser Land etc.) ausgesetzt sind.» Sagen Sie statt dessen: «Meine Damen und Herren, Sie kennen mein Parteiprogramm jetzt. Ich bitte Sie, mir Ihre Stimmen für das Amt des Bezirksleiters (oder Bürgermeisters etc.) zu geben.»

Sagen Sie nicht: «So, Mrs. X, ich hoffe, wir können mit Ihrer Hilfe rechnen bei der Arbeit unserer Organisation.» Sagen Sie: «So, Mrs. X, würden Sie das Amt des Diskussionsleiters bei der Ausschußsitzung nächsten Monat übernehmen?»

Nicht: «Mr. A, das ist das Vorhaben, das ich im Kopf habe. Was halten Sie davon?»

Sondern: «Mr. A, jetzt kennen Sie alle Details, ich hoffe, Sie wissen jetzt, wofür Sie die 3000,– DM in diesem Geschäft investieren.»

Nicht: «Wir müssen uns mal zusammensetzen.» Sondern: «Können wir uns nächsten Samstag im Goldenen Grill zum Mittagessen treffen?»

Die direkte «Attacke» ist besser, als gar keinen Auslöser zu haben. Manchmal ist die beste Methode, wenn man die Ja-oder-nein-,

Alles-oder-nichts-Alternative stellt (wie Stimmenwerbung bei einer Wahl, einem Heiratsantrag, einer Bewerbung, einer Auskunft über Charakter etc.).

Manchmal können Sie aber noch wirkungsvoller vorgehen, indem Sie Alternativen anbieten.

Bieten Sie Alternativen an

Schlagen Sie Alternativen vor, die beide für Sie günstig sind.

«Wie steht es mit unserem Mittagessen? Sollen wir sagen nächsten Dienstag im Goldenen Grill oder nächsten Mittwoch?»

«So, Mrs. X, Sie wollen uns bei unserer nächsten Zusammenkunft helfen. Möchten Sie dabei lieber den Vorsitz haben oder für die Erfrischungen sorgen?»

«Welchen dieser Schreibtische, glaubst du, sollten wir nehmen: Nußbaum oder Eiche?»

«Ich würde Ihre Hilfe bei diesem Zement-Geschäft begrüßen. Wann könnten Sie kommen: diesen oder nächsten Samstag?»

Viele Menschen brauchen Hilfe, um Entscheidungen zu treffen und zu handeln. Diese Techniken bieten diese Hilfe. Die (Aus-)-Wahl-Methode hat einen weiteren Vorteil. Sie spricht den Stolz des anderen an; und er hat nicht das Gefühl, daß er zum Handeln gezwungen wird, sondern daß er sich frei entschieden hat.

Stumme Überredung

Sie werden vielleicht hin und wieder auf jemanden stoßen, der nicht zu überreden ist. Vielleicht ignoriert er einfach alles, was Sie sagen; vielleicht ist er abgeneigt oder dumm oder macht sich über Ihre Bemühungen lustig. Wenn Sie können, meiden Sie solche Menschen unter allen Umständen; es gibt genug andere Menschen auf der Welt, die mit Ihnen zusammenarbeiten werden.

Aber manchmal haben Sie einfach mit solchen Leuten zu tun; z. B. sagte mir eine Stenotypistin, die mit einer anderen in einem Büro arbeitete, daß die ältere Mitarbeiterin gleichbleibend feindselig und unkollegial war und ihre Freundschaftsbemühungen überhaupt nicht beachtete. Sie könnten an Ihrem Arbeitsplatz oder in Ihrer Familie auf eine ähnliche Situation stoßen.

Hier eine Technik, die die kontrollierte, gelenkte Denkmacht einsetzt (a) um Ihre eigenen Gefühle von Enttäuschung und Ärger in einer Situation zu vermindern oder ganz auszuschalten; und (b) durch Gedankenübertragung die Denkweise und das Verhalten des anderen ändert.

1. Suchen Sie drei gute Eigenschaften bei der Person, die Ihnen nicht wohlgesinnt ist. Es bedarf einigen Nachdenkens, aber Sie können das schaffen. An jedem ist etwas Gutes. Schreiben Sie diese drei guten Eigenschaften nieder.

2. Wiederholen Sie sie im stillen, wenn Sie an die Person denken.

3. Loben Sie die betreffende Person hinter ihrem Rücken, und erwähnen Sie die gleichen guten Eigenschaften.

4. Erarbeiten und schreiben Sie einige konstruktive Gedanken über die betreffende Person nieder, die darauf basieren, was sie offensichtlich am meisten benötigt. Mit ein wenig Beobachtung wird sich das zeigen: Seelenfrieden, Selbstvertrauen, gute Gesundheit, Entspannung, Mut etc. Wiederholen Sie diesen Gedanken im stillen, wie oben mit der Nr. 2.

5. Wenn Sie gläubig sind, beten Sie darum, daß die Person die in Nr. 4 erwähnten Wohltaten erfährt.

6. Sagen Sie nichts über Ihre Taktik, aber achten Sie auf Erfolge. Vielleicht sind sie anfangs nicht revolutionär, deshalb halten Sie die Augen offen, um bei den ersten Anzeichen einer weicheren oder sonstwie geänderten Einstellung der betreffenden Person zu handeln.

Ich versuchte diese Technik an einem Mann, der, so hatte ich das Gefühl, mich in einer geschäftlichen Angelegenheit wenig nett behandelt hatte. Nach wenigen Monaten schickte er mir ein Schreiben, mit dem er die Angelegenheit schlichten wollte, und versprach, von jetzt an die Geschäfte besser abzuwickeln. Diese Änderung trat ein, ohne daß ich ein Wort zu ihm oder jemand anderem über das Thema sagte!

Zusammenarbeit und Geheimhaltung

In Kapitel 5 erwähnte ich, daß es bei der Regel der Geheimhaltung eine Ausnahme gibt. Hier ist sie. Natürlich müssen Sie, um die Zusammenarbeit anderer zu gewinnen, etwas darüber sagen, was Sie tun.

Hier einige Ratschläge, die in dieser Situation nützlich sein werden:

1. Überschätzen Sie die Neugier anderer nicht.

Natürlich gibt es einige, die nichts Besseres zu tun haben, als ihre Nase in Ihre Angelegenheiten zu stecken: diesen wird der Wind aus den Segeln genommen. Aber Sie werden sehen, daß die Gedanken der meisten Menschen mit sich selbst beschäftigt sind: Sie sind weder an Ihnen noch an Ihren Hoffnungen und Plänen und Angelegenheiten interessiert.

Das wurde mir auf amüsante Weise vor einigen Jahren klar. Ich arbeitete als Kellner und trug einen Schnurrbart. Eines Tages entdeckte ich, daß es länger dauerte, um den Schnurrbart herum zu rasieren, als bei der Rasur ganz über die Oberlippe zu fahren, und deshalb nahm ich den Schnurrbart ab.

Als ich den ersten Nachmittag glattrasiert zur Arbeit ging, erwartete ich verschiedene Kommentare über mein verändertes Aussehen. Niemand sagte etwas. Ich machte die Runde bei den anderen Angestellten, Köchen, Kellnerinnen, Kassierern, und fragte: «Bemerken Sie heute etwas Neues an mir?»

Nicht einer konnte etwas dazu sagen.

Es ist durchaus die Regel, daß viele Ehemänner ein neues Kleid, einen neuen Hut und eine neue Frisur an ihrer Frau nicht bemerken. Deshalb glaube ich, daß Sie nicht allzu große Schwierigkeiten haben werden, um die Neugier anderer von sich fernzuhalten.

2. Sagen Sie jedem einzelnen nur das, was ihn angeht.

Wenn Sie z. B. eine bessere Arbeit suchen, sagen Sie dem Arbeitgeber selbstverständlich Ihre Eignung und Ihre Ziele, soweit sie Ihre Arbeit betreffen. Es besteht keine Notwendigkeit, ihm etwas über Ihren allgemeinen Selbstentfaltungsplan zu sagen oder etwas über die Methoden, die Sie anwenden, um ihn auszuführen. Ihn geht nur eines Ihrer Projekte an: Sagen Sie ihm deshalb nichts über die anderen neun.

Wenn ich mit jemandem zusammenarbeite für ein Buch, bespreche ich den Inhalt des Buches offen und vollständig mit der betreffenden Person. Aber ich spreche nicht über meine weitere schriftstellerische Tätigkeit. Ich spreche natürlich über keines meiner Selbstentfaltungsprojekte und eröffne Einzelheiten meines lang angelegten Plans.

Es ist gut, einem Mitarbeiter bis zu diesem Grad Ihr Vertrauen zu schenken, weil, soweit es das gemeinsame Projekt betrifft, sein Ziel Ihr Ziel ist. Er wird Sie weder kritisieren noch behindern; er wird Sie nicht mit negativen Gedanken belästigen. In diesem Fall vergeben Sie nichts von Ihrer Denkmacht, indem Sie über das Projekt sprechen. Im Gegenteil, indem man mit einem kreativ denkenden Mitarbeiter diskutiert, findet man gegenseitige Anregung, und das wiederum hat einen größeren Fluß nützlicher Gedanken zur Folge, als jeder der Partner allein oder die beiden getrennt haben würden.

3. Gehen Sie so natürlich wie möglich vor.

Verbreiten Sie nicht eine geheimnisträchtige, wichtigtuerische Atmosphäre um sich, die offenbar macht, daß Sie mit Plänen geladen sind und bersten, diese auszuführen. Sie werden wahrscheinlich erleben, daß Sie bedeutsame Verhandlungen einleiten können, ohne viel Aufmerksamkeit zu erzielen, wenn Sie ruhig vorgehen.

4. Denken Sie daran, daß Sie nicht alle Überredungskünste einsetzen müssen, die wir vorher besprochen haben.

Viele Anregungen werden Sie von anderen Leuten bekommen. Sie werden denken, daß sie die betreffenden Pläne eingeleitet haben; sie werden sich freuen, wenn sie sehen, daß Sie ihren Anregungen folgen; sie werden nicht denken, daß Sie ihnen eine Erklärung außer einigen passenden Dankesworten schuldig sind. Tatsächlich haben Sie diese Leute dazu gebracht, Ihnen zu helfen, ohne daß Sie ihnen etwas über Ihre Pläne gesagt haben!

Der Nutzen für die Zusammenarbeit

Wenn Sie die Kunst des Überredens lernen und gebrauchen, um die Mitarbeit anderer zu gewinnen, überbrücken Sie viele Hindernisse und Handicaps, die Sie zuvor zurückhielten.

Wenn Sie keine gute Ausbildung genossen haben, kann Zusammenarbeit Ihnen das Wissen vermitteln, das man mit einem Universitätsabschluß hat. Wenn Sie jung sind, kann Ihnen Zusammenarbeit die Reife und Urteilskraft der Älteren bringen. Wenn Sie alt sind, können Sie am Enthusiasmus und an der Tatkraft der Jugend teilhaben. Wenn Sie wenig Geld haben, kann Ihnen Zusammenarbeit zu Kapital verhelfen und zu dem Wissen und der Erfahrung, damit umzugehen.

Suchen Sie Ihre Mitarbeiter weise aus, bieten Sie ihnen die richtigen Motive, und sie werden Ihre Fähigkeiten unzählige Male verdoppeln.

Zusammenfassung

- Selbstentfaltung ist einfacher mit der Mithilfe derer, die um Sie sind.
- Definieren Sie zuerst Ihr eigenes Ziel, bevor Sie andere überzeugen.
- Fesseln Sie die Aufmerksamkeit eines Menschen, und Sie können seine Gedanken kontrollieren.

- Ihre Sprachgewohnheiten können den Anfang oder das Ende Ihres Glücks bedeuten.
- Seien Sie aufmerksam, um Aufmerksamkeit zu gewinnen.
- Gewinnen Sie zuerst das Vertrauen, bevor Sie die Mitarbeit anderer Menschen gewinnen wollen.
- Um Interesse zu wecken, müssen Sie persönliche Anteilnahme wecken.
- Befassen Sie sich mit den menschlichen Beweggründen und benutzen Sie Ihr Wissen gut überlegt.
- Um Taten zu sehen, müssen Sie genaue Vorschläge machen.
- Noch besser, Sie bieten Alternativen zur Ausführung an.
- Unausgesprochene Überzeugung überwindet häufig feindselige Gefühle.
- Enthüllen Sie sowenig wie möglich von Ihren Plänen.

Allein können Sie viel erreichen.
Zusammen mit anderen können Sie alles erreichen.

13. Kapitel

Fragen und Antworten

«Ich will nichts weiter als Information.» Charles Dickens

Bevor ich dieses Buch schrieb, bat ich eine Reihe von Leuten, einen Fragebogen auszufüllen, der Auskunft geben sollte über einige ihrer Hoffnungen und Ängste, einige ihrer Gedanken über Erfolg und Mißerfolg, über Glück und Unglück.

Nachdem ich keine soziologische Abhandlung schreiben wollte, sondern einen Leitfaden zur Selbstentfaltung, habe ich nicht versucht, einen repräsentativen Querschnitt der Bevölkerung zu erfassen. Ich gab den Fragebogen nur denjenigen, von denen ich annahm, daß sie dieses Buch lesen würden.

Ich habe z. B. nicht die Meinung von Leuten gesammelt, die professionelle Verbrecher sein wollen, oder von solchen, die sich damit begnügen, Angeber und Verschwender zu sein, oder die ihr Leben unter der Narkose von Fernsehen oder Alkohol herunterleben.

Was Sie in diesem Kapitel lesen werden, sind die Beobachtungen und Ideen von Menschen, denen es weitgehend wie Ihnen ergeht – Menschen, die an der Selbstentfaltung interessiert sind, die sich in ihrem bisherigen Leben unbefriedigt fühlen und die gerne lesen, denken, Anstrengungen unternehmen wollen, um aus dieser Unzufriedenheit hinauszugelangen.

Denjenigen, die den Fragebogen ausgefüllt haben, wurde versprochen, daß ihre Namen nicht bekanntgegeben werden würden. Einige von ihnen unterschrieben den Fragebogen nicht einmal. Hier deshalb ihre freie Meinung.

Aber bevor Sie die Ergebnisse dieser Studie betrachten, möchten Sie den Fragebogen vielleicht gerne selbst ausfüllen. Indem Sie das jetzt tun, bevor Sie weiterlesen, werden Sie größeres Interesse und tiefere Befriedigung empfinden über das, was Sie dem Rest dieses Kapitels entnehmen.

Übung 30: Beantworten Sie die folgenden Fragen:

1. Was, glauben Sie, sind die wichtigsten Voraussetzungen für Glück?

a) ....
b) ....
c) ....

2. Was, glauben Sie, sind die am häufigsten verfolgten Ziele und Bestrebungen Ihrer Freunde und Bekannten?

a) ....
b) ....
c) ....

3. Was, glauben Sie, sind die häufigsten Gründe für Kummer und Sorgen bei Ihren Freunden und Bekannten?

a) ....
b) ....
c) ....

4. Welche Dinge mögen Sie im Tagestrott am wenigsten?

a) ....
b) ....
c) ....

5. Beschreiben Sie kurz den glücklichsten Menschen, den Sie kennen. (Geben Sie Alter, Geschlecht und den vermutlichen Grund für dieses Glück an.)

6. Beschreiben Sie ebenso den unglücklichsten Menschen, den Sie kennen.

Was andere Menschen denken

Bei den Antworten der Fragen 1 bis 4 drückten sich die Teilnehmer ganz unterschiedlich aus. Aber ich entdeckte bald, daß es nur wenige verschiedene Meinungen, aber viele verschiedene Ausdrucksweisen dafür waren. Nachfolgend beschreibe ich in jedem Fall, was ich für die Schlüsselidee halte, und nenne auch einige der anderen Einblick verschaffenden Formulierungen dieser Schlüsselidee.

Ich belegte die Antworten mit bis zu 20 Punkten, um die relative Häufigkeit zu demonstrieren, mit der jeder Gedanke erwähnt wurde. Bei jeder Frage erhält der Gedanke, der am häufigsten genannt wurde, 20 Punkte; ein Gedanke, der halb so oft erwähnt wurde, erhält demnach 10 Punkte und so weiter.

Frage 1: «Was, glauben Sie, sind die wichtigsten Voraussetzungen für Glück?»

Bei den Antworten auf diese Frage standen sechs Gedanken ganz klar vor allen anderen. Die Grundrichtung war nach den ersten paar Antworten, die ich erhielt, bereits klar; sie änderte sich kaum, als mehr Antworten eintrafen.

Drei Gedanken mit sehr hoher Punktzahl habe ich die «primären Gründe» genannt; drei mit mäßig hoher Punktzahl habe ich «Sekundärgründe» genannt.

Primäre Gründe

1. Freundliches, liebevolles Wesen

   20 Punkte

   Hier einige verschiedene Darstellungen, in denen diese Grundidee ausgedrückt wurde. Ich hoffe, Sie werden sie nützlich und anregend finden.

   Liebe für alle, ohne Klassenunterschiede.
   Gefühlsmäßige Reife.
   Andere Menschen glücklich machen.
   Lieben und Liebe empfangen.
   Anderen helfen.
   Der fortwährende Wunsch, jemanden glücklich zu machen.
   Zurückstellung des eigenen Ichs.
   Die Fähigkeit, von sich selbst etwas zu geben.

Die Fähigkeit, in der Ehe zu geben und zu nehmen.

2. Seelenfrieden

19 Punkte

Andere Ausdrucksweisen dafür:

Gutes Gewissen.

Ein klares Gewissen.

Mit sich selbst im reinen sein.

Mit sich selbst in Frieden sein.

Selbstachtung und innerer Friede.

Gute moralische Werte.

Seelenfrieden und Zufriedenheit des Geistes.

Frei von Ängsten.

Ausgeglichenes Wesen.

Eine immer weiter wachsende Reife.

Zufriedenheit.

3. Ein ausgefülltes, nützliches Leben

17 Punkte

Andere Ausdrucksweisen dafür:

Arbeit zur Zufriedenheit, mit angemessener Vergütung.

Freude an der Arbeit.

Eine Arbeit, die man gern tut.

Produktive, interessante Arbeit.
Einem Ziel entgegenarbeiten und dieses auch erreichen.
Ein Gefühl der Vollendung (Vollkommenheit) in kleinen und großen Belangen.
Das Gefühl, einen Zweck, ein Ziel im Leben zu haben.
Erfolg bei vorherbestimmten Zielen.
Ein Ziel und Zweck.

Sekundäre Eigenschaften

4. Passende Freunde

14 Punkte

Andere Ausdrucksweisen dafür:
Zufriedenstellende gesellschaftliche Beziehungen.
Gebraucht zu werden.
Einige gute Freunde.
Gemeinsame Interessen.
Freundschaft.
Sich klar darüber sein, daß man geschätzt und erwünscht ist.
Geistiger Kontakt mit jemandem.

5. Gute Gesundheit

13 Punkte

Andere Ausdrucksweisen dafür:

Andauernde gute Gesundheit.

Die eigene gute Gesundheit und die derjenigen, die man gern hat.

Physisch gut in Form.

6. Finanzielle Sicherheit

12 Punkte

Andere Ausdrucksweisen dafür:

Genug für Reisen und Ferien.

Wirtschaftliche Sicherheit.

Keine Geldsorgen.

Genügend Geld für Komfort.

Sicherheit.

Außer den erwähnten gibt es keine weiteren Gedanken, die mehr als 6 Punkte haben. Interessehalber nachstehend eine Liste der anderen Gedanken, die eine ansehnliche Punktzahl erhielten:

Begrenzter Ehrgeiz. 6 Punkte

Anerkennung von anderen. 6 Punkte

Häusliche Harmonie. 4 Punkte

Humor. 3 Punkte
Glauben an sich selbst. 3 Punkte
Glückliche Gedanken denken. 2 Punkte

Offenbar sind die primären und sekundären Gedanken von hervorragender Bedeutung. Im nächsten Kapitel dieses Buches gebe ich Ihnen einige Anregungen, wie Sie die angegebenen Gedanken und Eigenschaften entwickeln können.

Wenden wir uns jetzt aber den Antworten auf die Frage 2 zu:

Frage 2: «Was, glauben Sie, sind die am häufigsten verfolgten Ziele und Bestrebungen Ihrer Freunde und Bekannten?»

1. Materieller Erfolg
20 Punkte
Andere Ausdrucksweisen dafür:
Geld verdienen.
Börsengeschäfte.
Wirtschaftliche Sicherheit.
Schnell zu Geld kommen.

Angemessenes Einkommen.
Jemand mit Geld heiraten.
Materielle Besitztümer ansammeln.
Schönes Heim und anderer Luxus.
In der materialistischen Welt vorwärtskommen.

2. Gesellschaftliche Anerkennung

11 Punkte

Andere Ausdrucksweisen dafür:
Der Wunsch, beliebt zu sein.
Lob und Anerkennung.
Als anderen überlegen anerkannt zu sein.
Lokalprestige.
Gesellschaftlichkeit.
Mit Familie Müller Schritt halten.
Gesellschaftlicher Aufstieg.
Akademische Abschlüsse.
Beliebtheit.
Vorwärtskommen in der Welt.

3. Glückliches Familienleben

10 Punkte

Andere Ausdrucksweisen dafür:
Netter Ehepartner und Kinder, die sich gut verheiraten.

Den passenden Ehepartner finden.
Ein befriedigendes Heim.
Ein nettes Heim.
Wirklich glückliche und gesunde Kinder.
Kinder mit gutem Charakter.
Eine treue Frau.
Gute Erziehung für die Kinder.

4. Hobbys und Freizeitbeschäftigungen

5 Punkte

Andere Ausdrucksweisen dafür:
Die Welt sehen.
Sich eine gute Zeit machen.
Vergnügen haben – Skat, fischen, tanzen etc.

5. Zufriedenstellende Arbeit

5 Punkte

Andere Ausdrucksweisen dafür:
Beruflicher Erfolg.
Angenehme Arbeit.
Guter Job, interessant und angenehm.
Auf den höchsten, mit seiner Ausbildung möglichen Posten kommen.
Bestreben, zu einer Spitzenposition aufzusteigen.

6. Liebe

2 Punkte

Andere Ausdrucksweisen dafür:

Wissen, daß sich jemand um einen kümmert.

Jemandem etwas bedeuten.

7. Gesundheit

2 Punkte

Vergleichen Sie die Fragen 1 und 2. Die Teilnehmer glauben, daß ihre Freunde und Bekannten nicht die Dinge anstreben, die ihnen Glück bringen. Die einzig wichtige Wechselbeziehung der beiden unterschiedlichen Antworten ist die des «ausgefüllten, nützlichen Lebens» (Nr. 3 in Frage 1) und «Zufriedenstellende Arbeit (Nr. 5 in Frage 2). Sonst könnten Sie eigentlich annehmen, daß die beiden Schilderungen zwei ganz verschiedene Dinge beschreiben!

Als ich diesen Unterschied diskutierte, habe ich Meinungen gehört, daß die Menschen bei den Antworten zur Frage 1 das hinschreiben, wovon sie glauben, daß sie das hinschreiben sollten, um einen guten Eindruck zu machen, und daß sie bei der Frage 2 ehrlich das hinschreiben, woran sie glauben.

Es ist nur recht und billig, diese Theorie zu erwähnen, weil ich das öfters gehört habe. Trotzdem will ich das nicht akzeptieren. Ich glaube, daß die Teilnehmer aufrichtig waren – und korrekt – bei ihren Antworten auf die Frage 1 und daß die Antworten auf die Frage 2 auf genauer Beobachtung basieren: Die meisten Menschen verfolgen Ziele, die nicht zum Glücklichsein führen.

Bei den Antworten auf die anderen Fragen werde ich noch auf weitere Beweise dieser Ansicht hinweisen.

(Übrigens, wie sind Ihre Antworten auf Frage 2, verglichen mit denen auf Frage 1? Sind Ihre Freunde und Bekannten auf dem richtigen Weg zum Glücklichsein?)

Frage 3: «Was, glauben Sie, sind die häufigsten Gründe für Kummer und Sorgen bei Ihren Freunden und Bekannten?»

1. Geld

20 Punkte

Andere Ausdrucksweisen dafür:

Zahlungen an Finanzeinrichtungen.

Finanzielle Schwierigkeiten aufgrund einer Geldentwertung.

Wie man finanziell sicher dasteht, ohne sich allzusehr anzustrengen.

Nicht genug Geld.

Ständig steigende Lebenshaltungskosten.

Mangel an materiellen Dingen.

Es ist schwierig, in Sicherheit zu leben.

Finanzielle Unsicherheit.

2. Familienprobleme

12 Punkte

Andere Ausdrucksweisen dafür:

Kinder, mit denen man nicht fertig wird.

Schulausfälle.

Eheliche Schwierigkeiten.

Unbefriedigende Beziehungen zu Verwandten.

Unsicheres Familienleben.

Zukunft der Kinder.

Teenager-Probleme innerhalb der Familie.

Kinder geraten auf die schiefe Bahn.

Ihre verheirateten und unverheirateten Kinder.
Mann – Frau – verschiedene Charaktere.

3. Einsamkeit
7 Punkte
Andere Ausdrucksweisen dafür:
Angst, Freunde zu verlieren.
Wird der- oder diejenige sie gern haben?
Unbefriedigende Beziehungen zu Freunden.
Nicht geliebt zu werden.
Mangel an einer ständigen Liebe.

4. Gesundheit
7 Punkte
Andere Ausdrucksweisen dafür:
Verlust der Gesundheit.
Selbst krank oder kranke Kinder.
Schmerzen und Altersbeschwerden.
Altwerden (gleichgültig, in welchem Alter sie sich auch gerade befinden).

5. Status
7 Punkte
Andere Ausdrucksweisen dafür:

Angst, Ansehen zu verlieren.
Wenn sie sterben, ein angemessenes Begräbnis zu haben.
Gedanken darüber, was andere über sie denken – Aussehen, Beziehungen, Begabung etc.
Sich keine Urlaubsreise leisten zu können.
Nicht mit Müllers Schritt halten zu können.
Gesellschaftlicher Zwang.
Monotones Leben.

6. Berufsprobleme

6 Punkte

Andere Ausdrucksweisen dafür:
Unsicherer Arbeitsplatz.
Streiks oder Arbeitsausfälle.
In ihrem Beruf unzufrieden.
Geschäftseinbußen.

7. Unentschiedenheit

5 Punkte

Andere Ausdrucksweisen dafür:
Unwissenheit, wie man das Beste aus einem Leben macht.
Unwissenheit, wie man seine Zeit einteilen soll.

Unsicherheit in dem, was man vom Leben erwartet.
Zeitvergeudung.
Unentschlossenheit.
Wichtige Entscheidungen treffen – persönlich oder geschäftlich.
Die nächsten Ziele nicht erreichen.
Zweifel an sich selbst.

8. Weltbewegende Probleme
2 Punkte
Andere Ausdrucksweise dafür:
Angst vor Atomkrieg.

Ich habe mit Interesse festgestellt, daß «Gesundheit» bei der Frage 3 hoch rangiert, als Quelle für Kummer und Sorgen, obwohl sie bei der Frage 2 so niedrig eingestuft war. Das bedeutet, daß, obwohl sich die Menschen viel um ihre Gesundheit sorgen, sie wenig dafür tun.

Interessant auch, wie niedrig «Weltprobleme» als Quelle der Angst rangieren. Die Menschen gewöhnen sich leicht daran, am Rande eines Vulkans zu leben.

Frage 4: «Welche Dinge mögen Sie im Tagestrott am wenigsten?»

1. Die Fehler anderer

20 Punkte

Andere Ausdrucksweisen dafür:

Jemand, der versucht, mehr zu sein, als er ist.

Unbedachte, dumme Menschen.

Die Eigenheiten und kleinen Gewohnheiten anderer.

Scheinheiligkeit.

Versnobtheit.

Engstirnigkeit.

Unzuverlässigkeit solcher, die ihre Dienste anbieten.

Politisches Desinteresse des Durchschnittsmenschen.

Arroganz.

Aggressivität.

Gier nach Macht, Besitztümern etc.

Ein Egoist, der nicht aufhören kann zu reden.

Schlechte Arbeit und protziges Verhalten.

Leute, die es zu eilig für ein konstruktives, nettes Gespräch haben.

Snobismus in bezug auf Herkunft und religiöser Fanatismus.
Grausamkeit, egal ob bewußt oder unbewußt.
Unerwünschte Telefonanrufe oder Besucher.
Unterbrechungen während interessanter Nachrichten.
Erschreckend moralische Beurteilung von Sex.
Mangel an Geist und Rückgrat ganz allgemein.
Unaufrichtigkeit.
Die Unverschämtheit mancher Frauen, sich einzumischen, wenn die Angelegenheit sie gar nichts angeht.
Fehlende Gefühlsäußerungen auf Gesichtern.
Meine Mutter.
Gelangweilte Leute.
Kleinlichkeit.
Ein plumpes Benehmen.
Leute, die in abgedroschenen Phrasen sprechen.
Ein lautes Benehmen.
Klatsch.

Ungehobelte Manieren.
Plötzliches Stillschweigen einer Gruppe von Leuten.
Leute, die einen ausnutzen.
Leute, die dauernd gereizt sind.
Vandalismus.
Leute, die Dinge in der letzten Minute tun.
Glückseligkeit Menschen und Natur gegenüber.
Ein «Ich-bin-der-Größte»-Verhalten.
Leute, die immer im Mittelpunkt stehen müssen.
Leute, die für alles nur eine ganz genau berechnete Zeit aufbringen können.
Kleingeister.

2. Eigene Versager

3 Punkte

Andere Ausdrucksweisen dafür:
Mein Mangel an Begeisterungsfähigkeit.
Meine eigenen dummen Fehler.
Meine schlechte Laune.
Vergessen, Rechnungen zu bezahlen.
Meine Trödelei.
Unfähigkeit, mit anderen auszukommen.
Schlechte Zeiteinteilung.

3. Regierung

2 Punkte

Andere Ausdrucksweisen dafür:

Keine Kontrolle haben.

Außenpolitik.

Zynisch hingenommene Korruption.

Geldverschwendung für Atomwaffen.

Keine Kooperation zwischen den Ländern.

Bestechung.

Mangel an Enthusiasmus unter den Staatsmännern.

4. Arbeit

2 Punkte

Andere Ausdrucksweisen dafür:

Vielzahl von Arbeiten, um mein Auskommen zu haben.

Finanziell nicht unabhängig zu sein.

Geschirrabwaschen nach dem Essen.

Unnötige Arbeit.

Abgewiesen zu werden, wenn man sich bewirbt.

Gezwungen zu sein, eintönige, langweilige Arbeiten wieder zu tun.

5. Warten

1 Punkt

Andere Ausdrucksweisen dafür:

Auf Busse warten.

Auf Fahrstühle warten.

Auf Langweiler warten.

Langsamer Service.

6. Kommerzialisierung

1 Punkt

Andere Ausdrucksweisen dafür:

Ungebetene Verkäufer.

Verkaufsrundschreiben.

Reklame.

Fernseh- und Radiowerbung, die ad infinitum wiederholt wird.

7. Stadtleben

1 Punkt

Andere Ausdrucksweisen dafür:

In der Stadt leben zu müssen statt auf dem Lande.

Zuviel Krach.

Krach um des Krachs willen.

Die anderen Unannehmlichkeiten, die hier erwähnt wurden, reichten für die 1–20-Punktsetzung nicht aus. Herausragend bei den Antworten auf diese Frage ist die überwältigende Dominanz eines einzigen «Anklagepunktes». Ist es nicht traurig, daß für die meisten Menschen die Unannehmlichkeiten von ihren Kontakten zu ihren Mitmenschen herrühren? Ich habe im Kapitel 14 noch mehr zu diesem Punkt zu sagen, wenn wir über die Themen Freundschaft und Liebe sprechen.

Frage 5: «Beschreiben Sie kurz den glücklichsten Menschen, den Sie kennen. (Geben Sie sein Alter, Geschlecht und den vermeintlichen Grund seines Glücks an.)»

Von den vielen Beispielen, die ich dazu erhielt, will ich die zehn typischen nennen.

1. Weiblich, 21 Jahre alt.

Sie weiß, daß ihre Mutter und ihre Familie sie gern haben. Sie freut sich darüber, daß sie abnimmt und einen netten Freund hat. Sie macht sich selten über irgend etwas Sorgen, höchstens wenn ER nicht anruft zur verabredeten Zeit, das passiert nicht oft. Sie behält die Ruhe und einen kühlen Kopf auch in Situationen, wo sich andere aufregen, sich Sorgen machen und andere belästigen würden.

2. Männlich, 20 Jahre alt.

Gut aussehend und beliebt. Er hat einen guten, sicheren Job. Er hat viele Freunde und freut sich am Leben.

3. Männlich, Mittelalter.

Grund seines Glücks: Er wird von seinem Beruf, der sein ein und alles ist, ganz mit Beschlag belegt. Er hat einfach keine Zeit, sich mit sich selbst zu befassen.

4. Männlich, Endvierziger.

Berufsmensch, unverheiratet; er läuft Wasserski, züchtet Pferde, hat Auslandsreisen gemacht. Er liebt das Leben, Menschen, Tiere, die Natur mehr als sich selbst.

5. Weiblich, 83 Jahre jung.

Sie hat über alles triumphiert, was andere zum Weinen bringen würde. Sie hat viel Witz und Humor, große Herzensgüte und eine gehörige Portion Unverfrorenheit.

6. Weiblich, 64 Jahre alt.

Diese Frau ist nicht unnatürlich glücklich, aber sie ist von genereller Zufriedenheit. Sie war 23 Jahre sehr glücklich verheiratet, hat den Beruf, den sie sich wünschte und den sie gern ausübte, und ist zufrieden mit sich selbst als Mensch, Ehe- und Karrierefrau. Sie hat keine Kinder.

7. Eine 80 Jahre alte Jungfer,

die von Rheumatismus geplagt wird und ihr ganzes Leben in den Dienst anderer gestellt hat. Sie ist nicht ein bißchen religiös, nicht an Politik interessiert. Sie entwickelt eine naive Liebe zu allerhand Leuten, die diese Liebe nicht verdienen, und hat viel Spaß am Leben.

8. Weiblich, 30 Jahre alt.

Sie hat Muskelschwund, hat entgegen dem Rat eines jeden geheiratet, einen gesunden Jungen bekommen und wurde dadurch zum medizinischen Wunder. Sie führt all das auf ihren tiefen Glauben zurück.

9. Männlich, 78 Jahre alt.

Ehemaliger Lehrer. Eine im Grunde genommen in sich ruhende Natur mit ungewöhnlich großer Menschenliebe. Er hat schwere Zeiten durchgemacht, aber seine Frohnatur und Weisheit haben die schweren Verletzungen aus dem Ersten Weltkrieg überwunden, und für ihn ist jeder Tag ein neues Abenteuer.

10. Männlich, 27 Jahre alt.

Er hat Diabetes, wird blind und wird wahrscheinlich bald sterben, aber ist eine Insel des Glücks innerhalb seiner Familie, übt seinen Beruf aus, ist seinen Freunden Freund und schon damit zufrieden, einfach am Leben zu sein.

Wie wir sehen, haben einige dieser glücklichen Menschen guten Grund, glücklich zu sein: Jugend, Liebe, Geld, gute Gesundheit, Freunde, Religion, einen zusagenden Beruf. Wir sehen auch, daß Menschen ohne diese Attribute glücklich sein können; sie können in hohem Alter, in Krankheit und Einsamkeit glücklich sein.

Frage 6: «Beschreiben Sie ebenso den unglücklichsten Menschen, den Sie kennen.»

Hier zitiere ich wieder 10 typische Beispiele:

1. Weiblich, 25 Jahre alt.

Hatte einen Nervenzusammenbruch, dessen Ursache in Grausamkeit und in Im-Stich-gelassen-Werden zu finden ist.

2. Weiblich, 22 Jahre alt.

Will partout heiraten. Für Männer nicht anziehend – sie stößt sie sogar durch ihre Männerjagd ab. Seitdem leidet sie an extremer Hoffnungslosigkeit, ist reizbar, trübsinnig, langweilig und in sich gekehrt.

3. Männlich, 29 Jahre alt.

Unsicher, mit tiefen Zweifeln an sich selbst. Zerrüttetes Wesen und Familienleben, unbefriedigender Beruf, kleines Gehalt. Kein Selbstrespekt, kein Stolz, keine Hoffnung, trübe Zukunftsaussichten.

4. Männlich, Mittelalter.

Junggeselle. Zu weich für die üblichen Lebensstürme. Hat nie selbst die Initiative ergriffen und wird leicht abgeblitzt. Lehnt Einladungen oft ab und beschwert sich dann über die Hartherzigkeit der Menschen.

5. Männlich, 46 Jahre alt.

Unsicher im Familienleben, bei der Arbeit und in seinen Beziehungen zu anderen Menschen, einschließlich seiner Frau. Sie ist viel zu unabhängig, um zu ihm zu passen, und das ist eine ständige Quelle des Unglücks für ihn.

6. Weiblich, 79 Jahre alt.

Finanziell unabhängig, liebevoller Ehemann. Negative Lebenseinstellung, die sich in kleinlicher Kritik und Sorgen über Gesundheit und Eifersucht über den Erfolg anderer äußert.

7. Männlich, 35 Jahre alt.

Trinker – lebt, um zu trinken und die Realität nicht sehen zu müssen.

8. Weiblich, 40 Jahre alt.

Snob, reich, eifersüchtig, spricht niemals nett über andere, versucht, durch Geschenke und Einladungen Eindruck zu machen, und versucht, mit Höhergestellten zusammenzukommen. Unbewußt schaut sie auf ihren nicht zu wohl geratenen Mann herab, der zwar nicht aus adäquaten Kreisen stammt, aber reich ist.

9. Männlich, etwa 60 Jahre alt.

Im Ruhestand, bei schlechter Gesundheit, dem sein früherer Beruf fehlt und seine früheren Mitarbeiter. Vermißt den Existenzkampf, um fit zu sein; vermißt seine frühere Macht. Er spürt den Verlust trotz gesicherten Lebens für sich selbst und seine Frau. Kann seinen Wagen nicht mehr selbst fahren und vermißt auch das sehr.

10. Weiblich, 42 Jahre alt.

Sie hat materielle Sicherheit, ein schönes Heim und einen erfolgreichen Mann. Sie ist böse, neidet ihren Freunden alles und liebt niemanden außer ihrem verwöhnten Sohn.

Wir sehen hier, daß die Liste der unglücklichen Menschen von denen, die eine wirkliche Entschuldigung für ihr Unglück haben, bis zu denen reicht, die offensichtlich allen Grund hätten, glücklich zu sein.

Vielleicht wird es Sie interessieren, das Alter, die Familiensituation und die finanziellen Umstände von einigen dieser glücklichen und unglücklichen Menschen zu vergleichen.

Stellen Sie nun einen Vergleich an

Sie haben die Antworten anderer auf die Fragen gelesen, nehmen Sie nun Ihre eigenen zur Hand. Der Vergleich wird interessant sein.

Vielleicht wollen Sie weitere Nachforschungen anstellen: Machen Sie Kopien des Fragebogens und lassen Sie sie von Bekannten ausfüllen. Vergleichen Sie Ihre Ansicht über diese lebenswichtigen Themen mit denen Ihrer Familie und Freunde. («Lebenswichtige Themen» ist übrigens keine Metapher: Unglück kann Ihr Leben verkürzen, Glück kann es verlängern.)

Zusammenfassung

Merkmale des Glücks:
- Freundliches, liebevolles Wesen
- Seelenfrieden
- Ausgefülltes, nützliches Leben
- Passende Freunde
- Gute Gesundheit
- Finanzielle Sicherheit

Die Ziele, die die Menschen erstreben:
- Materieller Erfolg
- Gesellschaftliche Anerkennung
- Glückliches Familienleben
- Hobbys und Freizeitbeschäftigungen
- Befriedigende Arbeit
- Liebe
- Gesundheit

Die Gründe für Sorgen:
- Geld
- Familienprobleme
- Einsamkeit
- Gesundheit
- Status
- Berufliche Probleme
- Unentschiedenheit
- Weltprobleme

Alltagskümmernisse:
- Die Fehler (Versäumnisse) anderer
- Die eigenen Fehler
- Regierung
- Arbeit
- Warten
- Kommerzialisierung
- Großstadtleben
- Günstige Umstände garantieren nicht für Glück.
- Ungünstige Umstände müssen nicht Unglück bedeuten.

Wahrscheinlich werden Sie glücklicher mit Menschen, die dieselbe Auffassung vom Glücklichsein haben wie Sie.

14. Kapitel

Freundschaft und Liebe

«Glück ist ein Parfum,
das man nicht über jemanden
verschütten kann,
ohne selbst etwas
abzubekommen.» Ralph Waldo Emerson

In Kapitel 13 haben wir gesehen, daß der Grund für viele Ärgernisse in den Charakterfehlern anderer Leute zu suchen ist – wie Unzuverlässigkeit, Apathie, Arroganz, Aggressivität, Habgier, Heuchelei, Egoismus, Gedankenlosigkeit, Fanatismus, Grausamkeit, Snobismus, Engstirnigkeit, Unmoral, Intoleranz etc.

Der Mensch ist ein Wesen der Gemeinschaft (Herdentier). Ist es wirklich nötig, daß sein Umgang mit seinen Mitmenschen zum ständigen Reizmittel wird? Können wir hoffen, Freunde zu gewinnen, können wir erwarten, Liebe zu geben und zu empfangen, wenn wir den Menschen gegenüber so empfinden, mit denen wir zu tun haben?

Es gibt Wege, diesen Reizzustand abzubrechen. In den folgenden Abschnitten wollen wir sie einmal betrachten.

Ändern Sie sich selbst

Frau L. sagt, daß die ganze menschliche Rasse durch und durch verderbt und verachtenswert ist: Je schneller sie ausgerottet wird, desto eher kann sie sich darüber freuen. Sie war dreimal verheiratet, und alle drei Ehemänner waren ihr untreu. Ihre Arbeitgeber seien alle Gauner gewesen und alle ihre Mitarbeiter faul, unehrlich, heimtückisch und unfähig. Ihre heranwachsende Tochter ist von zu Hause weggelaufen. Verkäufer sind ihr gegenüber immer unhöflich; Freunde sind alle Verräter. Ihr Hausbesitzer ist ein Wucherer, die Mieter in dem Appartementhaus, in dem sie wohnt, sind Trinker, Diebe, Prostituierte und Anormale. Soweit es sie betrifft, existieren Liebe und Freundschaft nicht, es gibt nicht einen einzigen Menschen, der ihr Freund sein könnte oder ihre Liebe verdient hätte.

So spricht Frau L. zu mir. Ich frage mich im

stillen, wie sie mich hinter meinem Rücken einstuft!

Wenn wir dieser Art Unterhaltung von Mrs. L. und anderen, die wie sie sind, zuhören, wird uns klar, daß diese Menschen nicht die Menschheit als solche beschreiben: Sie offenbaren eigentlich nur bedauernswerte Eigenschaften an sich selbst.

Natürlich ist Frau L. ein extremer Fall. Ich kenne nicht viele, die so wie sie sind – Sie wahrscheinlich auch nicht. Aber Millionen unglücklicher, einsamer Menschen empfinden ebenso, nur in etwas weniger extremer Form.

Lesen Sie die Spalte der Leserbriefe in einer Illustrierten. Sie werden sehen, wie viele der Trostsuchenden die Opfer ihres eigenen Grolls, Neids, ihrer Eifersucht oder ihrer schlechten Laune sind. Sie lesen da von der Frau, die mit ihrer Schwester darüber streitet, ob Ohrclipse besser sind als durchstochene Ohrläppchen, von dem Mann, der mit seiner Frau über die Farbe einer Krawatte streitet.

Nehmen Sie einmal Ihre Freunde und Nachbarn. Da streiten zwei Männer über den

Ast eines Apfelbaums, der über den Zaun hinausragt; da liegen sich sechs Frauen in den Haaren, weil sie bei einem Kaffeekränzchen ihres Vereins nicht alle sechs den Tee einschenken können.

Solche Kleinigkeiten zerstören Freundschaft und Liebe.

Aber indem Sie Ihren eigenen Charakter verbessern – und das soll dieses Buch weitgehend bewirken –, werden Sie sehen, daß viel von diesem Kleinkram-Ärger ganz einfach verschwindet. Indem Sie Seelenfrieden finden, indem Sie ein gesundes Maß an Selbstachtung entwickeln, wachsen Sie in Ihrem Herzen und in Ihrem Geist über Ärger wegen Nichtigkeiten hinaus. Indem Sie sich mehr und mehr damit beschäftigen, Ihre Ziele zu verfolgen und zu erreichen, sind Sie viel zu beschäftigt, um die Zeit damit zu vergeuden, nach bestehenden oder eingebildeten Oberflächlichkeiten Ausschau zu halten. Indem Ihre Gedanken und Worte sich verbessern, indem Sie die Gewohnheit aufgeben, zu kritisieren und zu nörgeln, und die Fähigkeit entwickeln, zu gefallen und zu überzeugen, entdecken Sie, daß Sie beliebter werden.

Lassen Sie uns drei Eigenschaften genauer unter die Lupe nehmen, die entscheidend dazu beitragen werden, Freundschaft und Liebe zu gewinnen und zu bewahren.

Optimistische, konstruktive Redeweise

Sie kennen den Gewohnheitspessimisten, den Menschen, der nach Unangenehmem sucht, im Unangenehmen schwelgt und über Unangenehmes spricht.

Mir fällt in diesem Zusammenhang eine Frau ein, die sagte, wenn das Wetter so schön war, daß selbst sie nichts aussetzen konnte: «Es ist zu schön, um anzudauern; wir werden das in Kürze büßen müssen.»

Sie kennen die Sorte Menschen, die einem sagt, wie müde man aussieht, die Anzeichen einer schweren Krankheit an Ihrer Hautfarbe, in Ihrem Husten, an Ihrer Haltung entdecken. Sie beschreiben alle eigenen Leiden (und bei diesen Pessimisten stimmt immer etwas nicht); sie sprechen andauernd über Verbrechen, Kriege, Zerstörung und Tod.

Sie wissen, was für Gefühle Sie für solche Verbreiter von Schwermut und Mutlosigkeit hegen. Die meisten Menschen meiden sie. Sie werden nur von ihren Leidensgenossen toleriert, mit denen sie in einem makabren Wettkampf stehen, welcher von beiden nun schlechter dran ist.

Natürlich reden Sie nicht so, nicht wahr? Nicht dauernd. Manchmal. Ein kleines bißchen? Inwieweit Sie auch immer destruktiv reden, Sie treiben die Menschen, die Sie kennen und die Sie treffen, in eine niedergedrückte Stimmung und entfremden sie sich. Kapitel 7 enthält einige Hinweise, wie man konstruktive Sprachgewohnheiten entwikkeln kann. Diese tragen entscheidend dazu bei, Ihre Beziehungen zu anderen Menschen zu erwärmen und zu verschönen.

Übung 31: Schreiben Sie den Namen von jemandem auf, den Sie bald treffen werden. Bereiten Sie sich auf das Treffen vor, indem Sie drei angenehme, konstruktive Bemerkungen niederschreiben, die Sie machen werden – keine Allgemeinheiten, sondern etwas, was in Beziehung steht zu der betreffenden Person. Suchen Sie bei Ihrer Zusammenkunft nach einer Gelegenheit, die Bemerkungen zu machen, die Sie vorgesehen haben. Wiederholen Sie das so oft, bis die neue Sprachgewohnheit fest in Ihnen verankert ist.

Fröhliches Wesen

Seien Sie optimistisch und konstruktiv, nicht nur in dem, was Sie sagen, sondern auch in dem, was Sie denken und wie Sie handeln. Kultivieren Sie ein ruhiges, überzeugendes, fröhliches Auftreten. Wenn nötig, spielen Sie anfangs diese Rolle. Egal, wie es in Ihrem Inneren aussieht, zeigen Sie ein ruhiges Äußeres, Zuversicht und Fröhlichkeit. «Gib Tugend vor, wenn du sie nicht hast», sagte Shakespeare. Geben Sie vor, der zu sein, der Sie sein wollen. Sie werden doppelten Nutzen daraus ziehen:

a) Sie wecken in anderen Reaktionen von Zuversicht und Fröhlichkeit. Viele Menschen sind in ihrem Temperament plastisch; sie übernehmen die Stimmung eines stärkeren

Charakters ganz leicht. Wenn Sie Ärger, Düsterkeit und Angst um sich verbreiten, werden Sie gereizt, düster und ängstlich sein. Wenn Sie aber konstruktive, fröhliche Charakterzüge haben, werden Ihre Partner die ihren auch an den Tag legen. Dann wird ihre Reaktion die Rolle bestärken, die Sie spielen.

b) Eine Rolle, die regelmäßig gespielt wird, wird zur Gewohnheit, und die neue Gewohnheit wird ein Teil Ihres Charakters und verändert ihn auch entsprechend. Sie werden zu Ihrem Entzücken plötzlich entdecken, daß Sie nicht länger spielen, sondern daß Sie wirklich zu dem ruhigen, überzeugenden, konstruktiven Menschen wurden, der Sie sein wollten.

Übung 32: Schreiben Sie eine Situation nieder, in der Sie überzeugender und fröhlicher wirken wollen (z. B. im Gespräch mit dem Chef; beim Treffen mit angeheirateten Verwandten; im Umgang mit Kunden etc.). Bereiten Sie sich auf diese Situation vor, indem Sie drei Dinge niederschreiben, die Sie tun werden, um die Rolle der Ruhe, Überzeugung und Fröhlichkeit zu spielen. Denken Sie andauernd daran, wie Sie diese Dinge tun werden; sehen Sie sich selbst, wie Sie sie tun. Wenn die Gelegenheit kommt, suchen Sie nach einer Möglichkeit, sie zu tun, wie Sie sie geplant haben.

Wiederholen Sie sie so oft wie nötig in verschiedenen Situationen, bis die neue Gewohnheit automatisch auf alle Ihre Lebensgewohnheiten übergeht.

Großzügiges, tolerantes Verhalten

Freundschaft und Liebe können auf Gewohnheitskritik, Klatsch, Sarkasmus, Fehlersuche und übler Nachrede anderer nicht gedeihen. Diese Gewohnheit kann in zwei Anläufen überwunden werden:

a) Hören Sie auf, zu kritisieren, zu klatschen, schlecht von anderen zu sprechen etc. Gewöhnen Sie sich daran, nett von anderen zu sprechen. Sehen Sie ihre guten Seiten; denken und sprechen Sie über diese guten Seiten. Wenn Sie nichts Gutes entdecken können, erfinden Sie etwas.

«Der alte Herr Sauermann ist wenigstens zu seiner Katze nett!» Es tut Ihnen gut, irgend etwas wie dies zu sagen, auch wenn Sie nicht wissen, ob Sauermann eine Katze hat oder nicht. Die Behauptung muß nicht stimmen, aber sie ist nett; und das ist wichtig für Ihr Wohlergehen und das von Sauermann. Trösten Sie sich bei dieser kleinen Notlüge, daß Sie sich sagen, daß jeder, egal wie bösartig er auch sein mag, seine guten Seiten hat. Auch wenn Sauermann gar nicht nett ist zu seiner Katze, hat er irgendeine andere gute Seite.

b) Wenn Sie einmal die Gewohnheit abgelegt haben, über andere destruktiv zu sprechen, können Sie darangehen, neue konstruktive Gewohnheiten zu entwickeln. Seien Sie großzügig mit Dank, Lob und Ermutigungen anderen gegenüber. Dieses gute, konstruktive Material beschäftigt Ihre Gedanken und Ihre Zunge; sprechen Sie reichlich davon, und Sie vermindern die Gefahr, daß Sie in Ihre alten Sprachgewohnheiten zurückgleiten.

Hier noch ein Hinweis, der hilft, einen großzügigen Geist und ein großzügiges Herz zu kultivieren. Schreiben Sie Gratulationsbriefe, Lobbriefe und Briefe der Anerkennung an Leute, die diese Ihrer Meinung nach verdienen.

Der Sohn eines Freundes erhält ein Stipendium; schreiben Sie ihm einen Brief. Eine Frau leitet eine Versammlung besonders gut; schreiben Sie ihr einen Brief. Der Bürgermeister Ihrer Stadt nimmt zu einer öffentlichen Angelegenheit gut durchdacht Stellung; schreiben Sie ihm einen Brief. Sie sehen ein Theaterstück und finden besonderes Gefallen an dem Talent einer Schauspielerin; schreiben Sie ihr einen Brief. Schreiben Sie Briefe an Ihre Zeitung, und loben Sie die guten, tapferen, gemeinnützigen Dinge, die in Ihrem Stadtkreis unternommen werden.

Diese Art von Briefeschreiben wird Ihren Charakter schnell ummodeln:

a) Sie zwingt Sie, auf der Suche nach lobenswerten Menschen und Handlungen zu sein, und lenkt Ihre Aufmerksamkeit und Ihre Gedanken von der alten Gewohnheit ab, Fehler zu suchen und zu finden und andere schlechtzumachen.

b) Sie übt Sie darin, freundliche, hilfreiche Gedanken zu haben und auszudrücken. Manchen fällt es anfangs leichter, nette Dinge niederzuschreiben, als sie zu sagen. Bei ihnen ist der leichtere Akt des Schreibens der entscheidende Meilenstein auf dem Weg, nette Dinge zu sagen.

Hinzu kommt, daß diese Briefe den Empfängern Freude machen. Diese Technik vergrößert Ihren Freundes- und Bekanntenkreis.

Daß ich mich so für Toleranz und Großzügigkeit einsetze, soll nicht heißen, daß ich unrealistisch bin. Ich will nicht sagen, daß die Welt voll ist von Engeln in Menschengestalt. Die Menschen haben alle ihre Fehler. Ich habe Fehler. Sie haben Fehler.

Aber wir können gute Gründe für unsere Fehler finden. Wenn ich ein wenig schlecht gelaunt und mürrisch bin, liegt das nur daran, daß ich müde bin. Wenn Sie Ihren Ehepartner anfahren, so nur deshalb, weil Sie Kopfschmerzen haben. Wenn wir nachlässig, vergeßlich oder unfreundlich sind, können wir diese wenig netten Eigenschaften auf ein Magengeschwür, Familienprobleme, Geldsorgen schieben. So ist es doch, oder?

Aber wir möchten, daß unsere Freunde unsere Gründe dafür verstehen, unsere Fehler entschuldigen und uns trotz dieser unserer Eigenschaften gern haben. Wir wollen, daß diese Eigenschaften bemerkt werden, daß man darüber spricht, und wir hoffen, daß unsere Fehler stillschweigend übergangen werden. Ist das nicht die richtige Analyse?

Ist es dann aber nicht nur recht und billig um der netten Art und Weise willen, um des Glücks willen, um der Freundschaft und Liebe willen, mit anderen genauso umzugehen, wie wir wollen, daß mit uns umgegangen wird: Wir müssen alle verständiger, toleranter, großzügiger werden. Wir müssen das Schlechte bei den Menschen übersehen und statt dessen das Gute sehen und daran festhalten.

Übung 33: Schreiben Sie den Namen von jemandem auf, bei dem Sie das Gefühl haben, Ihre Beziehungen verbessern zu müssen. Schreiben Sie dann drei gute Eigenschaften dieser Person auf. Sobald sich Ihnen die Möglichkeit bietet, erwähnen Sie diese Eigenschaften während eines Gesprächs über die betreffende Person.

Wiederholen Sie das, bis Sie allen, die Sie kennen, gegenüber ein großzügiges, tolerantes Verhalten angenommen haben.

Indem ich Ihnen Möglichkeiten vorschlage, sich zu ändern – sprechen Sie optimistisch und konstruktiv, legen Sie ein fröhliches Wesen an den Tag und ein großzügiges, tolerantes Verhalten –, will ich Ihnen die Möglichkeit geben, sich zu einem netten, freundlichen, liebenswerten Menschen zu verändern. Wenn Sie ehrlich dazu stehen, wird diese Veränderung entscheidend dazu beitragen, daß Sie sich selbst netter finden und anderen gegenüber netter sind.

Gebrauchen Sie die Kunst der Überzeugung

Die Kunst der Überzeugung ist ein fester Bestandteil von Freundschaft und Liebe. Ich rekapituliere die Hauptsache: Es hat keinen Zweck, an dem herumzumachen, was Sie haben oder tun wollen. Sie müssen dem Freund oder der geliebten Person ein Motiv zum Handeln geben. Zeigen Sie ihm, wieviel Freude ihm zuteil wird, indem er Ihnen Freude macht.

Als ein ganz einfaches Beispiel betrachten

Sie die Tatsache, wie gut es ist, seinen Freunden gegenüber seine besten Manieren zu zeigen. Das zeigt ihnen, daß sie Ihnen wichtig sind; das weckt ihren Stolz. Damit machen Sie ihnen Freude und veranlassen sie wiederum dazu, Ihnen Freude zu machen.

Ebenso ist es Fremden oder flüchtigen Bekannten gegenüber nutzlos zu zeigen, daß Sie Freundschaft und Liebe suchen; Sie werden nur zu Ergebnissen kommen, wen Sie dem anderen ein Motiv geben, sich mit Ihnen anzufreunden oder Sie zu lieben.

Mit anderen Worten, denken Sie nicht so sehr daran, was Sie sich erhoffen, wenn Sie Freundschaft und Liebe suchen, sondern daran, was Sie zu bieten haben.

Gefallen zieht Gefallen an

Emerson schrieb: «Wir müssen zuerst wir selbst sein, bevor wir jemand anderes sein wollen.»

Wie können Sie die Freunde gewinnen, die Sie sich wünschen, wenn Sie nicht der sind, der Sie sein wollen?

Als Vergleich: Sie kaufen sich ein Kleid oder einen Anzug, der Ihnen ausgezeichnet paßt; wenn Sie aber mit Ihrem eigenen Äußeren unzufrieden sind – wenn Sie zu dick, zu dünn sind oder eine schlechte Haltung haben –, werden Sie sicher an Ihren Kleidern keine Freude haben. Was tun? Tun Sie zuerst etwas für Ihre Figur, dann werden Ihnen Ihre Kleider besser gefallen.

Dagy B., eine unerfahrene und nicht sehr überzeugende Schauspielerin, murrte ständig über ihre kleinen Rollen. Man brachte sie dazu, zusätzlichen Schauspielunterricht zu nehmen. Nachdem sie eine bessere Schauspielerin geworden war, bekam sie bedeutendere und interessantere Rollen.

Gefallen zieht Gefallen an. Wenn Ihre Freunde Sie langweilen, wenn diejenigen, die Ihre Liebe suchen, Sie abstoßen, ist es an der Zeit, sich zu fragen: «Warum fühlen sich diese Menschen zu mir hingezogen?»

Wenn diese Selbstinspektion die Notwendigkeit einer Veränderung erbringt, werden die in diesem Buch erwähnten Methoden Sie in die Lage versetzen, die Veränderung durchzuführen.

Sie müssen wissen, was Sie überhaupt wollen

Eine Frau, die mit einem ständig betrunkenen, gewalttätigen Mann verheiratet war – er hatte ihr gerade ein blaues Auge verpaßt –, sagte mir: «Ich weiß wirklich nicht, warum ich ihn geheiratet habe.»

Die übliche Klage: «Ich weiß wirklich nicht, was ich in ihr gesehen habe.»

Die gegenwärtige hohe Scheidungsquote zeigt, daß die Menschen des 20. Jahrhunderts schlecht passende Partner wählen.

Die Überschrift: Mann wurde von seinem besten Freund erschossen, Die beste Freundin nahm ihr den Ehemann etc. zeigt, daß die Schwierigkeit nicht darin liegt, Freunde zu finden, sondern die richtigen Freunde zu finden.

Wie bei allen anderen Aspekten des Lebens müssen wir zur Grundfrage zurückkehren: «Was ist Ihr Ziel?»

Was für einen Ehepartner suchen Sie? Was für Freunde wollen Sie haben? Es lohnt sich, lange und sorgfältig über diese Fragen nachzudenken. Die Ergebnisse Ihres Nachdenkens entscheiden schließlich darüber, ob Sie ein schönes oder schlechtes Leben haben werden.

Perfektionismus

Ein letzter Gedanke zu dieser Frage von Freundschaft und Liebe: Man darf nicht Perfektion in jedem menschlichen Wesen erwarten, weil es das nicht gibt.

«Sie war so wählerisch, daß sie jetzt zu Hause sitzt und als alte Jungfer endet», sagte mir einmal ein Mädchen, das damit eine Freundschaft beschrieb.

Genauso unglücklich kann man werden, wenn man seine Ziele zu niedrig steckt. Wie wäre es, wenn man in einem Freund oder Liebhaber dasselbe Maß an Perfektion suchen würde, das man ehrlichen Herzens bei sich selbst zu haben glaubt?

Zusammenfassung

- Ein ausgeprägter Charakter setzt sich über Ärger in kleinen und kleinsten Dingen hinweg.
- Konstruktive Sprachgewohnheiten verbessern die persönlichen Beziehungen.
- Ein freundliches Wesen zieht Freunde an und macht Liebe beständig.
- Großzügigkeit und Toleranz machen einen zu einem freundlichen, liebenswerten Menschen.
- Gefallen zieht Gefallen an, sowohl bei Freundschaft wie bei Liebe.
- Seien Sie sich klar darüber, was für Freunde Sie suchen.
- Verschwenden Sie keine Zeit, indem Sie Perfektion suchen.

Machen Sie sich zu dem Menschen, der Sie sein wollen, und Sie werden die Freunde finden, die Sie haben wollen.

15. Kapitel

Seelenfrieden

«Der Geist hat seinen eigenen
Raum und kann in
sich die Hölle zum Himmel
und den Himmel
zur Hölle machen.» John Milton

Sie können gesund sein, Sie können Reichtümer besitzen und trotzdem nicht glücklich sein, wenn Sie keinen Seelenfrieden haben. In diesem Kapitel wollen wir über die Hauptschwierigkeiten sprechen, die man überwinden muß, um zu Seelenfrieden zu kommen.

Kummer

Kummer ist ein Dieb; Kummer ist ein Mörder. Er raubt Ihnen Schlaf, bringt Ihre Verdauung durcheinander, sorgt für schlechte Laune, bringt Sie um Ihr Vergnügen und kürzt Ihr Leben ab.

Kummer ist der Kreislauf ängstlicher,

zweifelnder Gedanken. Jemand, der sich ständig sorgt, doktert an Schwierigkeiten und Problemen herum, ohne diese zu lösen; er durchlebt tausendmal schon im voraus schmerzhafte Erfahrungen und verstärkt dadurch die Wahrscheinlichkeit, daß sie auch wirklich eintreffen.

Der ständig Besorgte ist das Musterbeispiel für den konstruktiven Denker, was Klarheit und Interesse anbelangt, mit denen er sich ein zu erwartendes Unglück vorstellt. Er sieht, hört, fühlt, spürt und riecht das Unglück so leibhaftig, als ob es schon über ihn hereingebrochen ist; die unangenehme Vorstellung ist in seinem Geist so fest verankert wie ein Bild im Rahmen. Er durchlebt die Erfahrung, die er fürchtet.

Der Besorgte zeigt lebhaftes Interesse: Er entwickelt ein ausgeprägtes Gefühl persönlicher Anteilnahme; er reagiert voll Gefühl auf seine sorgenvollen Gedanken. Er hält diese Gedanken fest, manchmal stundenlang, tagtäglich, Woche für Woche.

Erinnern Sie sich an die Formel, die ich weiter oben zitiert habe: Eindruck = Gedanken × Zeit × Interesse. Der Besorgte sorgt dafür, daß sein destruktiver Gedanke den größtmöglichen Einfluß auf seinen Geist, seinen Körper und sein Schicksal ausübt. Ja, er setzt die Macht des Denkens ein, um sich selbst zu verletzen und zu zerstören.

Laut Statistik sind Geld- und Familienprobleme, Ehekonflikte, Einsamkeit, Krankheit, Status- und Berufsprobleme, Unentschiedenheit und Weltprobleme die Hauptgründe für Kummer und Sorgen. Aber der Gewohnheitsbesorgte beschränkt sich nicht darauf allein: Alles und jedes kann ihm Sorgen machen.

Sorge ist das Kind von Untätigkeit, hervorgebracht von Unentschlossenheit. Sie machen sich über ein Problem (1) Sorgen, wenn Sie nicht wissen, wie Sie es lösen sollen; (2) wenn Sie sich nicht entschließen können, das zu tun, wovon Sie wissen, daß es getan werden muß; (3) wenn die Umstände Sie zwingen, nicht tatkräftig zuzupacken.

Lassen Sie uns einmal betrachten, wie man in jeder dieser drei Situationen vorzugehen hat:

1. Wenn Sie gar nicht wissen, was Sie in einer bestimmten Situation tun sollen, werden Ihnen über der Sorge bestimmt keine rettenden

Gedanken kommen. Aber Sie können angeregt werden, wenn Sie richtig vorgehen. Schreiben Sie das genaue Ziel, das Sie anstreben, nieder. Wenden Sie die Technik TSU an. Dann suchen Sie sich ein Memo und setzen Sie die TSU fort. Sie werden bald schon genug Ideen haben, um daraus einen Aktionsplan zusammenzustellen.

Übrigens werden Sie sehen, daß Ihre Sorgen schon schwinden, wenn Sie nur einen Bleistift zum Schreiben zur Hand nehmen. Sie hören auf, sich zu sorgen, weil Sie etwas unternommen haben, weil Sie begonnen haben, über die Angelegenheit konstruktiv nachzudenken. Konstruktive Gedanken vertreiben Sorgen. Aktion bläst sie weg. Ein Soldat hört in dem Moment auf, sich zu sorgen, wo er aktiv kämpft (er kann immer noch Angst haben, aber er sorgt sich nicht darüber); ein Schauspieler streift die Sorgen in dem Moment ab, wo er anfängt zu spielen.

2. Um Zögern und Zaudern und die damit verbundenen Sorgen zu meistern, sollten Sie die Anregungen aufgreifen, Entscheidungen zu treffen, wie sie in Kapitel 9 gegeben wurden. Hier noch einmal die Hauptpunkte:

a) Gewöhnen Sie sich daran, in kleinen Dingen prompt zu handeln; das wird sich auch auf die großen Dinge übertragen.

b) Gewöhnen Sie sich daran, zu Entscheidungen zu stehen, wenn sie einmal getroffen worden sind.

c) Verstärken Sie Ihre Motive zu handeln. Schreiben Sie die Vorteile auf, die Handeln mit sich bringt, und denken Sie oft daran.

d) Machen Sie sich unmittelbar vor einer Handlung Mut durch ein Memo oder Gebet.

e) Diktieren Sie sich selbst Aufträge, die innerhalb einer bestimmten Zeit ausgeführt werden müssen.

f) Belohnen Sie sich selbst für eine erfolgreich durchgeführte Handlung.

g) Bleiben Sie fest dabei, Entscheidungen rasch durchzuführen: Jeder Erfolg stärkt Sie schon für die nächste Aufgabe.

3. Wenn Sie durch Umstände, auf die Sie keinen Einfluß haben, gezwungen werden, rasches Handeln hinauszuschieben, lenken Sie Ihre Aufmerksamkeit von dem Thema, das Ihnen Sorgen macht, ab. Nehmen wir einmal an, vor Ihnen liegt ein wichtiges Interview, eine Rede, eine Gerichtsverhandlung, eine Prüfung oder eine Operation. Ihre Chancen werden keineswegs besser, wenn Sie sich fortwährend Sorgen machen; Sie können sich höchstens durch Spannungen und Schlaflosigkeit schwächen. Nehmen wir einmal an, ein Freund oder ein anderes geliebtes Wesen ist krank oder in Schwierigkeiten. Ihre Sorge kann ihm nicht helfen. Sie kann die ganze Sache höchstens schlechter machen. Indem Sie sich nämlich Sorgen machen, verbreiten Sie zweifelnde, ängstliche Gedanken, die sich negativ auf den Gesundheitszustand des Betreffenden auswirken oder ihn noch ängstlicher machen.

Deshalb lenken Sie Ihre Aufmerksamkeit ab. So können Sie das tun:

a) Überprüfen Sie schriftlich noch einmal, daß Sie alles unternommen haben, um sich auf die bestimmte Sache vorzubereiten oder um dem Betreffenden zu helfen. Auch jetzt werden Sie feststellen, daß in dem Moment, wo Sie zu schreiben beginnen, Ihre Sorgen weniger werden. Vervollständigen Sie Ihre Liste und überprüfen Sie sie einmal.

b) Wenn die Liste zeigt, daß Sie nachlässig

gehandelt oder etwas vergessen haben, unternehmen Sie sofort die erforderlichen Schritte. Das wird Ihre Sorgen ausschalten.

c) Wenn Sie alles getan haben, was man tun kann, verbannen Sie das Thema aus Ihren Gedanken. Schreiben Sie auf Ihre Liste Datum und Zeit, wann Sie sie wieder zur Hand nehmen wollen. Dann schreiben Sie etwa so: «Ich bin auf diese Sache gut vorbereitet (oder: Ich habe alles getan, was ich tun kann). Ruhig und zuversichtlich kann ich mich jetzt einer anderen Sache zuwenden.»

Legen Sie die Liste fort. Wenn die Arbeit auf Sie wartet, machen Sie sich daran. Wenn nicht, lesen Sie, schauen Sie sich das Fernsehprogramm an, hören Sie Radio, unterhalten Sie sich mit jemandem, spielen Sie Schach, stricken oder nähen Sie, gehen Sie spazieren – tun Sie irgend etwas Leichtes, was Ihren Geist – und wenn möglich auch Ihren Körper – auf angenehme Weise aktiv hält.

Wenn Ihnen das unwillkommene Thema in den Kopf kommt, wiederholen Sie für sich: «Ich bin auf die Sache bestens vorbereitet etc.»

Manche denken, es ist blöde, so zu sich selbst zu sprechen. Ich dagegen behaupte, daß es um einiges blöder ist, sich statt dessen Sorgen zu machen!

Alpträume

Die Nacht ist natürlich die geeignetste Zeit, sich Sorgen zu machen. Es besteht jedoch überhaupt kein Grund zu der Gewohnheit, sich Sorgen zu machen, nur weil die Sonne untergegangen ist. Hier einige Ratschläge, die helfen werden.

1. Denken Sie daran, daß es besser ist zu lesen, wenn man wach im Bett liegt, als wach im Bett zu liegen und sich Sorgen zu machen! Halten Sie deshalb ein interessantes Buch auf Ihrem Nachttisch bereit, und sorgen Sie für eine gute Leselampe. Wenn man eine halbe Stunde gelesen hat, sind die Sorgen oft nicht mehr da, und Sie können ruhig einschlafen.

2. Wenn es mit dem Lesen nicht klappt, denken Sie daran, daß alles besser ist, als sich Sorgen zu machen. Stehen Sie auf und wenden Sie die oben beschriebene Technik an. Sie sind müde; Sie brauchen Schlaf! Aber Sie wissen sehr gut, daß Sie keine Erfrischung dadurch finden, daß Sie wach im Bett liegen und sich Sorgen machen. Sie machen sich selbst nur noch mehr müde, machen Ihre Probleme schlimmer und vermindern die Möglichkeit, sie zu lösen. Es wird Ihnen bestimmt nicht schaden, für einige Stunden aufzustehen. Im Gegenteil, wenn sie helfen, einen weiteren Sieg über die Sorgen davonzutragen, wird Ihnen das nur guttun.

Wenn diese Techniken regelmäßig angewandt werden, befreien sie Sie von der Gewohnheit, sich Sorgen zu machen. Auch hier ist es gut, an kleinen Problemen zu üben und sich so auf die großen vorzubereiten.

Übung 34: Suchen Sie sich ein Thema, über das Sie sich schon gesorgt haben. Wenden Sie die oben erwähnte Technik darauf an. Setzen Sie sie ein, bis Ihre Sorgen über das betreffende Thema abgeklungen sind. Machen Sie es mit den anderen Dingen genauso, bis Sie die Gewohnheit, sich Sorgen zu machen, abgelegt haben.

Depressive Gedanken

In Kapitel 7 sprachen wir über die Nachteile, unnötig über unangenehme Dinge zu reden. Es ist ratsam, das Prinzip weiter auszubauen: Vermeiden Sie depressive Gedanken über Dinge, die Sie nichts angehen.

Um das zu tun, müssen Sie sich daran gewöhnen zu lernen, die meisten Informationen aus Radio und Fernsehen, aus Zeitungen und Zeitschriften zu ignorieren. Die Informationsmedien müssen eine bestimmte Auswahl treffen: Sie können nicht über alles berichten, was in der Welt geschieht. Deshalb berichten sie im allgemeinen über die bemerkenswertesten Vorfälle, und diese sind, unglücklicherweise, oft die tragischsten und traurigsten.

Dieselbe Tendenz besteht im Unterhaltungsteil des Fernsehprogramms, beim Film, bei Bühnenstücken, in der Literatur – die Tendenz, die häßlichen, gemeinen, negativen Seiten des Lebens und der Gesellschaft hervorzuheben und zu betonen.

Ich rate Ihnen, gewöhnen Sie sich daran, diese Dinge von sich fernzuhalten, um Seelenfrieden zu erlangen und zu bewahren. Lesen

Sie solche Dinge nicht, schauen und hören Sie sie nicht an. Sprechen Sie nicht darüber. Wenn Sie dazu gezwungen werden, vergessen Sie sie so schnell wie möglich wieder.

Ich will damit keineswegs sagen, daß Sie unrealistisch sein sollen. Ich betone lediglich: «Bewahren Sie Ihre geistige Kraft, Ihre Zeit, Ihre Energie für die Dinge auf, die Sie betreffen.»

Was sind das für Dinge?

1. An erster Stelle stehen Sie natürlich selbst. Tun Sie alles, was in Ihrer Macht steht, um aus Ihrem Leben das zu machen, was Sie sich wünschen? Das ist Ihre erste Pflicht! «Doktor, mach dich selbst gesund!»

Geben Sie Ihrer Familie, Ihren Freunden und Ihrem Kreis das beste Beispiel, ein Beispiel von Glück, Gerechtigkeit, Freundlichkeit und Toleranz? In vielen Fällen ist ein gutes Beispiel besser, als sich in fremde Angelegenheiten zu mischen.

Sind Sie, durch Nachlässigkeit oder unbeabsichtigt, ein Grund der Sorge für andere?

Das sind nur einige von vielen Fragen, die man in diesem Zusammenhang stellen kann.

Denken Sie daran, daß die ganze menschliche Rasse in Ordnung wäre, wenn jeder einzelne sich richtig verhalten würde. Fangen Sie also gleich bei sich selbst an.

2. Als nächstes folgt die Verantwortung, die Sie Ihrer Familie und Ihren Freunden gegenüber haben. Hier sind Ihrer Verantwortung und Ihrer Macht Grenzen gesetzt. Nehmen wir einmal an, Ihr Bruder will eine in Ihren Augen unkluge Ehe eingehen. Sie können Ihre Meinung sagen, wenn er darum bittet, obwohl er Ihnen für Ihren Rat höchstwahrscheinlich nicht dankbar sein wird. Sie helfen weder ihm noch sich selbst, wenn Sie dauernd an den unglücklichen Ausgang der Sache denken.

Nehmen wir einmal an, Sie sehen mit an, wie ein Freund eine völlig untragbare geschäftliche Sache startet. Auch hier können Sie nicht viel mehr tun, als zu raten. Auch hier helfen Sie Ihrem Freund nicht und schaden sich selbst nur, wenn Sie sich depressiven Gedanken über die Angelegenheit hingeben, sollte Ihr Rat nicht angenommen worden sein.

Sie sehen, wie Ihre Mutter ihre Gesundheit ruiniert; Sie sehen, wie ein Freund zum Spieler oder Trinker wird. Sie könnten etwas mit

Hilfe der Kunst des Überredens unternehmen, aber Sie können nicht im geringsten helfen, wenn Sie depressiven Gedanken über die Situation nachhängen.

Der Charakter Ihres Kindes wird weitgehend von Ihrem Beispiel geformt: Es lernt durch das, was Sie sagen und tun und denken und glauben. Sie tun ihm bestimmt nichts Gutes, wenn Sie es mit Schauergeschichten über andere Kinder ängstigen, die vor die Hunde gegangen sind.

Sie können nicht über Ihre Familie und Ihre Freunde selbstherrlich bestimmen; Sie können nicht weiter gehen, als Rat zu geben, und versuchen, zur Vernunft aufzurufen. Wenn Sie das einmal getan haben, haben Sie Ihre Pflicht erfüllt. Wenn Schwierigkeiten auftauchen, die Ihre aktive Hilfe verlangen, können Sie nicht von großer Hilfe sein, wenn Ihr Kopf voll destruktiver Gedanken steckt und Sie pessimistisch, unentschlossen und ängstlich geworden sind. Im Notfall gibt derjenige die beste Hilfe, der ein fröhliches, zuversichtliches und mutiges Wesen hat.

3. Sie haben der Gesellschaft gegenüber eine Verantwortung. Aber auch hier ist die Grenze

Ihrer Pflichterfüllung erreicht, wenn Sie sich über Fragen der Öffentlichkeit informieren, wenn Sie wählen, wenn Sie dem von Ihnen gewählten Abgeordneten einsichtig zur Seite stehen, wenn Sie den Posten in der Öffentlichkeit bekleiden, für den Sie geeignet sind. Sie werden weder sich selbst noch Ihren Mitbürgern helfen, wenn Sie über schmutzigem Klatsch, über staatlichen Ausgaben brüten und das Gefühl hegen, daß Ihr Kind zugrunde gerichtet ist und Ihre Mitbürger degeneriert sind.

4. Ihre Verantwortung der Welt gegenüber ist, um es noch einmal zu sagen, durch Ihre Möglichkeiten begrenzt. Wenn Sie helfen können, Leiden zu mildern, Ungerechtigkeit zu sühnen, tun Sie es entweder durch persönliche Aktivität oder durch Geld- und Sachspenden. Aber brüten Sie nicht über Dingen, die Sie nicht ändern können.

Lassen Sie sich nicht von Dingen aufreiben, die Sie nicht ändern können. Es gibt doch zum Beispiel viele, die sich über das Wetter aufregen! Man könnte, wenn man sie so reden hört, meinen, daß der «Wettermacher» ihr persönlicher Feind ist. Aber das hilft doch nicht.

Wenn das Klima, in dem Sie leben, für Ihre Gesundheit oder Ihr Geschäft wirklich abträglich ist, ziehen Sie doch um! Wenn nicht, lohnt es auch nicht, über dieses Thema weiter nachzudenken.

Viele verbringen ihre Zeit damit, ihrer Angst vor dem Sterben und ihrer Ohnmacht zu leben. Warum über das Unvermeidbare nachgrübeln? Es ist eine allgemeingültige Regel, daß die Menschen, die den Tod fürchten, diejenigen sind, die nicht wirklich leben. Sorgen Sie für ein ausgefülltes, glückliches, konstruktives Leben, und Sie werden sehen, daß die Angst vor dem Tod wegschmilzt.

Oft liegt die Ursache für seelische Depression in körperlicher Krankheit. Der Rat liegt auf der Hand: Achten Sie auf Ihre Gesundheit. Noch mehr Depression wird hervorgerufen durch körperliche Untätigkeit und wird sofort dann geheilt, wenn bis zum Umfallen gearbeitet wird.

Sie haben also keinerlei Grund, Ihren Geist mit depressiven Gedanken zu belasten. Reißen Sie sie mit der Wurzel aus. Wenn Sie sie trotzdem belästigen, wenden Sie die in Kapitel 6 beschriebene Methode an, um sie wieder loszuwerden. Nehmen Sie einen Satz von Ihrer Zettelsammlung, eines der Ihnen geläufigen Memos oder ein anderes konstruktives, aufmunterndes Hilfsmittel, und bringen Sie diese in Ihr Bewußtsein, beschäftigen Sie sich mit ihnen und schreiben Sie sie nieder. Das wird den depressiven Gedanken vertreiben und Sie sofort aufheitern und stärken. Es ist nicht schwierig: Sie können sich antrainieren, zu dem Punkt zu gelangen, wo Sie einen unerwünschten Gedanken aus Ihrem Kopf nehmen, so wie Sie einen Stein aus Ihrem Schuh nehmen.

Übung 35: Setzen Sie sich mit Bleistift und Papier hin, und schreiben Sie den Ursprung aller depressiven Gedanken auf, die Sie belasten. Verweilen Sie immer nur bei einem Problem, und versuchen Sie, es mit der Wurzel zu eliminieren. Streichen Sie jeden Punkt von Ihrer Liste, sobald Sie ihn losgeworden sind.

Wenn Ihnen trotzdem noch depressive Gedanken in den Kopf kommen, wenden Sie die oben erwähnten Methoden an, um sie wieder loszuwerden. Halten Sie daran fest, bis Sie mit der Gewohnheit gebrochen haben, sich solchen Gedanken hinzugeben.

Ärger über Nichtigkeiten

Die Mißerfolge anderer, das öffentliche Leben, Geschirrwaschen, das Warten auf den Omnibus, Anzeigen, Stadtleben werden auf unserem Fragebogen oft als Grund für Ärger genannt. Ich habe gesehen, wie ärgerlich ein Mann wurde, als das Glas Wasser, das er in einem Restaurant bestellte, nicht kalt genug war. Ich habe Leute ärgerlich werden sehen, weil sie glaubten, bei einer Hochzeit in der Kirche zu weit hinten einen Platz zugewiesen bekommen zu haben, oder weil jemand ihnen statt eines Briefes nur eine Grußkarte geschickt hat. Alles Nichtigkeiten!

Wenn man sich über Nichtigkeiten aufregt, so ist das ein sicheres Zeichen dafür, daß es einem an Wichtigerem fehlt. Wenn Sie an etwas interessiert sind – persönlich engagiert sind –, bemerken Sie solche kleinen Pannen und Ungelegenheiten gar nicht.

Wenn Sie Ihr Leben vor einem wilden Bullen in Sicherheit bringen müssen, ärgern Sie sich bestimmt nicht darüber, daß Ihre Schuhe schmutzig werden. Wenn Sie am Verdursten sind, würden Sie sicherlich nicht verärgert ein Glas Wasser zurückweisen, weil es statt 8 Grad 12 Grad Celsius hat.

Wenn Sie sich in dieses Programm der Selbstentfaltung vertiefen, wenn Ihre Gedanken und Ihre Zeit mit Plänen und Unternehmungen ausgefüllt sind, wenn Sie das zufriedene Gefühl erleben, auf Ihre Ziele zuzugehen und diese zu erreichen, werden Sie feststellen, daß Nichtigkeiten Sie nicht mehr berühren.

Wenn Sie diesen Fortschritt nicht schnell feststellen, wenn Sie eine besonders anfällige, quengelige Art haben, versuchen Sie es mit dieser Übung:

> **Übung 36:** Setzen Sie sich als eines Ihrer Ziele, ein ruhiges, ausgeglichenes Wesen zu erlangen. Wenden Sie die bekannten Techniken an, um darauf zuzuarbeiten.

Neid

Neid ist die typische Sünde des 20. Jahrhunderts. Ich glaube sogar, daß der Neid heute schneller um sich greift als alle anderen Todsünden – Stolz, Ärger, Lust, Gefräßigkeit, Habsucht und Faulheit.

Es ist wichtig, Neid von Ehrgeiz zu unterscheiden. Ehrgeiz – der Wunsch, etwas zu sein, zu tun oder zu bekommen – kann verfolgt werden, ohne daß andere Menschen Schaden leiden. Ehrgeiz arbeitet lange und hart, um sein Ziel zu erreichen.

Neid ist der ärgerliche Vergleich zwischen sich selbst und einem anderen. Neid ist destruktiv: Wenn A. nicht den Stand von B. erreichen kann, den er beneidet, wird er versuchen, B. auf seinen Stand hinunterzuziehen.

Viele Menschen, die alles haben, um ein sorgenfreies Leben zu führen, werden vom Neid zerfressen. Sie zittern, nicht bei dem Gedanken, daß sie nicht genug Geld, Kleider, Ansehen etc. haben, sondern weil sie glauben, daß jemand mehr hat als sie!

Neid ist nutzlos. Er zerstört Ihre Freude an den Dingen, die Sie besitzen. Er unterminiert

Ihre Gesundheit. Er verbittert Ihr ganzes Leben. Die Zeit und Energie, die Sie dazu verwenden, neidischen Gedanken nachzuhängen, könnten besser genutzt werden, um Ihre Persönlichkeit und Lebensposition aufzubauen.

Wenn der Neid einmal als gedankliche Gewohnheit besteht, ist er unersättlich, denn es wird immer jemanden geben, der reicher ist als Sie, jemanden mit einer hübscheren Frau, einem netteren Mann, einem klügeren Kind, einem komfortableren Haus, einem teureren Auto etc.

Die einzige Möglichkeit, Neidgefühle loszuwerden, besteht darin, diese aus Ihrem Herzen und Ihrem Kopf zu verbannen. So wird es gemacht:

1. Lassen Sie Neidgedanken gar nicht erst in Ihren Kopf kommen. Überlassen Sie diesen Platz dankbarer Freude über das, was Sie haben. Nehmen Sie solche dankbaren Gedanken so oft wie möglich auf: von der Anti-Neid-Kampagne abgesehen, haben Sie noch mehr Vorteile. Wenn Sie religiös sind, sprechen Sie öfters ein Dankgebet für die Wohltaten, die Sie erfahren dürfen. Wenn nicht, erdenken

Sie passende Memos, wie z. B.: «Ich bin froh darüber, daß ich dies oder jenes habe. Ich werde weisen und guten Gebrauch davon machen und werde die Freude darüber ganz auskosten.» Das können Sie mit allen Besitztümern, Gaben oder Erfüllungen so machen, die Ihnen in den Kopf kommen.

2. Gewöhnen Sie sich daran, andere Leute für ihre Erfolge und ihren Wohlstand zu loben und ihnen zu gratulieren (z. B. «Er hat für seine Beförderung hart gearbeitet. Ich wünsche ihm Glück dazu.»).

3. Gewöhnen Sie sich daran, anderen Menschen zu helfen, die weniger haben als Sie selbst – weniger Geld, weniger Lebenserfahrung, einen schwächeren Willen, weniger gesellschaftlichen Umgang usw. Das ist ein besonders wirksames Mittel, um Neid zu kurieren.

> **Übung 37:** Machen Sie eine Liste der Menschen, die Sie beneiden. Wenden Sie die oben beschriebenen Methoden an und, indem Sie über Ihre Neidgefühle hinwegkommen, streichen Sie die Namen von der Liste, bis keiner mehr auf der Liste steht.

Haß und Rache

Kennen Sie jemanden, den Sie als Ihren Feind betrachten? Dann dürfen Sie weder Zeit noch Energie damit verschwenden zu hassen. Es lohnt sich nicht, Rachepläne zu schmieden. Das verbittert nur Ihr Leben. Das gibt Ihrem Feind Macht über Sie. Sie bereiten ihm die große Genugtuung, Sie leiden zu sehen und immer wieder geistig die Verletzung, die er Ihnen zugefügt hat, zu durchleben.

Sie können ihm viel besser eins auswischen, wenn Sie Sorglosigkeit, Erfolg und Gesundheit an den Tag legen. Wenn Sie ihm zeigen, daß er keinerlei Macht besitzt, um Ihren Seelenfrieden zu stören. Ihr Triumph ist hundertprozentig, wenn Sie sich im Guten Ihrem Feind zuwenden: Sie zeigen damit, daß Sie größer und stärker sind als er.

Das meinte Salomon, als er sagte: «Wenn deinen Feind hungert, gib ihm Brot zu essen, wenn ihn dürstet, gib ihm Wasser zu trinken. So sammle ihm feurige Kohlen auf sein Haupt.»

Methoden, um Haß- und Rachegefühle auszuschalten:

1. Räumen Sie bitteren Rachegedanken keinen Platz ein. Ersetzen Sie sie sofort, wenn sie auftauchen, durch angenehme, konstruktive Gedanken wie in Kapitel 6 beschrieben.

2. Bringen Sie Verständnis auf für die Person, die Sie hassen. Suchen Sie mindestens drei gute Gründe, die ihr Verhalten Ihnen gegenüber rechtfertigen, und schreiben Sie diese auf.

3. Denken Sie anders über die betreffende Person. Versuchen Sie, mindestens drei gute Eigenschaften an ihr zu finden, und schreiben Sie diese auf. Verweilen Sie bei diesen Pluspunkten immer, wenn Sie an die betreffende Person denken. Sprechen Sie über diese guten Seiten, wann immer sich eine Gelegenheit dazu bietet.

4. Suchen Sie eine Gelegenheit, um dem Betreffenden einen Gefallen zu tun.

Übung 38: Machen Sie eine Liste der Menschen, denen gegenüber Sie Haß- und Rachegefühle hegen. Wenden Sie auf eine Person nach der anderen die oben erwähnten Methoden an.

Wenn Sie Ihre negativen Empfindungen überwunden haben, streichen Sie die Namen von der Liste, bis keiner mehr darauf steht.

Reue und Gewissensbisse

Reue ist umgekehrte Sorge, eine unnötige, nutzlose Angst vor der Vergangenheit, nicht vor der Zukunft. Reue ist ein Gefühl von Kummer, Selbstherabsetzung oder Selbstverdammung für alte Fehler und Verfehlungen.

Reue vergiftet das ganze Leben: Sie sitzt wie der Tod an der Tafel, um heutige Vergnügen zu schmälern; sie gibt Ihnen das Gefühl, daß Sie kein Recht darauf haben, von der Zukunft noch irgend etwas zu erwarten. Und oft gibt es nicht einmal echte Gründe für diese Schuldgefühle.

Herr F., ein tiefreligiöser Mann, hat, bis er 30 Jahre alt war, ein seiner heutigen Meinung nach sündhaftes Leben geführt. Er wandelte sich, hat geheiratet, sich ein Heim geschaffen und hat eine Tochter. Die Tochter heiratete später und hat einen Sohn, der geistig zurückgeblieben ist. Herr F. wurde von Gewissensbissen geplagt: Er glaubte, daß ein unschuldiges Kind jetzt für seine sündhafte Vergangenheit büßen muß. Zwei Jahre lebte er mit diesen Gewissensbissen, bis Pfarrer und Familienarzt ihn überzeugten, daß seine Vergangenheit mit der Sache in keinem Zusammenhang stand.

Frl. W. hatte einen netten, amüsanten, aber unsteten jungen Mann kennengelernt und ihn ein paarmal getroffen, ohne die Verbindung allzu ernst zu nehmen. Eines Abends kam er in ihre Wohnung, betrunken, und machte ihr einen Heiratsantrag. Sie lehnte ab. Er verließ weinend das Haus, fuhr mit seinem Wagen gegen einen Brückenpfeiler und wurde dabei getötet. Frl. W. suchte die Schuld dafür bei sich. Das ist falsch. Eine Frau muß doch nicht dem ersten Mann oder irgendeinem anderen Mann, der ihr einen Heiratsantrag macht, gleich mit «Ja» antworten. Es ist ganz und gar nicht ihre Schuld, wenn der Betreffende nach dieser Enttäuschung die Selbstbeherrschung verliert.

Manchmal tendieren wir also zu «schuldig», auch wenn wir unschuldig sind.

Auch wenn das «schuldig» gerechtfertigt ist, wird doch nichts dadurch gewonnen, daß man sich Reuegefühlen hingibt. Oft kann man dem Menschen, den man früher verletzt hat, später nicht mehr helfen. Das Schuldbewußtsein hält lediglich die Erinnerung an die unangenehme Geschichte wach, ebenso wie das beständige Kratzen an einer Wunde diese nicht heilen läßt.

Vor drei Jahren verleumdete Frau H. eine Frau und schadete damit ihrem Ruf in der Gesellschaft. Die Frau zog daraufhin weg. Frau H. kann diesen Schaden nicht mehr ungeschehen machen, aber sie kann von jetzt an aufrichtig und nett von anderen sprechen.

Als Kind waren Sie zu Tieren vielleicht grausam. Sie können heute die Leiden von damals nicht rückgängig machen; aber Sie können in der Zukunft Tieren gegenüber nett sein.

Vielleicht haben Sie vor Jahren Ihre Eltern vernachlässigt oder verletzt (ein gängiger Grund für Reuegefühle). Sie sind jetzt tot. Ihre Reue hilft ihnen heute nichts mehr. Aber Sie können jetzt an ältere Menschen denken und hilfsbereit zu ihnen sein.

Hier einige Hinweise, wie Sie Reuegefühle ausschalten können:

1. Überlegen Sie gut, ob der Vorfall, der Ihnen Sorge bereitet, wirklich Ihre Schuld war. Wenn nötig, lassen Sie sich hierbei von Ihrem religiösen Ratgeber, von einem Arzt, Rechtsanwalt, Sozialhelfer helfen. Das kann Ihnen schnell Erleichterung schaffen.

2. Wenn es hundertprozentig Ihr Fehler war, versuchen Sie etwas zur Wiedergutmachung zu unternehmen. Wenn Sie das vorhaben, tun Sie es gleich. Beichten Sie, entschuldigen Sie sich, ersetzen oder reparieren Sie den Schaden – tun Sie, was Ihnen richtig erscheint.

3. Wenn keine Möglichkeit zur Wiedergutmachung besteht, denken Sie noch ein einziges Mal an den Vorfall. Ziehen Sie die Lehre für Ihr zukünftiges Verhalten daraus. Schreiben Sie sich auf, was Sie jetzt zu tun vorhaben. Wenn nötig, machen Sie aus dieser Sache eines der Ziele Ihres Selbstentfaltungsprogramms.

4. Verbannen Sie schmerzhafte Erinnerungen aus Ihren Gedanken. Wenn sie wiederkommen sollten, gehen Sie mit den in Kapitel 6 beschriebenen Methoden dagegen an.

Übung 39: Schreiben Sie auf ein jeweils neues Stück Papier die Gründe und Vorfälle, derentwegen Sie Gewissensbisse haben. Nehmen Sie pro Woche ein Blatt vor, wenden Sie die oben erwähnten Methoden an, und verbrennen Sie das betreffende Stück Papier. Fahren Sie so fort, bis alle Blätter verbrannt sind.

Unbefriedigende Beziehungen

Die oben beschriebenen Methoden werden viel, aber vielleicht nicht allen Ärger hinwegblasen, den Sie haben. Vielleicht haben Sie das Gefühl, irgendwelche Beziehungen lösen zu müssen. Wenn sogenannte Freunde Sie langweilen oder Ihnen mißfallen, lassen Sie sie fallen. Bis Sie neue Freunde gefunden haben, tun Sie besser daran, sich an einem Buch zu freuen, als Ihre Zeit in langweiliger Gesellschaft zu vertrödeln. Wenn die Verhältnisse an Ihrem Arbeitsplatz und Ihre Mitarbeiter untragbar sind, suchen Sie sich neue Arbeit.

Sogar Familienbeziehungen sollten abgebrochen werden, wenn sie mehr Belastung als

Befriedigung sind. Ihre Brüder, Schwestern und Schwäger haben kein Recht, Ihnen Unannehmlichkeiten zu machen. Wenn Sie mit ihnen nicht auskommen können, lösen Sie sich von ihnen, und halten Sie sich von ihnen fern. Ihre Eltern haben nicht um Ihre Erlaubnis gebeten, als sie Sie in die Welt gesetzt haben; sie taten das lediglich zu ihrem eigenen Vergnügen. Die Beziehungen zwischen Eltern und Kindern sollten glücklich und konstruktiv sein – eine Freude für beide Generationen. Wenn nicht, sollte der Sohn oder die Tochter das Elternhaus so schnell wie möglich verlassen. Keine Mutter und kein Vater haben das Recht, Ihr Leben zu ruinieren.

Unangenehme und unproduktive Beziehungen zu lösen geschieht teilweise ganz automatisch. In dem Maße, wie sich Ihr Charakter verändert und weiterentwickelt, werden Sie entdecken, daß sich verschiedene Menschen von Ihnen abwenden. Vielleicht hören Sie bei ihrem Klatsch nicht mehr zu; vielleicht machen Sie bei ihren zeitraubenden, geldverschlingenden, gesundheitsschädlichen Unternehmungen nicht mehr mit; vielleicht sind Sie zu größerem Wohlstand gekommen als Ihre Freunde. Was auch immer der Grund sein mag, sie verlieren Interesse an Ihnen. Machen Sie sich darüber keine Gedanken. Fühlen Sie sich nicht schuldig. Sie bringen schließlich Ihr eigenes Leben in Ordnung, Sie werden selbst klüger, besser und glücklicher. Sie können sie nicht zwingen, es Ihnen gleichzutun; Sie können nur mit gutem Beispiel vorangehen.

So werden sich unfruchtbare Beziehungen wie trockene Blätter von den Zweigen lösen. Andere müssen von Ihnen bewußt abgebrochen werden. Oft genügen einige entschiedene, aber taktvolle Worte: «Es tut mir leid, aber ich werde keine Zeit haben, um …» oder: «Ich bin jetzt so ausgelastet, daß …»

Wenn es mit Takt nicht klappt, müssen Sie es unverblümt sagen. Es gibt keine Entschuldigung dafür, ungewünschte Gesellschaft erdulden zu müssen. «Derjenige, der sich langweilen läßt, ist noch weniger wert als der, der ihn langweilt», sagt Samuel Butler.

In schwierigen Fällen ist es gut umzuziehen. Die Mehrarbeit und Ausgaben werden ein bescheidener Preis sein, den Sie für Ihren Seelenfrieden bezahlen.

Zusammenfassung

- Derjenige, der sich beständig Sorgen macht, wird seine Ängste noch realisiert sehen.
- Konstruktive Gedanken töten Sorgen.
- Gewöhnen Sie sich daran, schnell und entschieden zu handeln.
- Halten Sie Ihre Gedanken unter Kontrolle; verweilen Sie bei angenehmen Themen.
- Schalten Sie die Gründe Ihrer Sorgen einen nach dem anderen aus.
- Vermeiden Sie soweit wie möglich depressive Gedanken.
- Übernehmen Sie die Ihnen auferlegte Verantwortung fröhlich und zuversichtlich.
- Machen Sie sich keine Gedanken über das, was Sie nichts angeht.
- Krankheit und Untätigkeit sind die Hauptgründe für Depression.
- Seien Sie am Leben interessiert, und vermeiden Sie ärgerliche Nichtigkeiten.
- Dankbare Gedanken, großzügiges Handeln überwinden Neidgefühle.
- Haß tut Ihnen mehr weh als demjenigen, den Sie hassen.

– Gewissensbisse schaden Ihnen und nutzen niemandem sonst.
– Vermeiden oder brechen Sie unerfreuliche, destruktive Beziehungen ab.

Zeit und Gedanken, die man der toten Vergangenheit widmet, fehlen einem, um in der Gegenwart zu leben
und die Zukunft aufzubauen.
Machen Sie sich keine Gedanken darüber,
was Sie gestern nicht getan haben.
Handeln Sie heute!

16. Kapitel

Gesundheit und ein langes Leben

«Ein fröhliches Herz tut dem Leibe wohl; aber ein betrübtes Gemüt läßt das Gebein verdorren.» Sprüche 17 : 22

Nur wenige entscheiden sich bewußt für Krankheiten (obwohl ich einige kannte, die sich vorsätzlich verletzten, um in den Genuß von Versicherungsgeldern und Renten zu kommen), aber Millionen Menschen haben die fixe Idee, krank zu sein: Sie stellen sich lebhaft vor, wie sie krank und leidend sind, sie suchen fortwährend nach Anzeichen und Symptomen von Krankheit, sie machen Vorbereitungen für den Fall, daß sie krank werden könnten, sie erwarten Krankheit – und die Krankheit enttäuscht sie nicht.

Die Unvermeidbarkeit von Krankheit ist eine der großen Wahnvorstellungen unserer Tage. Einige Regierungen verkünden heute innerhalb ihres politischen Programms, daß jeder mehrmals im Leben krank sein wird und daß er deshalb seine Arzt- und Krankenhausrechnungen schon im voraus bezahlen muß. Solche Reden haben natürlich zur Folge, daß die Leute immer wieder krank werden: eine sich selbst rechtfertigende Prophezeiung.

Viele erwarten überhaupt keine Gesundheit: Sie glauben, daß sie kein Recht auf Gesundheit haben. Sie hoffen höchstens und erwarten es auch vom Arzt und von der Regierung nicht anders, daß sie Erleichterung von Schmerzen, Depressionen oder Funktionsstörungen finden. Alles, was sie erhoffen, ist, wenigstens zeitweise ohne Krankheitssymptome zu leben.

Aber Gesundheit, wie wir sie meinen, ist nicht einfach das Fernbleiben von Krankheit: Gesundheit ist das positive Gefühl von Saft und Kraft, Lebensfreude sowohl des Körpers und seiner Funktionen wie auch des Geistes. Wollen wir einmal sehen, wie solche Gesundheit erreicht und bewahrt werden kann.

Die Geist-Körper-Verbindung

Im allgemeinen betrachten wir Körper und Geist als zwei getrennte Einheiten, die zufällig zusammen «funktionieren» wie Pferd und Reiter. Diese Denkweise entspringt teilweise unserer Sprache. Ich spreche über «meinen Körper» und «Ihren Geist», als ob ich von «meinem Mantel» oder «Ihrem Auto» spreche – Dingen, die Sie und ich besitzen, die aber getrennt sind.

Der Gedanke, Geist und Körper zu trennen, wird noch verstärkt durch religiöse Doktrinen, die Seele und Körper bewußt trennen.

In der Annahme, daß der Geist etwas für sich ist und anders als der Körper, glauben die Menschen auch nicht, daß die Gesundheit des Körpers in irgendeinem Zusammenhang mit der Gesundheit des Geistes steht. Ein Mann geht mit seinem Magengeschwür zum Arzt und erwartet, daß dieser es mit Arznei oder einer Operation heilt. Er geht mit seinen Sorgen und Alpträumen zum Psychiater; er geht mit seinem schlechten Gewissen zum Seelsorger.

Aber Körper und Geist sind nicht zwei getrennte Dinge; sie sind Teile derselben Einheit, wie der Teil Mensch und der Teil Pferd eines Zentaurs, wie das Zünd- und Verbrennungssystem bei einem Auto, wie der Arm und Verstärker eines Plattenspielers.

Das Zünd- und Verbrennungssystem müssen beide in Ordnung sein, damit ein Auto fahren kann. Beide, sowohl der Arm als auch der Verstärker, müssen funktionieren, damit der Plattenspieler überhaupt einen Ton von sich gibt. Geist und Körper müssen auch beide in Ordnung sein, wenn Sie gesund sein wollen.

Der Teil Geist und der Teil Körper gehen vollständig ineinander über und sind zusammen Sie selbst. Sie werden schneller und leichter eine gute Gesundheit entwickeln und beibehalten, wenn Sie dieses Ineinanderspiel verstehen und entsprechend gebrauchen.

Hier ein Beispiel: Die Vorgänge meines Verdauungsapparates liegen außerhalb der Kontrolle meines Willens. Mein Geist kann meinem rechten Arm befehlen, sich zu heben, und er wird das tun; mir fallen bestimmte Worte ein, ich kann meinen Fingern befehlen, verschiedene Tasten auf meiner Schreibmaschine anzuschlagen und einen Gedanken sichtbar niederzuschreiben. Die Arm- und Handmuskeln stehen wie die anderen «willkürlichen» Muskeln unter der Willenskontrolle. Aber wenn ich meinem Magen befehle «Verdaue!» oder «Verdaue nicht!», werde ich keine Reaktion finden.

Jedoch wird das Verdauungssystem seine Tätigkeit tatsächlich unterbrechen, wenn ich Ärger habe. Wenn ich Angst habe, kommt die Verdauung zu einem Stillstand. Wenn ich also schlechtgelaunt zum Essen komme, wenn ich über verhaßte, angsterregende Dinge während des Essens nachdenke oder spreche, hindere ich mein Verdauungssystem, richtig zu arbeiten. Wenn ich mich daran gewöhne, morgens, mittags und abends mit meinen Sorgen zu leben, werde ich mein Essen nie richtig verdauen.

Es ist kein Zufall, daß so viele allgemeingültige Redeweisen die Verbindung Gefühl und Krankheit herstellen.

«Du machst mich krank.»

«Was nagt an dir?»

«Das reibt mich auf.»

«Er gibt mir einen Nackenschlag.»

«Du brichst mir das Herz.»

«Ich bin zu Tode erschrocken.»

Das sind keine Metaphern: das sind reine Tatsachen, denn Geist und Körper sind Teil eines Organismus, und jeder von ihnen beeinflußt den anderen.

Der Geist beeinflußt den Körper

Vor einigen Jahren lernte ich einen Pfleger im Krankenhaus kennen. Ich fragte ihn nach seiner Arbeit. Er machte eine Bemerkung, die mir zu denken gab: Ja, sie ließ mich von nun an über Krankheit und Gesundheit ganz anders denken.

«Es ist eigenartig», sagte er, «daß wir im Krankenhaus keinen repräsentativen Querschnitt der Gesellschaft sehen. In der Hauptsache sind es immer wieder dieselben Menschen!»

Warum sollte das wohl so sein? Ich glaubte immer (das glaubt man allgemein), daß Krankheit statistisch auftritt wie Blitzschlag. Die Pechvögel werden getroffen; die Glückspilze kommen davon. Ich begann nach den

Hintergründen einer Krankheit zu suchen und fand heraus, daß viele Krankheiten selbst herbeizitiert sind. Es würde eines ganzen Kapitels bedürfen, um über diese herbeizitierten Krankheiten ausführlich zu sprechen: Ich werde das in einem anderen Buch tun. Aber hier dient uns Lungenkrebs als Beispiel.

Jeder gebildete Mensch weiß heute, daß das Rauchen von Zigaretten die Gefahr erhöht, Lungenkrebs zu bekommen – eine ganz besonders schreckliche, tödliche Krankheit. Trotzdem geht der Konsum von Zigaretten nicht zurück. Viele, die an Lungenkrebs leiden, werden sich selbst bemitleiden; viele werden von Nichtrauchern erwarten, daß sie ihre Arztrechnungen bezahlen helfen.

Ich erwähnte die Verbindung zwischen Geist und Krankheit. Frau M. litt jahrelang an Arthritis. Sie war mit der Zeit ziemlich hilflos geworden; ihr Mann mußte sie anziehen, waschen, füttern und in einem Rollstuhl spazierenfahren. Ihre deformierten Hände sahen wie die Krallen eines Adlers aus. Dann erlitt Herr M. einen Herzanfall und mußte lange Zeit das Bett hüten. Frau M. erhob sich von ihrem Rollstuhl, versah den Haushalt, kümmerte sich um ihren Mann und konnte sogar das Kleidergeschäft weiterführen, von welchem sie lebten. Ihre Hände wurden zwar nicht ganz normal, aber ähnelten wieder gesunden Händen in ihrer Form und Funktionsfähigkeit.

Ich habe Unterlagen über eigene Krankheiten aufbewahrt. Hier drei Beispiele:

1. Ein Freund von mir hielt eine wichtige Abmachung, die wir getroffen hatten, nicht ein. Ich habe mich darüber sehr aufgeregt. Zwei Tage später legte ich mich mit einer schweren Erkältung ins Bett, die mir einen vollen Monat zu schaffen machte.

2. Einer ähnlichen Auseinandersetzung, die mich sehr verbitterte, folgte 24 Stunden später ein scheußliches Mundgeschwür. Ich hatte es sieben Wochen lang (im allgemeinen verschwinden solche Geschwüre nach wenigen Tagen), und es heilte erst, als ich mir über den Grund meiner Verärgerung klar wurde und mich entschloß zu verzeihen.

3. Die Enttäuschung über eine geschäftliche Angelegenheit machte mich außerordentlich gereizt. Eine andere schwere Erkältung, die wochenlang andauerte, folgte darauf.

Ich stieß auf einen Satz von Nietzsche: Zufriedenheit hält einem sogar eine Erkältung vom Leib.

Beim Studium medizinischer Bücher und Artikel stieß ich darauf, daß die Heilung von Tuberkulose weitgehend vom Seelenfrieden des Patienten abhing, daß Ärger tödliche Herzanfälle verursachen kann, daß ein plötzlicher, schwerer seelischer Schock Diabetes zur Folge haben kann und daß die Unterdrükkung von Gefühlen und Spannungen zu Arthritis und Rheumatismus führen kann.

Ich habe den wachsenden Einfluß der Überbeanspruchungs-Theorie von Krankheiten beobachtet: Streß vermindert Ihren Widerstand Infektionen gegenüber und macht für Degenerierungskrankheiten empfänglich.

Ich will damit nicht sagen, daß Sie allen Überbeanspruchungen aus dem Wege gehen sollen. Wenn Ihr Kind von einem Auto überfahren wird, wenn Ihr Haus brennt oder wenn Ihr Einkommen völlig unerwartet niedriger wird, müssen Sie schon etwas aushalten.

Aber ich bin überzeugt, daß Sie sich mehr Belastungen aussetzen, als Sie wirklich aushalten müssen; daß Sie die Beanspruchungen, die auf Ihnen lasten, auf ein erträgliches Maß herabsetzen können, auf ein Maß, das Ihren Körper nicht merklich belastet und Ihnen zu guter Gesundheit verhilft.

Sie können aus Ihrem Geist die Gedanken, die sich mit Krankheiten beschäftigen und deshalb auch oft Krankheiten zur Folge haben, ausschalten. Dieses Buch enthält eine ganze Anzahl Hinweise, wie man zu einer besseren, gesünderen Denkweise kommt. Es ist vielleicht ganz nützlich, sie an dieser Stelle zu wiederholen und einige weitere hinzuzufügen:

1. Ein Leben nach Plan verläuft ruhiger, zufriedenstellender, weniger anstrengend als ein Leben voll Schnitzer und Unfälle.

2. Eine kontrollierte Sprechweise und konstruktive Gedanken führen zu Seelenfrieden. Deshalb denken Sie nicht länger an Krankheit, und sprechen Sie auch nicht mehr darüber. Denn worüber Sie reden, darüber denken Sie auch nach; das, was Sie denken, führen Sie auch aus. Sprechen Sie nicht über Krankheiten, weder über Ihre eigenen noch über die anderer Leute. Hören Sie nicht zu, wenn von Krankheiten die Rede ist, weder wenn Ihre

Freunde darüber sprechen noch wenn im Fernsehen darüber berichtet wird (das Fernsehen ist überhaupt das Organ, das einen krankheitsbewußt macht). Klagen Sie nicht über kleine Wehwehchen und Schmerzen; sie werden Ihnen sonst nur noch mehr bewußt und gewinnen an Bedeutung und Dauer. Denken Sie an Gesundheit, sprechen Sie darüber und arbeiten Sie darauf zu.

3. Sorgen sind die Hauptquelle von Überbeanspruchungen; wir wissen, wie man sich von ihnen befreit.

4. Konflikte mit Freunden und Menschen, die einem lieb sind, und der daraus resultierende Haß, Ärger und Gewissensbisse sind große Belastungen und machen für Krankheiten empfänglich. Wir wissen, wie solche Konflikte reduziert werden können.

5. Langeweile kann vertrieben werden.

6. Der Schmerz, den unbefriedigte Wünsche bereiten, verschwindet, wenn Sie nacheinander alle Ihre Ziele erreichen.

7. Jeder muß einmal sterben, aber nicht jeder muß krank sein. Sie müssen während Ihres Lebens nicht krank werden; Sie müssen nicht krank sein, um zu sterben. Ein natürlicher,

gesunder Tod ist der, wenn man im Vollbesitz seiner Gesundheit und Fähigkeiten abtritt. Ein Freund von mir, 82 Jahre alt, mähte Gras mit einer Sichel, als er plötzlich tot umfiel. Er wurde mit einem Lächeln auf den Lippen aufgefunden. Es ist ebenfalls angenehm, diese Welt zu verlassen, indem man im Schlaf für immer einschläft oder wenn man von einem Berg stürzt und dabei sein Genick bricht.

8. Der Tod ist nicht schrecklich. Diejenigen, die ihn schon gesehen haben, wissen, daß Sterben wie Einschlafen ist. Krankheit ist das, was schrecklich ist, und viele Krankheiten lassen sich vermeiden. Mit größerem Wissen werden wir vielleicht erfahren, daß sich alle Krankheiten vermeiden lassen.

9. Verschaffen und bewahren Sie sich zu allen Zeiten ein ruhiges, zuversichtliches, optimistisches Wesen, und Sie werden sehen, es wirkt Wunder auf Ihren Körper.

Der Körper beeinflußt den Geist

Hier einige Methoden, wie Sie mit Hilfe Ihres Körpers Ihren Geist positiv beeinflussen können:

Atmung

Ein einfaches Experiment zeigt Ihnen in 30 Sekunden, wie groß der Einfluß Ihrer Atmung auf Ihren Geist ist. Atmen Sie aus, schließen Sie Ihren Mund, und halten Sie mit Finger und Daumen Ihre Nasenlöcher zu. Sie werden bald ein Gefühl von Panik erleben, Sie müssen Ihre Nase loslassen und einatmen. Wenn man dem Körper Sauerstoff vorenthält, ruft man damit ein Gefühl der Angst hervor.

Das führt zu der Beobachtung, daß viele Menschen durch oberflächliches, falsches Atmen ihrem Körper chronisch Sauerstoff vorenthalten. Der Mangel an Sauerstoff bewirkt ein ständiges leichtes Angstgefühl.

Auf der anderen Seite hat eine tiefe Atmungsweise eine große Sauerstoffzufuhr für das Blut zur Folge, läßt dadurch keine Angstgefühle aufkommen, schafft klare Gedanken und macht Sie frischer.

Deshalb gewöhnen Sie sich daran, tief zu atmen. Machen Sie daraus keine Übung für ein paar Minuten jeden Tag, sondern nehmen Sie die Gewohnheit an, tief, langsam und regelmäßig den ganzen Tag, immer, zu atmen.

Immer dann, wenn Sie sich nervös oder ängstlich fühlen, sollten Sie ein paar besonders tiefe Atemzüge machen, und Sie werden sofort feststellen, wie Zuversicht und Ruhe über Sie kommen.

Dies ist eine von verschiedenen Möglichkeiten, wie Sie mit Ihrem Körper Ihren Geist beeinflussen können.

Haltung

Sie haben vielleicht einen Freund, der gerade durch eine wichtige Prüfung gefallen ist, der eine Wette oder seine Stelle verloren hat. Sein Rücken ist gebeugt, seine Schultern hängen nach vorn, sein Blick ist auf den Boden gerichtet, und die Mundwinkel hängen nach unten. Trauer und Enttäuschung haben das bewirkt, was wir als typische Auswirkung davon erkennen – «Ein Bild von Niedergeschlagenheit».

Nehmen wir ein anderes Beispiel:

1. Imitieren Sie diese Haltung.

Lassen Sie jedes Detail Ihre Niedergeschlagenheit widerspiegeln, Ihren Rücken, Ihre Schultern, Ihren Kopf, Ihre Augen, Ihren Mund, so wie oben beschrieben. Beugen Sie dazu noch Ihre Knie ein wenig, und atmen Sie nur noch ganz flach. Bleiben Sie für einige Minuten in dieser Haltung. Sie werden sehen, daß Sie nicht nur niedergeschlagen aussehen; Sie beginnen sogar, sich niedergeschlagen zu fühlen. *(Merke:* Machen Sie dieses Experiment im stillen, wo niemand den Effekt mit Lachen verderben kann. Denn wahrscheinlich würde man darüber lachen! Denken Sie daran, was schon an früherer Stelle erwähnt wurde: Niemand ist an Ihren Sorgen interessiert. Ein ständig niedergeschlagener Mensch wird in seinem Bekanntenkreis oft zur Zielscheibe des Spotts. Wenn seine Freunde zu höflich sind, ihm ins Gesicht zu lachen, machen sie sich hinter seinem Rücken über ihn lustig.)

2. Verändern Sie Ihre Haltung jetzt.

Strecken Sie Ihre Knie und Ihren Rücken, Ihre Schultern, heben Sie den Kopf und sehen

Sie in Augenhöhe genau geradeaus. Machen Sie drei tiefe Atemzüge, und lächeln Sie. Sie sehen jetzt optimistisch aus, und Sie werden sehen, daß Sie auch sofort anfangen, sich optimistischer zu fühlen.

Bei dieser Geist-Körper-Einheit beeinflussen Ihre Gefühle Ihre Haltung, und Ihre Haltung wiederum beeinflußt Ihre Gefühle.

Ich erinnere mich an eine schwere Erkältung, die ich einmal hatte. Ich war aufgestanden, trug einen Morgenmantel und beschäftigte mich ein wenig im Haus. Plötzlich sah ich mich in einem Spiegel, wie ich schwach umherschlurfte und mit einem schmerzlichen Ausdruck im Gesicht den Invaliden spielte. Ich riß mich zusammen, bewegte mich kraftvoller, wie ein Gesunder, und begann auch gleich, mich besser zu fühlen.

Wenn Sie bei der Arbeit eine nachlässige, schlampige Haltung annehmen, fühlen Sie sich müde. Wenn Sie aufrecht stehen oder sitzen und sich frisch bewegen, fühlen Sie sich frisch und energiegeladen, und die Arbeit geht Ihnen leichter und angenehmer von der Hand. Einmal half ich zu Weihnachten in einem großen Postgebäude beim Sortieren der

Post. Hunderte von Männern standen in langen Reihen an den Verteilerrampen. Ich sah, wie sie arbeiteten, und ich hörte, wie sie sich in den Mittagspausen unterhielten. Diejenigen, die nachlässig herumhingen und ihre Arbeit gleichgültig erledigten, beklagten sich darüber, daß die Arbeit langweilig sei und daß die Nachtschicht nicht enden wollte; diejenigen, die aufrecht und mit wachen Augen ihre Arbeit machten, schienen an ihrer Arbeit interessiert und damit zufrieden.

Warum hat man von Anbeginn Soldaten darauf gedrillt, aufrecht zu stehen und rhythmisch zu marschieren? Weil eine stolze Haltung und gleichmäßige Körperbewegungen Mut und einen festen Geist vermitteln.

Warum haben Moralisten und religiöse Eiferer immer wieder versucht, bestimmte Spiele und Tänze zu verbieten? Weil erotische Haltung und Bewegungen erotische Empfindungen hervorrufen.

Weder ein spindeldürrer, schwacher, unterentwickelter Körper noch ein zu schwerer, schwammiger Körper können bei der Geist-Körper-Partnerschaft volle Dienste leisten. Sie, der Sie gesund sein wollen – deshalb lesen

Sie dieses Kapitel ja –, wissen genau, ob Ihr Körper kraftvoll ist und im richtigen Verhältnis zu Ihrem Alter, Ihrem Geschlecht und Ihrem Beruf steht. Ich lege besonderen Wert auf die Betonung des «richtigen Verhältnisses». Die körperliche Beschaffenheit einer Ringerin unterscheidet sich erheblich von der einer Hausfrau. Die Muskeln, die ein Akrobat braucht, wären bei einem Schriftsteller fehl am Platz.

Die folgenden Fragen, ehrlich beantwortet, werden Ihnen Auskunft darüber geben, ob Ihr Körper im Einklang zu Ihnen steht:

1. Können Sie der gewohnten Tagesarbeit leicht und gut nachgehen, ohne mehr als das normale, angenehme Maß an Müdigkeit nach getaner Arbeit zu empfinden?

2. Haben Sie die nötige Energie, um mit Ihrer Freizeit etwas anzufangen, um den Vergnügungen nachzugehen, die Ihnen liegen?

3. Haben Sie die nötigen Energiereserven, um den Anforderungen gerecht zu werden, die außer Ihrer Routinearbeit und Vergnügungen noch auf Sie zukommen: zum Bus laufen, Hilfe bei einem Unfall herbeiholen, mehrere Etagen hochsteigen, wenn der Fahrstuhl kaputt ist, einkaufen gehen, wenn Sie wegen Schnee und Eis Ihr Auto nicht nehmen können, sich eine Stunde über Wasser halten, wenn Sie mit Ihrem Boot umgekippt sind etc.?

4. Schlafen Sie gut?

5. Wachen Sie erfrischt auf, energiegeladen, um den neuen Tag in Angriff zu nehmen?

6. Entspricht Ihr Körpergewicht Ihrem Geschlecht, Ihrer Größe und Ihrem Alter?

Wenn Sie auf eine dieser Fragen mit «Nein» antworten müssen, müssen Sie mit einem sportlichen Übungsprogramm beginnen. Es gibt viele gute Bücher, die für alle Anforderungen Übungen bereithalten. Clubs, Erwachsenenschulen und ähnliche Organisationen halten solche Kurse unter ihrer Aufsicht ab. Absolvieren Sie nicht den erstbesten Kurs; suchen und verfolgen Sie ein System, das Ihnen gefällt und paßt. Sie haben mehr davon, wenn es Ihnen Spaß macht. Ziehen Sie Ihren Arzt zu Rate, bevor Sie mit einer anstrengenden, ungewohnten Art von sportlicher Tätigkeit beginnen.

Machen Sie sich das Prinzip zu eigen. Erarbeiten Sie sich ein ruhiges, zuversichtliches, fröhliches Wesen, indem Sie sich angewöhnen, die passende Körperhaltung und -bewegung anzunehmen. Sie werden zufriedenstellend dafür belohnt. Andere werden sofort feststellen, daß Sie gesünder, jünger und anziehender aussehen. Die Komplimente, die Sie entgegennehmen werden, werden Ihnen Spaß machen.

Ausdruck

Ihr Gesichtsausdruck kann als Teil Ihrer ganzen Haltung gewertet werden, aber er ist so wichtig, daß er getrennt behandelt werden muß.

Trauer, Ärger, Haß, Schuldgefühle, Sorgen und alle die anderen destruktiven, unerwünschten Gefühle prägen sich ganz charakteristisch auf Ihrem Gesicht ein.

Heiterkeit, Ruhe, Liebe, Wohlwollen und all die konstruktiven, wünschenswerten Gefühle prägen sich genauso charakteristisch auf dem Gesicht ein.

Im Gesicht, genau wie anderswo, beeinflußt der Geist den Körper und der Körper den Geist. Wenn Sie gewohnheitsmäßig die Augenbrauen zusammenziehen und die Lippen zusammenpressen, sehen Sie sorgenvoll aus und fühlen sich auch dementsprechend. Wenn Sie optimistisch und zufrieden in die Welt schauen, fühlen Sie sich auch genauso optimistisch und zufrieden.

Deshalb kontrollieren Sie Ihre Gefühlsregungen, indem Sie Ihren Gesichtsausdruck kontrollieren. Wenn Ärger in Ihnen hochsteigt, zwingen Sie sich zu einem Lächeln, und Sie werden sehen, wie der Ärger von der guten Laune vertrieben wird. Wenn Sorgen Sie überfallen wollen, streichen Sie die Falten von Ihrer Stirn, nehmen Sie einen ruhigen Gesichtsausdruck an, und fühlen Sie sich ruhig. Die bekannte Geste, mit der Hand über die Stirn zu streichen, wenn man Angst hat, ist eine unbewußte Bewegung, um die Sorgenfalten wegzuwischen. Tun Sie das jetzt bewußt, und Sie werden sehen, es hilft.

Wenn Sie Ihr Repertoire an Gesichtsausdrücken positiv verändern, werden Sie sich selbst nicht nur optimistischer finden (oder eine andere Eigenschaft, die Sie erstreben), sondern feststellen, daß andere auch eine bessere Meinung von Ihnen haben werden. Die Art, wie sie über Sie sprechen, auch hinter Ihrem Rücken («Der und der sieht jetzt viel beschwingter aus») und über Sie denken, wird dazu beitragen, die Veränderung, die Sie begonnen haben, zu festigen und zu beschleunigen.

Sportliche Übungen

So wie die Gymnastik Ihren Körper «aufmöbelt», so möbelt sie auch Ihren Geist auf. Man muß die erhöhte Willensmacht, das Selbstvertrauen, die Heiterkeit und die allgemeine Lebensfreude schon selbst erleben, um zu sehen, was so ein gut durchdachtes Trainingsprogramm alles ausrichten kann.

Ein gesundes Leben

Medizin und Tabletten können körperliche Schmerzen zum Stillstand und den Geist eine Zeitlang zur Ruhe bringen. Aber ein Leben mit Medizin ist kein gesundes Leben. Die in diesem Kapitel gebotenen Anregungen sollen Ihnen helfen, ohne Arznei ein gesundes Leben zu führen. Ich will damit nicht sagen, daß Sie niemals ärztliche Hilfe in Anspruch nehmen sollen bei Ihrer Gesundheitskampagne. Die Kunst, gesund zu leben, kann wie andere

Künste nicht über Nacht erlernt werden. Sie werden vielleicht Rückschläge erleiden. Aber, wie wir in Kapitel 10 gesehen haben, kann jeder Rückschlag zum Vorteil gereichen, wenn Sie die Lehre daraus ziehen.

Bei solchen Rückschlägen können Sie die orthodoxe Medizin zur Hilfe nehmen, die Chirurgie, Chiropraktik, geistige Heilkunde, Pflanzenkunde, Naturheilkunde, Glaubenslehre, Nadelpunktierung oder eine andere Heilmethode. Wenn der Heilende sein Geschäft versteht, wenn Sie an ihn glauben und seinem Rat folgen, werden Sie Nutzen aus der Behandlung ziehen. Aber Sie können Ihre Abhängigkeit von solcher Hilfe auf ein Minimum reduzieren; Sie können selbst Ihr bester Arzt werden; Sie können zu Ihrer Unterstützung die allmächtigen Kräfte der Natur in Anspruch nehmen, wenn Sie darangehen, Ihren Körper zu stärken, und mit dem Körper Ihren Geist stärken. Jedes muß dem anderen helfen, und jedes wird Hilfe vom anderen bekommen, wie zwei Beine, die eine Leiter hinaufsteigen. Auf diese Weise können Sie eine bessere Gesundheit erreichen und behalten, als Sie je für möglich gehalten haben.

Und wie lange wird sie anhalten? Ich, und Sie wahrscheinlich auch, kennen Leute, die keine 70 Jahre alt sind und sagen, daß es ihnen gleich ist, ob sie heute sterben, weil sie keinen Lebenszweck haben. Sie werden einen tragischen Tod sterben, verbittert in dem Bewußtsein verlorener Jahre, nicht gefaßter Entschlüsse und unerreichter Ziele.

Ich, und Sie wahrscheinlich auch, kennen Leute, die viel älter als 70 sind, die ein glückliches und aktives Leben führen (denken Sie an einige der in Kapitel 13 genannten Beispiele).

Sie können so wie diese sein. Sie haben viel, wofür es sich lohnt zu leben – Selbstentfaltung und die Erfüllung Ihrer Wünsche.

Wenn Sie in hohem Alter das Gefühl haben, daß Sie aus sich gemacht haben, was Sie wollten, und erreichten, was Sie sich als Ziel gesteckt hatten, werden Sie, so wie viele vor Ihnen, zum Sterben bereit und zufrieden sein, ein lebenswertes Leben gelebt zu haben.

Zusammenfassung

- Geist und Körper sind untrennbar miteinander verbunden.
- Ein gesunder Körper ist untrennbar mit einem gesunden Geist verbunden.
- Es besteht eine enge Verbindung zwischen Gefühl und Gesundheit.
- Destruktive Gefühle machen für Krankheiten anfällig.
- Konstruktive Gefühle machen für Gesundheit empfänglich.
- Planen Sie Ihr Leben: Belasten Sie sich sowenig wie möglich, und erfreuen Sie sich bestmöglicher Gesundheit.
- Schalten Sie Sorgen aus, und verlängern Sie dadurch Ihr Leben.
- Ein harmonisches, interessantes, zufriedenstellendes Leben ist ein gesundes Leben.
- Tod ist nicht etwas, wovor man Angst haben muß.
- Ein ruhiger, zuversichtlicher, fröhlicher Geist bedeutet einen gesunden Körper.
- Tiefes, regelmäßiges Atmen macht ruhig.
- Eine aufrechte Haltung macht Sie fröhlicher und aufgeschlossener.

- Halten Sie Ihren Gesichtsausdruck unter Kontrolle, und kontrollieren Sie Ihre Gefühlsregungen.
- Sportliche Übungen stärken Körper und Geist gleichermaßen.
- Gesundheit, Erfolg, Zufriedenheit sind die Komponenten für ein langes, glückliches Leben.

Das Leben ist süß.
Warum soll man es sich versalzen,
indem man seine Gesundheit vernachlässigt?
Wenn man sich Vergnügen auf Kosten der Gesundheit erkauft, ist es ebenso,
als wenn man eine Rattenfalle über dem eigenen Finger zuschnappen läßt.

17. Kapitel

Wohlstand

«Nimm alles, was du bekommen kannst,
behalte alles, was du kannst,
gib alles, was du geben kannst.» John Wesley

Wohlstand, wie wir ihn in diesem Kapitel behandeln wollen, kann nicht an dem gemessen werden, was Sie in der Woche oder im Monat verdienen, oder an der Größe Ihres Hauses oder dem Wert Ihres Wagens. Wohlstand ist subjektiv.

Der ist ein reicher Mann, der keine Angstgefühle kennt, die sich mit Geld und materiellem Besitz beschäftigen. Dieser glückliche Umstand kann mit jedem Einkommen erreicht werden: Es gibt Bettler, die überhaupt kein Geld haben und sich keine Gedanken darüber machen; es gibt auch Millionäre, die nicht ans Geld denken, und Menschen aller Schichten und Klassen.

Ebenso ist ein Anzeichen für Armut nicht notwendigerweise ein kleines Einkommen: Armut ist Sucht nach Geld und materiellen

Reichtümern. Es gab Leute, die Selbstmord begangen haben, weil sie ein Leben mit Millionenvermögen nicht lebenswert fanden.

Ein älterer Freund von mir hat alles, was er sich wünscht – Haus, Garten, Boot, eine Anglerausrüstung und alles, was er essen, trinken und anziehen möchte – und gibt nur 150,– DM monatlich dafür aus. Er ist reich. Andererseits kenne ich Leute mit einem Jahreseinkommen von 25 000,– DM, die arm sind, weil sie sich buchstäblich mit Geldsorgen krank machen.

Hier zwei Schritte, um zu Wohlstand zu gelangen:

1. Eignen Sie sich das Einkommen und die Besitztümer an, die Sie sich wünschen.

2. Eignen Sie sich die Fähigkeit an, sich daran zu freuen. Das heißt, daß Sie sich einfach nicht leisten können, sich darüber Sorgen zu machen, daß Sie Geld verlieren könnten; Sie können es sich nicht leisten, andere, die mehr als Sie haben, darum zu beneiden.

Die Ausschaltung unangenehmer Gedanken wie Sorgen und Neid haben wir in Kapitel 15 besprochen. Wir müssen an dieser Stelle nicht noch einmal darauf eingehen. Denken

Sie aber daran, daß Sie diese unangenehmen Eigenschaften überwinden müssen, wenn Sie wohlhabend sein wollen. Wenn Ihnen das nicht gelingt, werden Sie vielleicht zu Geld kommen, aber Sie werden damit nicht glücklich werden, sondern arm bleiben.

Dieses Kapitel befaßt sich mit Punkt 1, das gewünschte Einkommen und Vermögen zu erlangen. Das kann erreicht werden. Sie schaffen das, wenn Sie nur wirklich wollen. Das ist das große «Wenn». Viele sagen zwar, daß sie reich sein wollen, aber sie ziehen Bequemlichkeit vor: Sie ziehen vor zu schlafen und nichts zu tun, als Pläne zu schmieden und zu arbeiten. Manche wünschen sich Sex: Sie jagen hinter den Frauen her und bleiben damit arm und klein. Andere ziehen Vergnügen vor: Sie ruinieren sich selbst, indem sie spielen und trinken. Andere werden von Angst beherrscht: Immer in der Angst, einen Fehler zu machen, zögern sie, wenn sie handeln sollten. Solche Leute können wohl vom Wohlstand träumen, aber sie erstreben ihn nicht ernstlich.

«Kinder, wäre das schön, wenn ich einen reichen Onkel hätte, der mir nach seinem Tod eine Million vermachen würde!»

«Nehmen wir einmal an, ich gewinne im Lotto. Was könnte ich alles mit dem vielen Geld tun!»

Das sind Träumereien vom Reichtum. Ich nehme aber an, daß Sie Reichtum erstreben, wenn Sie dieses Kapitel lesen, und deshalb wollen wir einmal genauer betrachten, wie man dazu kommen kann.

Keine Ausreden mehr

Um ein neues Haus auf dem Grundstück zu bauen, auf dem ein altes steht, muß man zuerst das alte abreißen. Sie müssen das mit Ihrem Geist ebenso machen, wenn Sie das Gebilde der Armut durch ein Gebilde des Wohlstands ersetzen wollen.

Dazu müssen Sie zunächst alle Ausreden für Ihre Armut abschütteln. Eine Ausrede für Armut, die im Geist verankert ist und öfters laut gesagt wird, wird zum zwingenden Grund für Armut, eine Kette, die Sie arm macht.

«Ich hatte nie die Möglichkeit.»

«Meine Bildung reicht nicht aus.»

«Ich bin in meinem Trott und komme da nicht heraus.»

«Ich bin nicht klug genug.»

«Meine Familie zieht mich nach unten.»

«Ich habe nicht genug Zeit.»

«Ich bin ein Pechvogel.»

«Ich bin zu alt.»

«Meine Gesundheit ist schlecht.»

Wir brauchen diese Liste nicht fortzusetzen. Sie haben schon viele Entschuldigungen gefunden, so wie ich zu meiner Zeit auch – und Sie haben auch schon viele Entschuldigungen gehört. Der Arme ist in einer Beziehung reich – reich an Ausreden!

Wenn man Ausreden sucht und macht, so ist das ein Zeichen von Mißerfolg und ein Grund für Mißerfolg. Ich kenne niemand, der bei irgendeiner Sache Erfolg gehabt hat mit Ausreden. Warum? Weil Sie jedesmal, wenn Sie eine Ausrede vorbringen, einen Grund finden oder erfinden, warum Sie Mißerfolg haben werden. Je mehr Entschuldigungen Sie finden und je öfter Sie sie zur Hilfe nehmen, desto überzeugter werden Sie, daß das betreffende Ziel, das Sie haben, außerhalb Ihrer Reichweite liegt. Denken Sie daran, daß ein oft wiederholter Gedanke schließlich zum Glauben wird.

Lesen Sie die Biographien berühmter Leute. Viele von ihnen hätten vortreffliche Gründe für Mißerfolge gehabt, wenn sie Mißerfolg gewollt hätten:

Demosthenes stotterte und wurde einer der größten Redner Griechenlands.
Epiktet, ein Sklave, gründete eine Philosophenschule.
Robert Burns, ein Pflüger und Trunkenbold, schrieb unsterbliche Gedichte.
Napoleon Bonaparte wurde an der Militärakademie als Dummkopf angesehen.
Beethoven war taub.
Andrew Carnegie begann sein Leben als einfacher Arbeiter.
John D. Rockefeller war Bauer.
Dostojewski war Epileptiker.
Abraham Lincoln war als Geschäftsmann eine Pleite.
Toulouse-Lautrec war verkrüppelt.
Helen Keller war blind und taub.
Thomas Edison war taub.

Alle diese Leute würden Gründe genug gehabt haben, um Mißerfolg zu entschuldigen. Jeder, der Erfolg gehabt hat, könnte Ausreden gehabt haben für Mißerfolg; statt dessen hat er Wege gefunden, die ihn zum Erfolg geführt haben.

Übung 40: Wenn Sie sich Gründe eingestehen für Ihre Armut, schreiben Sie diese nieder. Numerieren Sie sie. Nehmen Sie sich Zeit: Nehmen Sie, wenn nötig, eine Woche lang die Liste regelmäßig zur Hand, bis Sie ganz sicher sind, alle Gründe gefunden zu haben. Dann schreiben Sie ans Ende der Liste: «Ich löse mich von diesen Ausreden jetzt und für immer. Ich werde sie niemals mehr gebrauchen, weder für mich selbst noch bei anderen.» Sagen Sie das laut, und verbrennen Sie das Blatt Papier dann.

Überwinden Sie die Angewohnheiten der Armut

Sie haben jetzt keine Ausrede mehr für Armut. Wenn Sie nun nicht reich werden, liegt das an Ihnen selbst, und Sie wissen das. Lassen Sie uns deshalb den nächsten Schritt machen: Legen Sie die Gewohnheiten ab, die Armut hervorrufen und begünstigen. Für viele ist Armut einfach eine Gewohnheit oder eine ganze Reihe von Gewohnheiten, und Wohlstand kann nur dadurch erreicht werden, indem diese alten Gewohnheiten ausgeschaltet und neue gebildet werden.

Grund Nr. 1 für Armut: Krankheit

Krankheit hält Sie von der Arbeit ab. Sie versetzt Sie in eine depressive Stimmung und bringt Ihre Pläne zur Selbstentfaltung zum Scheitern. Sie gibt Ihr Geld aus, um Arzt-, Apotheker-, Ambulanz- und Krankenhausrechnungen zu bezahlen, sie verschwendet Ihre Zeit. Sie verkürzt Ihr Leben.

Kapitel 16 enthält Anregungen, wie man gute Gesundheit bewahren kann. Wenn Sie diese Anregungen aufgreifen, haben Sie bereits einen entscheidenden Schritt in Richtung auf Wohlstand gemacht, denn schon Emerson sagte: «Der erste Teil des Wohlstands ist Gesundheit.»

Grund Nr. 2 für Armut: Unordnung

«Ich weiß einfach nicht, wo mein Geld bleibt.»

Wie oft haben Sie diese Klage schon gehört? Sie ist ein untrügliches Zeichen für Armut. Derjenige, der nicht weiß, wo er sein Geld läßt, ist wie jemand, der verblutet, aber sich nicht die Mühe macht, nach der eigentlichen Wunde zu suchen und diese zu verbinden.

Die Ergebnisse dieses Durcheinanders der Finanzen kann erniedrigend sein. Derjenige, der keine Ordnung hat, hat oft nach einem halben Monat schon kein Geld mehr; er dachte nicht an die Zahlungen, die er diese Wochen machen mußte, und weiß nicht, wofür er sein Geld letzte Woche ausgegeben hat.

Er muß sich Geld pumpen, um leben zu können. Ein älterer Parkwächter sagte mir einmal, daß er kleinere Summen oft an Kunden ausleiht, die große Wagen fahren; sie können die paar Cents Parkgebühren nicht bezahlen, weil sie einfach kein Geld mehr haben.

Derjenige, der keine Ordnung hat, pflegt die Borgerei. Zuerst fällt ihm das nicht schwer, er borgt von Freunden oder von der Leihanstalt. Aber vergessen Sie nicht: Sie borgen immer zu den Bedingungen eines anderen. Jedesmal, wenn Sie Geld borgen, entschwindet wieder ein kleiner Teil Ihres Lebens Ihrer Kontrolle und geht in die Hände von anderen über.

Hinzu kommt, daß der Verleiher auf den herabsieht, der Geld leiht. Vielleicht lächeln Ihnen Ihr Freund oder Mitarbeiter oder der Parkwächter zu und sagen Ihnen irgend etwas Nettes, aber in ihrem Herzen verachten sie Sie. Der Mann in der Leihanstalt lächelt (schließlich machen Sie ihn mit dem Borgen reich), aber er verachtet Sie dennoch, weil Sie im Gegensatz zu ihm keine Ordnung in Ihren Finanzen haben.

(Merke: Ich meine damit nicht das Geld, das man für eine Investition borgt. Geborgtes Geld, das Sie für sich arbeiten lassen, kann einen beachtlichen Profit bedeuten. Ich spreche vom Pumpen, um seinem finanziellen Kuddelmuddel zu entkommen.)

Die Ergebnisse dieser Unordnung können gefährlich sein: Wenn man Schecks ausstellt, ohne zu wissen, ob sie gedeckt sind, kann man ins Gefängnis kommen.

Die Heilung von diesem Durcheinander ist einfach. Benjamin Franklin weiß ein Rezept: «Vervollständigen Sie Ihr Wissen durch zwei Dinge, Rechnen und Buchhaltung.» Franklin wußte, wovon er sprach. Er begann ohne einen Pfennig Geld; als er sich in seinen Vierzigern aus dem Geschäftsleben zurückzog, war er so reich, daß er niemals mehr arbeiten mußte.

Sie müssen kein Experte in Buchhaltung werden. Alles, was Sie beherrschen müssen, ist Addition, Subtraktion, Multiplikation und Division und eine genaue Kenntnis von Zinsrechnung.

Die Nichtbeachtung von Zinsen und mangelndes Interesse daran sind oft die Ursache für Durcheinander, Sorgen und Armut. Verschiedentlich haben wohlmeinende Gesetzgeber verlangt, daß der volle, genau sichtbare Zinssatz für jede Anleihe und jedes Finanzgeschäft auf Zeit angegeben wird. Viele Menschen zerbrechen sich den Kopf aber nicht mit Zinssätzen, sondern fragen lediglich: «Wieviel monatlich?» Kein Wunder, daß der Verleiher auf den Kunden herabsieht!

Es gibt gar keine Schwierigkeiten und Geheimnisse in Verbindung mit Zins. Ein gebraucht gekauftes Schulrechenbuch, das ein paar Pfennige im Buchgeschäft kostet, wird es Ihnen erklären.

Was die Buchhaltung anbetrifft, müssen Sie nicht allzuviel wissen. Sie müssen Ihr Gesamteinkommen kennen. Wenn Sie mehr als eine Einkommensquelle haben, müssen Sie wissen, wieviel aus jeder kommt. Sie sollten wissen, wieviel Ihre großen Ausgaben betragen. Sie sollten jederzeit wissen, wieviel Geld Sie in der Hand haben und was für Ausgaben in den nächsten Monaten auf Sie zukommen werden. Die ersten paar Kapitel eines elementaren Buches über Buchhaltung werden Ihnen das nötige Wissen vermitteln.

Es ist weder zuviel verlangt, noch kostet es viel, dieses Wissen anzuwenden. Ich mache meine Buchhaltung in einem Schulheft für 40 Pfennige. Um Berechnungen von Steuern und Zeit – und um die Berechnungen, die ich bei meiner Arbeit tun muß – zu erleichtern, habe ich eine taschengroße Rechenmaschine.

Diese Maßnahmen werden Ihrem Durcheinander ein Ende bereiten. Diese Maßnahmen müssen Sie ergreifen, wenn Sie reich werden wollen.

Übung 41: Wenn Sie in Gelddingen Unordnung hatten, kaufen Sie sich ein billiges Kontobuch und führen Sie einen Monat lang Buch über Ihre laufenden Einnahmen und Ausgaben. Dann erstellen Sie sich für den nächsten Monat ein ausgeglichenes Budget und machen Sie es zu einem Ihrer Ziele, diesem gerecht zu werden. Erstellen Sie für jeden weiteren Monat ein neues Budget.

Übung 42: Ziehen Sie Bilanz, was Sie besitzen und was Sie schulden. Bringen Sie Ihre Bilanz viermal im Jahr auf den genauen Stand.

So ein Durcheinander muß nicht nur bei Geld, sondern kann auch bei anderen Besitztümern herrschen. Wenn Sie etwas nicht finden, wenn Sie es gerade brauchen, besitzen Sie es nicht eigentlich. Sie zerbrechen sich den Kopf darüber: Sie machen sich Sorgen darüber, wo es wohl geblieben sein könnte. Sie sind arm.

Ein Mann, der ein sauberes Hemd anziehen muß und zehn schmutzige Hemden hat und weitere zehn, die gerade in der Wäscherei sind, ist ein Mann ohne Hemd. Die Hemden sind seine Sorgenkinder; Hemden machen ihn ärgerlich. Er ist arm.

Wenn man vergißt, an seinem Auto die Inspektionen machen zu lassen, und es deshalb zusammenbricht; wenn man an seinem Haus nichts macht, bis es ungemütlich, schäbig und unansehnlich wird; wenn man die Gebrauchsanweisungen für irgendwelche Geräte nicht liest und befolgt: dies sind die typischen Beispiele für das Durcheinander, das einem Angst, Enttäuschung und Ärger um seine Besitztümer einjagt und einen deshalb arm werden läßt.

Es ist leicht, an den Dingen, die man besitzt, Freude zu haben. Man muß nicht mehr Zeit investieren, um methodisch vorzugehen. Der Pfuscher widmet 24 Stunden täglich seinem Durcheinander. Er könnte die Zeit ebensogut damit verbringen, ordentlich und wohlhabend zu sein.

Grund Nr. 3 für Armut: Verschwendung

Manche armen Leute verschwenden ganz offensichtlich, um sich den Anschein zu geben, reich zu sein. Der Wohlhabende weiß, daß er wohlhabend ist; er erfreut sich an seinem Wohlstand; er ist selbstsicher und zufrieden; er spürt nicht das Verlangen, auf jemanden Eindruck machen zu müssen. Deshalb verschwendet er nichts.

Verschwendung ist das unnütze Ausgeben von Geld oder materiellem Besitz. Es ist keine Verschwendung, wenn man über 1000,– DM für eine Enzyklopädie ausgibt, vorausgesetzt, sie bietet einem den gleichen Gegenwert an Vergnügen und Information. Es ist aber Verschwendung, eine Zeitung für 50 Pfennige zu kaufen, wenn man sie nicht liest.

Zugegeben, die 50 Pfennige werden Sie nicht arm machen, aber die Gewohnheit zu verschwenden wird das bewirken. Diese Verschwendungssucht macht viele Lottogewinner und reiche Erben schnell zu armen Leuten. Diese Sucht ist wie Krebs: Sie beginnt ganz klein und wächst, wenn nichts dagegen unternommen wird, bis sie Ihre Aussichten auf Reichtum zunichte gemacht hat.

Ich spreche nicht für ein hartes, freudloses, armseliges Leben. Sparen heißt nicht armselig leben müssen. Edmund Burke sagte einmal: «Sparsamkeit besteht nicht darin zu sparen, sondern auszuwählen. Knausern heißt nicht sparen. Ausgaben, auch große Ausgaben, können ein entscheidender Teil ökonomischen Denkens sein.»

Verschwendung besteht nicht nur aus nutzlosen Käufen. Es ist auch verschwendet, große Summen Geld herumliegen zu lassen, wenn sie Zins bringen könnten. Ich bin immer wieder erstaunt, wenn ich in Zeitungsberichten lese, daß jemand 4000,– DM aus seinem Portemonnaie verloren hat oder daß 20 000,– DM aus einer Keksdose in der Küche gestohlen wurden. Warum denn um Himmels willen halten die Leute soviel Geld bei sich oder im Haus?

Ich kenne Leute, die keine Erben hatten und sich jahrelang einschränkten, um extrem hohe Lebensversicherungspolicen bezahlen zu können. Das ist Verschwendung! Ein Mann rechtfertigte sich vor mir, indem er sagte: «Ja, aber denken Sie doch an den Schutz, den ich die ganze Zeit über genossen habe!» Glaubte er wirklich, daß ihn die Versicherung davor schützte, sterben zu können? Ungeordnete Gedanken haben Verschwendung zur Folge! Die verbreitetste Art von Verschwendung ist Zeitverschwendung. Verlorenes Geld kann vielleicht wiedergewonnen werden; verlorene Zeit ist für immer verloren. Wenn man seine Zeit regelmäßig einteilt, kann der Zeitverschwendung vorgebeugt werden.

Es besteht natürlich keine Notwendigkeit, die ganze Zeit über, wo wir wach sind, zu arbeiten. Wir müssen uns auch entspannen! Wir müssen uns auch vergnügen! Aber wir können unsere Vergnügungen klug aussuchen. Zuviel Fernsehen und ziellose Autofahrten sind Vergnügen, die narkotisieren; sie lassen ihre Anhänger ihre Zeit verbringen, ohne daß diese die Zeitverschwendung bemerken.

Aber viele Freizeitbeschäftigungen dienen der Gesundheit und damit dem Wohlstand. Viele Freizeitbeschäftigungen sind erzieherisch oder möglicherweise nutzbringend. Viele Freizeitbeschäftigungen führen zu netten Bekanntschaften, die Ihnen wiederum bei der Erreichung Ihrer Ziele helfen können.

Es gibt so viele konstruktive Arten, seine Zeit zu verbringen: Warum auch nur eine einzige Minute davon verschwenden!

Zu Wohlstand kommen

Die Reichtümer, die Sie anstreben, sind alle zu haben. Der Wohlstand umgibt Sie wie Luft. Ein Leben, das voll ist von den Gebräuchen der Armut, ist wie ein Haus, in dem eine verrauchte, verbrauchte Luft steht. Öffnen Sie die Fenster. Lassen Sie die schlechte Luft der Armut hinaus, und die frische, belebende Luft des Wohlstands wird hereindringen und die alte ersetzen.

Hier einige Gedanken, mit deren Hilfe Sie

diesen «Luftwechsel» leichter und schneller bewerkstelligen können:

1. Um zu Wohlstand zu gelangen, muß man an und für sich dieselben Schritte einschlagen wie für jedes andere Ziel.

Treffen Sie eine Entscheidung, was Sie überhaupt wollen, sowohl was Geld als auch was materielle Besitztümer anbetrifft. Umreißen Sie jedes Ziel ganz minutiös. Und weil Sie immer etwas hergeben müssen, wenn Sie etwas empfangen wollen, müssen Sie sich entscheiden, was Sie als Gegenleistung in Form von Gedanken, Bemühungen, Zeit, Einsatz und schöpferischer Tatkraft bieten wollen. Dann lassen Sie die grenzenlose Denkmacht nach den schon bekannten Methoden mit der Arbeit beginnen, den Wunsch in die Wirklichkeit umzusetzen. Halten Sie nach Leuten Ausschau, die Ihnen helfen können, und helfen Sie ihnen wiederum im Austausch. Halten Sie nach Ergebnissen Ausschau, begrüßen Sie sie mit Freude und Dankbarkeit. Planen, denken und arbeiten Sie fortwährend, denn Wohlstand ist nicht einfach ein Gegenstand, den man sich greift und festhält; Wohlstand ist ein «Umstand», in den man erst kommen muß, an dem man sich freut und den man andauern lassen muß.

2. Geben Sie mehr, um mehr zu empfangen.

Geben Sie nicht nur denjenigen, die Ihnen eventuell helfen könnten – seien Sie trotzdem gerecht und mehr als gerecht mit ihnen –, sondern auch anderen, die Ihnen, soweit Sie beurteilen können, nichts zurückgeben werden.

Es gibt religiöse Gemeinschaften, die empfehlen oder vorschreiben, jeweils ein Zehntel seines Einkommens anderen zu geben. Ich weiß nicht, ob die Zahl 10 % eine besonders magische Kraft hat. Ich bin fest überzeugt, daß es nicht notwendig ist, nur Kirchenfonds oder große, gutorganisierte Wohltätigkeitsorganisationen zu unterstützen. Das ist gut; wenn man aber persönlich etwas gibt, ist das besser. Ich glaube an ein unsichtbares Gesetz, das einen großzügigen Geber belohnt mit viel mehr, als er gegeben hat.

Es gibt vieles, was Sie geben können außer Geld: Sie können an Ihren Gedanken, Ihrer Zeit und Ihren Gaben teilhaben lassen. Schreiben sie an jemanden, der Information oder eine Ermutigung benötigt, einen Brief. Unterhalten Sie sich mit jemandem, der einsam ist. Geben Sie jemandem Rat, der falsch beraten oder unwissend ist. Jeder, der nur bereit ist zu geben, wird Möglichkeiten in Hülle und Fülle dafür finden. Jeder Geber wird erstaunt und beglückt sein über die darauf folgenden Ergebnisse. Sie müssen das nicht glauben, weil ich das sage. Probieren Sie es aus, und Sie werden selbst sehen.

3. Brechen Sie mit der toten Vergangenheit.

Die Angewohnheit, nicht benötigte Dinge zu horten und anzusammeln, geht schon in Richtung Armut. Indem man alte Kleider, die man nicht mehr trägt, hortet, alte Möbel, die man nie mehr braucht, Bücher, die nie mehr gelesen werden, Schallplatten, die man nie mehr spielen wird, alte Tagebücher und Briefe, die man nie mehr hervorholen wird, aufbewahrt, gefährdet man seine Chancen, zu Wohlstand zu kommen. Dafür gibt es fünf Gründe:

a) Das Horten von alten Dingen kann ein Zeichen dafür sein, daß man an der Vergangenheit hängt und in der Vergangenheit lebt. Ich sehe darin, daß Sie zurückschauen auf die «guten, alten Zeiten», die wahrscheinlich besser waren als das Heute. Immer wenn Sie die alten Dinge sehen, werden Sie an die Vergangenheit erinnert. Eine komische Situation – ein Mann geht auf den Dachboden, um seinen Hammer zu holen, und sieht einen Berg alter Dinge, wühlt diesen durch und durch, schwelgt den ganzen Morgen in Erinnerungen und hat schließlich genau das nicht getan, was er hätte tun sollen. Die tote Vergangenheit ist so weit vorgedrungen, daß sie einen Teil der Gegenwart zerstört.

b) Das Horten von Dingen kann ein Ausdruck von Furcht sein, Furcht davor, eines Tages in der Situation zu sein, wo man alte Kleider wieder tragen muß, seine alten Möbel wieder braucht usw.

c) Die alten «Klamotten» nehmen in Ihrem Heim wertvollen Platz weg. Noch eine komische Situation: Eine Familie hat ihre Garage mit alten Dingen vollgestellt, während der wertvolle Wagen draußen steht und unter Sonne und Regen nicht besser wird. Die Dinge, die man nicht braucht, nehmen den Platz der Dinge ein, die man noch braucht.

Der Plunder und der ideelle Wert, den er darstellt, nimmt in Ihrem Geist und in Ihrem Leben den Platz ebenso weg wie in Ihrem

Heim. Sie müssen die alten Sachen deshalb loswerden und die alten Vorstellungen in Verbindung damit begraben, damit Sie für Ihre neuen Besitztümer und Ideen Platz haben, die Sie auf sich zukommen sehen.

d) Was für Sie wertlos ist, mag vielleicht für jemand anderen von Nutzen sein. Geben Sie solche alten Sachen doch weg an jemanden, der sie braucht und Freude daran haben wird. Je mehr Sie geben, desto mehr werden Sie als Austausch dafür empfangen.

e) Es ist Verschwendung, unbenutzte Besitztümer zu horten. Wenn Sie sie nicht weggeben können, verkaufen Sie sie doch. Machen Sie Geld daraus, und lassen Sie dieses Geld in Ihrem Streben nach Wohlstand für Sie arbeiten.

4. Geben Sie sich eine Anregung.

Für viele ist Armut aufzugeben und Wohlstand anzustreben eine schwere Aufgabe. Armutsgedanken und Armutsgewohnheiten sind zäh. Aber je stärker Ihr Wunsch ist, desto leichter und angenehmer werden Sie Ihren Plan realisieren, zu Wohlstand zu gelangen. Sie können sich selbst genauso anregen wie andere Leute.

Übung 43: Erstellen Sie eine Liste, aus der hervorgeht, wie Ihr Wunsch nach Wohlstand zu Ihren zehn Hauptzielen (Kapitel 12) steht. Revidieren Sie die Liste jeden Tag, bis Sie sicher sind, daß sie vollständig ist. Dann lesen Sie sie mindestens einmal in der Woche durch und denken darüber nach.

Zusammenfassung

– Schalten Sie Geldsorgen aus, und erfreuen Sie sich am Wohlstand.
– Vergessen Sie Ausreden für Mißerfolg: Suchen Sie nach Möglichkeiten für Erfolg.
– Wohlstand ist wie Armut weitgehend eine Sache der Gewohnheit. Bleiben Sie gesund.
– Lernen Sie Rechnen und die Grundkenntnisse von Buchhaltung, und benutzen Sie beides.
– Verschwenden Sie weder Geld noch Zeit.
– Gesundheit, Ordnung, Sparsamkeit: die Grundlagen für Reichtum.
– Für nichts ist nichts: Geben Sie, um zu erhalten.
– Je mehr Sie geben, desto mehr erhalten Sie.

– Brechen Sie mit der Vergangenheit; leben Sie heute; planen Sie für morgen.
– Ermutigen Sie sich dazu, die Gewohnheiten, reich zu sein, anzunehmen.

Sparsamkeit heißt, Geld zu meistern,
anstatt von Geld gemeistert zu werden.
Zeit verschwenden heißt ratenweise Selbstmord begehen.

18. Kapitel

Machen Sie Ihr Leben interessanter

«Ist das Leben nicht hundertmal zu kurz für Langeweile?» Friedrich Nietzsche

Wenn Sie Ihre materiellen Ziele im Leben erreicht, wenn Sie Gesundheit und Wohlstand erlangt haben, wenn die Quellen ernsthafter Ärgernisse versiegt sind, dann müssen Sie noch mit der Langeweile fertig werden, dem letzten und gefährlichsten Feind des Glücks.

Langeweile ist kein neues Problem. Das sind die Worte des Predigers Ecclesiastes:

«Leere, unermeßliche Leere – alles ist Leere ...

Ich habe alle Werke gesehen, die unter der Sonne vollbracht wurden, und alle sind leer und bedeuten Verdruß für den Geist.

Ich habe mein Herz für die Weisheit gegeben ... Ja, mein Herz hatte großes Wissen und viel Weisheit ... Ich stellte fest, daß auch das Verdruß für den Geist ist.

Ich sagte zu meinem Herzen, … ich will es mit Frohsinn beweisen; deshalb sei fröhlich; und auch das ist Leere …

Ich habe mir große Werke erstellt; ich baute mir Häuser; ich legte mir Weinberge an; ich machte mir Gärten und Obsthaine …

Ich häufte auch Silber und Gold an, … ich sammelte Sänger und Sängerinnen um mich, und … Musikinstrumente … und alles war Leere und Verdruß für die Seele.»

Heute hört man dieselbe Klage weniger poetisch ausgedrückt: «Ich bin zu Tode gelangweilt.» Langeweile macht dem Menschen in jedem Alter zu schaffen. Ich las kürzlich einen Zeitungsartikel über Teenager. Sie haben Radio, Fernsehen, Zeitungen und Zeitschriften zu Hause. Viele haben eigene Autos. Sie wohnen in einer schönen, weltoffenen Stadt mit Parks, Stränden, Tennisplätzen, Golfplätzen, Sportplätzen, Eisbahnen, Skihängen in der Umgebung, Büchereien, Museen, Gemeinschaftszentren, Kunstausstellungen, Kinos, Theater und Laienbühnen, mit allen nur möglichen Berufs- und Amateursportarten. Trotzdem beklagten sich diese Kinder in der Hauptsache über Langeweile.

Ein Junge meinte, daß eine Dragsterbahn innerhalb der Stadt ihn von seiner Langeweile befreien würde; ein Mädchen schlug Nachtclubs vor, die ausschließlich Teenagern vorbehalten sein sollten.

Ich kenne einen Lehrer, der seinen Schülern regelmäßig ein Aufsatzthema stellt: «Was würden Sie tun, wenn Sie ein Wochenende allein, ohne Fernsehen, Radio oder Plattenspieler verbringen müßten?» Viele Schüler kommen bei diesem Thema in Verlegenheit; sie können dazu überhaupt nichts schreiben. Andere würden die ganze Zeit verschlafen.

Mit Erwachsenen steht es nicht besser. Gesunde, wohlhabende Leute starren stundenlang auf den Bildschirm und beschweren sich dabei andauernd, daß das Fernsehen sie langweilt. Trotzdem wissen sie nichts Interessanteres anzufangen.

Andere, denen es zu Hause zu langweilig ist, steigen ins Auto und fahren ohne Ziel durch die Gegend mit plärrendem Radio, das jede Unterhaltung unmöglich macht und die Aufmerksamkeit von jeder hübschen Gegend, durch die sie fahren, ablenkt. Dabei beschweren sie sich über den dichten Verkehr, der es ihnen unmöglich macht, schneller zu fahren und damit früher nach Hause zu kommen, von wo sie doch eben erst geflohen sind.

Alter befreit einen nicht von Langeweile. Ein älterer Freund von mir sagte einmal zum Thema seiner pensionierten Zeitgenossen: «Warum sitzen sie mit leeren Gesichtern herum? Sie haben aufgegeben!»

Lassen Sie uns einige der Hauptgründe für Langeweile betrachten und sehen, was wir dagegen unternehmen können.

Überfluß

Ecclesiastes war ein König. Ihm gehörte die Langeweile der Reichen. Sorgen sind die Plage der Armen und Langeweile die Geißel der Reichen. In unserer Gesellschaft haben die meisten Leute in irgendeiner Art Überfluß.

Ein Kind, das in den Überfluß hineingeboren wird, wird bestimmt nichts Besonderes dabei finden, von silbernen Tellern zu essen.

Mit der Zeit verliert derjenige, der im Überfluß lebt, so wie der Prediger seine Freude am Überfluß.

Die großen Befriedigungen im Leben, die Vergnügen, die einem in Erinnerung bleiben, bestehen im Kontrast. Sie leben wahrscheinlich in einem zentralgeheizten Haus, reisen im warmen Auto, arbeiten in einem geheizten Gebäude. Wenn Sie nie frieren – richtig frieren mit blauen Händen, klammen Gliedern und klappernden Zähnen –, können Sie sich an einem warmen Zimmer oder einem heißen Ofen nie richtig freuen.

Wenn Sie nie richtig erschöpft sind – so müde, daß Sie auf den nackten Boden sinken und sofort einschlafen könnten –, können Sie ein weiches Bett nur schlecht schätzen.

Wenn Sie hungrig gewesen sind – so hungrig, daß Sie ein Stück Brot von der Straße aufheben und es verschlingen würden, schmutzig und so wie es ist –, können Sie einen Teller mit Speck und Eiern nur ungenügend genießen.

Wenn Sie nie in Gefahr sind, können Sie Sicherheit nicht schätzen.

Wenn Sie niemals lange allein sind, können

Sie sich an menschlicher Gesellschaft nur wenig freuen.

Ein Leben im Überfluß ist im allgemeinen ein Leben ohne große Kontraste: Die rauhen Stellen sind eingeebnet oder übertüncht; alles geht glatt und reibungslos vonstatten. Mit der Zeit wird so ein Leben langweilig; die gewohnten, sicheren Annehmlichkeiten werden nicht länger wahrgenommen, nicht länger geschätzt, und es steigt eine ruhelose Sehnsucht nach anderen Befriedigungen in den Betreffenden hoch.

Diese Sehnsucht ist unersättlich, weil alle normalen Notwendigkeiten wegfallen. Diese Sehnsucht, der man x Möglichkeiten zur Entspannung vorschlägt, schreit nach einer Dragsterstrecke und wird, wenn die Dragsterstrecke ihren Reiz verloren hat, nach einem Teenager-Hubschrauberlandeplatz oder einer Raketenabschußrampe schreien. Die Sucht schafft künstlichen Bedarf durch den Konsum von Alkohol und Betäubungsmitteln, wenn der Körper satt und nicht durstig ist.

Es gibt nur eine Heilung für diese Art der Langeweile: Machen Sie Ihr Leben kontrastreicher, vielseitiger. Tun Sie etwas, was Sie müde macht – und damit meine ich nicht, in einem elektrisch gesteuerten Wagen den Golfplatz abzufahren.

Nehmen Sie einmal etwas auf sich – damit meine ich nicht «Camping» im Wohnwagen mit Air-conditioner und Kühlschrank, Herd und fließendem heißem und kaltem Wasser. Gehen Sie irgendwohin, oder tun Sie etwas, wobei Sie richtig frieren. Wenn Sie frieren und blau werden, werden Sie sich vielleicht zeitweise nicht sehr wohl fühlen, aber ich garantiere, daß Sie sich dabei nicht langweilen werden. Essen Sie hin und wieder einmal nichts. Fasten Sie, wenn Sie können, einmal einen ganzen Tag lang – und mit Fasten meine ich nicht, daß Sie sich mit gegrillten Lachssteaks vollegen sollen, sondern überhaupt nichts essen. Sie werden an Ihrer nächsten Mahlzeit mehr Freude haben, und während Sie darauf warten und sie riechen, wird Ihr Mund wäßrig werden und Ihr Magen knurren, aber Sie werden sich nicht langweilen.

Der menschliche Körper und die menschliche Seele benötigen eine mäßige Beanspruchung – nicht zuviel –, um richtig und zufriedenstellend zu arbeiten. Bieten Sie diese Beanspruchung: Lockern Sie Ihr Leben in Überfluß mit einigen Belastungen und ein paar kleineren Sorgen auf, und Sie werden sehen, daß Ihr Leben fröhlicher wird und als Folge davon interessanter.

Arbeit

Arbeit ist einer der Hauptgründe für Langeweile, besonders dann, wenn die Arbeit hinreichend sicher, aber monoton ist. Langeweile bei der Arbeit ist teilweise auf die guten wirtschaftlichen Verhältnisse zurückzuführen, die jetzt schon seit drei Jahrzehnten andauern. Ein Mann, der in einem Spirituosengeschäft arbeitete, sagte mir einmal: «In Zeiten der Depression waren die Menschen so froh, eine Arbeit zu haben, daß sie gar nicht auf die Idee kamen, sich dabei zu langweilen.»

Aber die Arbeit muß nicht langweilig sein, auch nicht in Zeiten des Wohlstandes. Jede Arbeit wird interessanter, wenn man genauer darüber Bescheid weiß. Versuchen Sie alles darüber zu erfahren, was darüber zu erfahren ist. Ihre Firma hat vielleicht eine interessante Geschichte: Kennen Sie sie? Was für eine Geschichte hat die Industrialisierung überhaupt? Was für eine Geschichte hat das Produkt, das Sie machen oder gebrauchen oder verkaufen? Wer erfand es, entdeckte oder verbesserte es? Wer gebraucht und verbraucht es noch? Welche Rohmaterialien enthält es? Woher kommen diese? Den interessanten Informationen, die Sie über Ihre Arbeit einholen können, ist kein Ende gesetzt, wenn Sie sich mit ihnen befassen und versuchen, dabei Ihr Bestes zu geben. Ich bin einmal Hausmeister gewesen, und ich weiß, daß es interessant ist, die Zusammensetzung von Reinigungsmitteln zu eruieren und die bestmögliche Art herauszufinden, einen Boden aufzuwischen, zu scheuern und einzuwachsen, Wände abzuwaschen und Schnee vom Gehsteig zu schaufeln.

Aber jede Arbeit wird langweilig, wenn Sie sie gleichgültig und interesselos tun und wenn Sie ihr nur einen minimalen Anteil Ihrer Gedanken und Anstrengungen widmen.

Eines der ersten Dinge, die die Leute sagen, wenn sie einen Schriftsteller treffen, ist: «Ihre Arbeit muß doch sehr interessant sein!»

Stimmt, ich finde sie interessant, weil ich mit Interesse darangehe und meine ganzen Bemühungen hineinstecke. Aber viele Möchte-gernschriftsteller geben auf, weil sie Schreiben langweilig finden: Sie können die Stunden der Einsamkeit nicht ertragen, die geistaufreibende Suche nach dem richtigen Wort und die arbeitsreichen Korrekturen und Neufassungen. Viele Schriftsteller geben das Schreiben auf und wenden sich der Werbung, Public Relations, einem Lehrberuf oder der Grundstücksmakelei zu.

Interesse liegt nicht in der Arbeit selbst, sondern in der Einstellung des Arbeitenden. Die Doktrin vom Klassenkampf, die von verschiedenen linksgerichteten Politikern gepredigt wird, bringt jedes Interesse an der Arbeit zum Ersticken. Dem Arbeiter wird eingehämmert, seinen Arbeitgeber zu hassen und sowenig wie nur möglich zu arbeiten.

Diese Einstellung ist bedauernswert. Ich habe, glaube ich, mehr Jobs gehabt als die meisten Menschen – ich kann sie gar nicht alle aufzählen. Ich habe dabei festgestellt, daß die meisten Vorgesetzten ganz nette menschliche Wesen sind. Sie haben ihre Fehler, aber die habe ich auch, und die haben auch alle Angestellten überhaupt. Manche meiner Vorgesetzten waren sogar ausgesprochen nette Leute. Ich habe nie die Notwendigkeit begriffen, warum ich sie hassen sollte, und ich habe an jedem meiner Jobs irgend etwas Interessantes entdeckt.

Wenn zufällig in Ihrem Fall Ihr Vorgesetzter, Ihre Arbeit und Ihre Mitarbeiter unerträglich sind, suchen Sie sich eine andere Stelle. Ein Familienvater, der oft den Arbeitsplatz gewechselt hat, sagte mir einmal: «In dieser Gesellschaft des Überflusses ist die Welt Ihre Auster. Mit einiger Vernunft kann man tun, was man will.»

Ich kenne jemanden, der einen Jahresverdienst von 40 000 DM aufgab, weil er sich dabei gelangweilt hat. Seine Frau ging arbeiten und ernährte ihn und ihre vier Kinder, während er sich auf einen Beruf vorbereitete, der mehr nach seinem Geschmack war.

Es ist nie zu spät, um zu lernen. Ich kenne eine Frau von Mitte Vierzig, die sich an einer Universität einschrieb, um Lehrerin zu werden.

Korrespondenzkurse, Abendschulen, Ferienschulen – es gab niemals bessere Möglichkeiten für jemanden, der sich die Mühe machen will, zu lernen oder neu anzufangen.

Wenn wir von der Arbeit sprechen, sollten wir die Hausarbeit nicht vergessen, die für viele Frauen langweilig ist. Auch hier liegt die Langeweile nicht so sehr an der Arbeit selbst, sondern an der Einstellung der Arbeitenden. Viele Frauen kochen und putzen gern, ziehen gern Kinder auf. Natürlich wiederholen sich ihre Arbeiten im Haushalt und stellen keine geistigen Anforderungen; das heißt aber, daß der Geist unbelastet ist, um sich interessanteren Dingen zuwenden zu können.

Viele Frauen brauchten nicht über Langeweile zu klagen, wenn sie ihre Hausarbeit besser einteilen würden. Fragen Sie einmal ein Zimmermädchen, einen Schiffssteward oder Koch, und Sie werden aus berufenem Munde hören, daß die Hausarbeit nicht den ganzen Tag in Anspruch nehmen muß. Millionen Frauen arbeiten den ganzen Tag und erledigen noch die Hausarbeit. Marie Curie entdeckte das Radium, erhielt den Nobelpreis und führte gleichzeitig für ihren Mann den Haushalt und erzog ein Kind.

Die meisten gelangweilten Hausfrauen haben nicht zuviel, sondern zuwenig zu tun. Dieses Leiden kann wie folgt geheilt werden.

Freizeit

Die kürzere Arbeitswoche (30 Stunden werden bald die Regel sein) und das kürzere Arbeitsleben (manche Firmen legen ihren Angestellten nahe, sich schon mit 60 in den Ruhestand zu begeben) werden von uns oft als großer Vorteil angesehen. Trotzdem, was sollen gelangweilte Leute mit noch mehr Freizeit anfangen, wenn Sie sich jetzt schon langweilen?

Unausgefüllte Freizeit – richtiges Nichtstun – ist in kleinen Dosen schön und wohltuend, zur Erholung von Zeiten starker physischer und geistiger Beanspruchung. Aber in großen Mengen genossen, bedeuten sie eine Höllentortur. Gefangene, zu Einzelhaft verurteilt, haben sich erhängt, um der Untätigkeit zu entgehen; viele Menschen, die im Ruhestand leben, glauben, daß sie das Nichtstun nicht ertragen können, und sterben bald aus

Langeweile und unzufrieden mit sich selbst. Millionen anderer untätiger, gelangweilter Leute töten sich selbst langsam und in Ehren, indem Sie zuviel essen, rauchen, trinken oder Betäubungsmittel nehmen.

Freizeit, die untätig vertrödelt wird, verführt nur zur Langeweile. Um glücklich zu machen, muß die Freizeit mit zufriedenstellender Beschäftigung ausgefüllt sein. Dabei spielt die Art der Beschäftigung keine entscheidende Rolle.

Viele Leute – die Nachtarbeiter – füllen ihre Freizeit mit einem Job aus. (Es ist übrigens auffallend, daß, obwohl wir von Arbeitslosigkeit hören, der entschlossene Nachtarbeiter keine Schwierigkeit hat, zwei Jobs zu finden und auszufüllen. Arbeitslosigkeit wurzelt nicht im Wirtschaftssystem, sondern im Menschen selbst.)

Manche Leute im Ruhestand werden nicht eher vom Arbeitsplatz verwiesen, bis sie eine andere Arbeit haben. Ich traf einmal einen Mann im Ruhestand, der ein mehr als komfortables Auskommen hatte – man konnte ihn ruhig reich nennen – und als Fahrstuhlführer in einem Appartementhaus arbeitete, um etwas zu tun. Er schien mit seiner Arbeit, die ihm nichts abverlangte, ganz zufrieden zu sein.

Andere wiederum leisten in ihrer Freizeit zusätzlich bezahlte Arbeit. Andere frönen ihren Hobbys. Einige machen Öffentlichkeitsarbeiten, andere wenden sich der Wohlfahrt und kirchlichen Organisationen zu. Ein Richter im Ruhestand arbeitete im Büro seiner Kirche jeden Tag sechs Stunden ohne Bezahlung, beantwortete Telefonanrufe, schrieb Schreibmaschine etc.

Es gibt eine Organisation ehemals leitender Geschäftsleute im Ruhestand – Rechtsanwälte, Buchhalter, Verkaufsdirektoren etc. –, deren Mitglieder kostenlos kleinen Geschäftsleuten Rat geben, die in Schwierigkeit geraten sind.

Niemand ist zu beschäftigt, um in seiner Freizeit etwas zu tun. Gestern stand in meiner Zeitung ein Artikel einer Mutter von sechs kleinen Kindern, die die ganze Hausarbeit selbst macht und in ihrer Freizeit Programmdirektorin des hiesigen Eltern-Lehrer-Rats ist. Sie berät auch andere ELR-Gruppen bei der Programmgestaltung. (Übrigens hat sie manche ihrer besten Ideen beim Geschirrspülen und eilt dann, diese niederzuschreiben. Das ist Inspiration bei der Arbeit.)

Niemand ist zu alt, um etwas Neues, Interessantes in Angriff zu nehmen. Ich kenne einen Mann, der mit 65 Jahren in den Ruhestand trat und dann begann, Klavier spielen zu lernen. Er wollte das schon lange, aber hatte vorher nicht die Möglichkeit dazu. Er wird natürlich nie Konzertpianist werden, aber als ich ihn traf, nach zwei Jahren der Übung, konnte er so gut spielen, daß er selbst und seine Freunde Spaß an seinem Vortrag hatten. Ein Nachbar von mir, 72 Jahre alt, studierte in einem Fernkurs Zeichnen und Malen und hat jetzt einen Preis in Höhe von 500,–DM in einem Kalender-Kunstwettbewerb gewonnen.

Es spielt keine Rolle, wo Sie sind und in welchen Verhältnissen Sie leben, um Ihre Freizeit interessanter zu gestalten. Robert Stroud, der zu lebenslanger Einzelhaft verurteilt war, hat nicht Selbstmord begangen, sondern entwickelte sich zu einem international bekannten Experten von Vogelkrankheiten.

Es gibt keine Ausrede dafür, Freizeit in Langeweile absinken zu lassen; und wenn Ihre Freizeit interessant wird, werden Sie aufnahmefähiger, leben Sie wirklichkeitsnäher, und jeder Aspekt Ihres Lebens wird reicher und voller.

Was wollen Sie tun? Ich könnte den Rest dieses Buches mit Listen von Hobbys und Freizeitbeschäftigungen füllen und hätte sie immer noch nicht alle erfaßt. Aber hier einige Anregungen:

1. Aktive Beschäftigungen – nicht notwendigerweise körperlich anstrengend, aber etwas machen, tun, sammeln, lernen etc. – machen zufriedener als passive.

2. Schöpferische Freizeitbeschäftigungen, bei denen Sie etwas von Wert oder für den Gebrauch herstellen – Kleidernähen, Kochen, Holzarbeiten, Gartenarbeit –, geben größere Befriedigung als nichtkreative – Golf, Kino, Kartenspielen oder Kreuzworträtselraten.

3. Freizeitbeschäftigungen, die in scharfem Kontrast zu Ihrer täglichen Arbeit stehen, geben besondere Befriedigung: Derjenige, der seine Arbeit im Sitzen tut, wird an körperlicher Aktivität wie Gartenarbeit oder Volks-

tanz besondere Freude haben; derjenige, der schwere körperliche Arbeit macht, wird über einer Briefmarkensammlung, in einer Diskussionsstunde etc. besondere Befriedigung finden.

4. Wenn man Gleichgesinnte in einem Club oder einer Gesellschaft trifft – eine politische Partei, ein Wohlfahrtskomitee, ein Sportverein –, werden das Interesse und die Befriedigung, die man in seiner Freizeit hat, größer.

5. Vermeiden Sie eiserne Routine in Ihrer Freizeit. Wenn Sie einmal jeden Samstag morgen um 9.00 Uhr Golf spielen müssen, ob Sie wollen oder nicht, ist Golfspielen bei Ihnen statt Vergnügen Arbeit geworden. Abwechslung ist die Würze des Lebens. Wir können bei unserer Arbeit selten Abwechslung erfahren; deshalb sollten wir sie in unserer Freizeit erfahren.

Religion

Sind Sie sehr tief an Religion interessiert? (Denken Sie an unsere Definition von Interesse: ein Gefühl persönlicher Anteilnahme.)

Leider langweilt Religion viele Menschen einschließlich diejenigen in weitem Maße, die nach außen hin einer bestimmten Religionsgemeinschaft angehören. Sie haben vielleicht die Religion ihrer Eltern übernommen; sie sitzen den Gottesdienst ganz mechanisch ab und geben routinemäßig ihren Beitrag für kirchliche Sammelaktionen und Missionsarbeit, aber sie haben noch nie richtig darüber nachgedacht, was das alles bedeutet.

Und was könnte eigentlich wichtiger sein als das ewige Wohlergehen ihrer Seele? Oder glauben sie nicht, was der Prediger sagt?

Wenn Ihre Religion Sie langweilt, vertiefen Sie sich hinein. Versuchen Sie, hinter alles zu kommen. Seit wann gibt es sie? Warum wurde sie geändert? Welches Schisma hat überlebt? Welche andersdenkenden Sekten haben sie abgestoßen? Wie wird sie heute organisiert und finanziert? Wie sind ganz genau ihre Lehren? Akzeptieren Sie sie alle? Wenn nicht, warum nicht und was gedenken Sie hier zu unternehmen? Lesen Sie, denken Sie, fragen Sie und diskutieren Sie. Mit der Religion ist es wie mit der Arbeit – je mehr man darüber weiß, desto interessanter ist sie.

Was ist mit anderen Religionen? Kennen Sie den Ursprung und die Hauptdogmen aller Weltreligionen? Wenn nicht, wie können Sie sich der Ihren zugehörig fühlen?

Wenn Sie keine Religion haben, können Sie unstillbares Interesse daran finden, über die Religion anderer zu lesen, zu sprechen und nachzudenken. Sie werden Geschichte und Politik besser verstehen, wenn Sie Religion verstehen. Wer weiß – vielleicht werden Sie Ihre Nachforschungen zu einer Religion führen, die Sie akzeptieren können und die Sie befriedigen wird.

Die Suche lohnt sich. Soweit ich beobachtet habe, sind die Menschen, die an eine Religion glauben und versuchen, danach zu leben, glücklicher als die ohne Religion. Sie sind am Leben interessiert, sie sind am Universum interessiert, weil sie in Leben und Universum einen Sinn und Zweck entdecken.

Anregung

Anregung in angemessener Menge ist das Gegenmittel für Langeweile. Aber ebenso wie das beständige Reiben des Handgriffs irgendeines Werkzeugs auf Ihrer Hand Schwielen und Unempfindlichkeit hervorruft, ebenso macht zu häufige Anregung gefühllos und führt zu Langeweile.

Zum Beispiel hat die Entwicklung des Plattenspielers, der automatisch eine ganze Serie von Platten herunterspielt, viel zur menschlichen Langeweile beigetragen. Ich sah einmal einer Frau zu, die ihre wöchentliche Wäsche bügelte und sich dabei mit mir und noch jemandem unterhielt, während Beethovens Symphonien gewaltig von einem lautstarken Plattenspieler dröhnten. Ich bemerkte, daß sie, als der Schwung Platten zu Ende gespielt war, ihn von vorn laufen ließ. Dazu sagte sie mir, daß sie immer die gleiche Musik jeden Tag ihres Lebens von morgens bis abends spielen ließ.

Erregende Musik – Musik, die Gefühle anregt und das Herz schneller schlagen läßt – sollte nur selten genossen werden, vorzugsweise dann, wenn man in seiner besten Garderobe inmitten anderer Zuhörer sitzt. Aber wenn solch eine erregende Musik mehrere Stunden täglich spielt, 365 Tage im Jahr, hat sie ihren Effekt verloren. Wenn solch eine Musik nicht mehr erregt, sondern nur noch halbgehörter Hintergrund bei der Hausarbeit und Unterhaltung ist, wird dadurch eine sonst reiche Quelle des Interesses abgebunden.

Viele Kinder verbringen ein paar Stunden täglich damit, der erregendsten Musik zuzuhören, Musik, die für fünf Minuten des Höhepunktes eines jährlichen Fruchtbarkeitsrituals angebracht wäre. Das Ergebnis – hohläugige Langeweile und solche neurotischen Ideen wie Dragsterrennen und ähnliche Extravaganzen.

Ich habe Musik als Beispiel zitiert, aber das gleiche Prinzip läßt sich auf alle anderen Arten der Anregung anwenden – Tanzen, Spielen, Parties, Liebe, das Lesen erregender Bücher etc. Überbefriedigung führt zu Übersättigung, Apathie und Langeweile.

Abhilfe bietet Selbstdisziplin. Lassen Sie sich eine Zeitlang nicht stimulieren. Dann genehmigen Sie sich kleine Dosen von Anregung, und legen Sie dazwischen ruhigere, stillere Beschäftigung ein. Größere Freude und ein interessantes Leben werden Ihr Lohn sein.

Übung 44: Wenn Sie entdecken, daß eine frühere Quelle der Anregung Sie jetzt langweilt, erstellen Sie einen Dreimonatsplan nach den oben erwähnten Vorschlägen, und wecken Sie so wieder Interesse.

Lesen

Es ist erstaunlich, daß in einer nominell gebildeten Gesellschaft Millionen Menschen niemals ein Buch lesen. Vielleicht wurde ihnen nicht gezeigt, richtig zu lesen. Vielleicht waren sie trübseligen Lehrern ausgeliefert, die sie dazu brachten, Bücher und Lesen als langweilig anzusehen.

Sie gehören nicht zu dieser Gruppe; Sie lesen dieses Buch. Aber haben Sie schon die Macht erkannt, die Bücher als Anti-Langeweile-Mittel haben? Wenn jede andere Quelle des Interesses versiegt, können Bücher Ihnen immer noch helfen. Es gibt Bücher für alle Ihre Stimmungen und Launen; Bücher sind zu jeder Zeit Ihres Lebens Ihre Freunde. Jemand, der lesen kann, braucht sich niemals zu langweilen.

Übung 45: Wenn Sie das Gefühl haben, nicht soviel Interesse an Büchern zu finden, wie eigentlich erwartet, erstellen Sie einen Leseplan. Schreiben Sie die Titel von zehn Büchern nieder, die Sie einmal lesen wollten und nicht dazu kamen. Wenn Sie ein Buch ausgelesen haben, streichen Sie es von der Liste, und schreiben Sie neue Titel hinzu – Titel, zu denen Sie das Buch, das Sie gerade gelesen haben, angeregt hat –, vielleicht ein anderes Werk desselben Autors, ein anderes Buch, das sich mit demselben Thema beschäftigt, ein Buch über ein verwandtes Thema etc. Mit diesem Plan werden Sie mit Spaß und Interesse weiterlesen bis an Ihr Lebensende.

Zusammenfassung

- Um Glück sicherzustellen, müssen Sie sich vor Langeweile schützen.
- Eine gewisse Beanspruchung ist für ein interessantes Leben unerläßlich.
- Mit einigem Interesse wird jede Arbeit interessanter.
- Freizeit sollte mit konstruktiver Aktivität ausgefüllt sein.
- Religion kann eine lebenslange Quelle des Interesses sein.
- Zuviel Anregung endet in Langeweile; deshalb nie zuviel.
- Das beste Heilmittel für Langeweile ist Lesen.

Für einen trägen Geist ist auch eine Weltausstellung kein Anreiz.
Ein reger Geist interessiert sich auch für ein Sandkörnchen.

19. Kapitel

Andauerndes Glück

«Alles, was wir brauchen,
um wirklich glücklich zu sein, ist etwas,
wofür wir uns begeistern können.» Charles Kingsley

Die ursprüngliche Bedeutung von Enthusiasmus war «ein Stadium der Ekstase, das davon herrührt, daß man von einer göttlichen Macht besessen ist». Kein Wunder also, daß Enthusiasmus eine Garantie für Glücklichsein ist!

Wie kann man Enthusiasmus entwickeln? Ganz einfach, indem man die Prinzipien anwendet, die in diesem Buch behandelt werden. Wir haben über die Macht der Worte gesprochen, um Gedanken zu kontrollieren, wir haben vom Denken gesprochen, um den Charakter zu formen, und vom Charakter, um Ereignisse in die richtigen Bahnen zu lenken.

Wir brauchen also nicht noch einmal auf diese Prinzipien einzugehen. Sie werden sie erkennen, sie unterstreichen und sich einprägen und ganz in sich aufnehmen, wenn Sie dieses Buch wieder zur Hand nehmen.

Wenn Sie wollen, können Sie sie «Universalprinzipien» nennen; oder «Göttliche Gesetze», wenn Ihnen das mehr zusagt. (Die Bibel sagt: «Am Anfang war das Wort.»)

Wenn Sie diese Gesetze für Sie arbeiten lassen, wenn Sie sie Ihr Leben formen lassen, werden Sie – wenn wir es so sagen wollen – von einer göttlichen Macht besessen, und Sie beginnen, Enthusiasmus zu entwickeln. Sie können das, wenn Sie wollen: Die Entscheidung liegt bei Ihnen.

So sehen die fünf Schritte für die Entwicklung von Enthusiasmus aus:

– Aufmerksamkeit
– Interesse
– Wunsch
– Ausführung
– Enthusiasmus

Dieses Buch lenkt Ihre Aufmerksamkeit auf die oben erwähnten Gesetze und auf einige Techniken, um diese anzuwenden.

Aber Sie müssen an der Sache interessiert sein: Nur Sie selbst sind bei der Selbstentfaltung persönlich engagiert. Nur Sie können die Entscheidung treffen: «Ich will mich nicht länger passiv verhalten und das hinnehmen, was kommt; ich will aufstehen, etwas unternehmen und das erreichen, was ich will.»

Nur Sie können Ihre Wünsche zum Ausdruck bringen. Ich kenne sie nicht. Nur Sie selbst können aus Ihren vagen Träumen genaue Pläne machen.

Nur Sie selbst können etwas unternehmen, um Ihre Wünsche zu realisieren, indem Sie sich daran gewöhnen, Entscheidungen zu treffen und Erfolg zu haben.

Und nur Sie selbst können den Enthusiasmus entwickeln, der Ihre Bemühungen mit dauerndem Glück krönt. Hier einige Anregungen, die helfen werden.

Bleiben Sie bei der Stange

Machen Sie nach dem ersten Erfolg nicht halt oder nach dem zweiten, oder dem zehnten! Sie machen schließlich kein einmaliges Experiment; Sie haben den Weg zu einem neuen Leben eingeschlagen. Fahren Sie fort, Pläne zu schmieden, sich zu entwickeln, auf die Zukunft zu schauen und das Leben wirklich ausgefüllt zu leben.

Den Enthusiasten machen die vorbeifliegenden Jahre nicht müde. Karl Marx veröffentlichte den ersten Band von «Das Kapitel», als er 49 Jahre alt war. Charles Darwin veröffentlichte sein Buch «Die Entstehung der Arten», als er 50 Jahre alt war. Immanuel Kant veröffentlichte seine «Kritik der reinen Vernunft» im Alter von 57 Jahren, seine «Kritik der praktischen Vernunft» mit 64 und seine «Kritik der Urteilskraft», als er 66 war. Bertrand Russell erhielt den Nobelpreis für Literatur im Alter von 78 Jahren und schrieb auch im Alter von 87 Jahren noch fleißig. Tizian malte immer noch leidenschaftlich im Alter von 99 Jahren.

Diese Regel gilt nicht nur für berühmte Leute. Ich kannte eine Frau, die ihre Kinder aufzog, bei der Erziehung ihrer Enkel half, bis diese aus der Schule kamen, und die dann, weißhaarig, aber enthusiastisch, ihren Rucksack packte und von Jugendherberge zu Jugendherberge zog, um Europa kennenzulernen.

Hier zwei weitere Beispiele glücklicher Menschen, die ich kenne:

1. Weiblich, in den Siebzigern.

Witwe seit dem 1. Weltkrieg. Sie hat die Gabe, sich selbst und andere mit viel Humor zu sehen. Ihr Humor ist erfrischend spontan.

2. Weiblich, 86.

Sehr glücklich, weil sie ihr Leben mit vielen Menschen füllt, indem sie Freundlichkeit verbreitet und Freundschaft bietet. Nicht zuletzt, weil sie weit gereist, gut belesen und an den Menschen interessiert ist.

Einer meiner Nachbarn veröffentlichte seinen ersten Zeitungsartikel im Alter von 84 Jahren.

Es ist bedauerlich, daß unsere Gesellschaft Jugend zu hoch bewertet und Alter abwertet. Viele Menschen haben das Gefühl, mit 40 am Ende angelangt zu sein, daß das Leben nichts mehr zu bieten hat außer einem langsamen, traurigen Abfall zu Altersschwäche und Tod.

Lassen Sie solche dummen Ideen gar nicht erst aufkommen. Natürlich ist Jugend wunderbar, eine Zeit der Kraft, Entdeckung, Anregungen. Wenn Sie jung sind, nutzen Sie diese Zeit, so gut Sie können, und freuen Sie sich, daß Sie so früh schon auf diese Prinzipien stoßen. Aber wie alt Sie auch immer sein mögen, die Zeit reicht immer aus, um Ihr Leben umzuformen. Auch ein Jahr, eine Woche, ja sogar ein Tag ist besser kreativ, hoffnungsvoll, glücklich verbracht als in Trübsal und Mutlosigkeit.

Deshalb fahren Sie mit Ihrem Selbstentfaltungsprogramm so energisch fort, wie Sie begonnen haben. Wie alt Sie auch immer sein mögen, machen Sie nicht halt. Je länger Sie dabei sind, desto mehr Enthusiasmus werden Sie entwickeln.

Dieses Buch hat Sie auf den richtigen Weg geführt, und es liegt in Ihrer Macht, die zusätzliche Information und Führung zu bekommen, die Sie brauchen. Diese gibt es nämlich schon: in anderen Büchern, in Zeitungen, Zeitschriften und im Geist anderer Menschen. Wenn Sie dieses Wissen wirklich anstreben, wird es zu Ihnen kommen. Wenn Sie dieses Wissen wirklich einsetzen wollen, können Sie sicher sein, daß sich die Gelegenheit dazu bietet. Sie können so weit gehen, wie Sie wollen.

Bleiben Sie sich selbst treu

Leben Sie so, wie Sie es für richtig halten. Das Gefühl, sich selbst untreu zu sein, hat auf Ihren Geist andauernde niederdrückende, abstumpfende Auswirkungen.

Wenn Sie eine Religion haben, halten Sie sich an ihre Lehre, und folgen Sie ihren Gesetzen. Wenn nicht, bleiben Sie Ihren Prinzipien unter allen Umständen treu.

Wenn Sie sich entschieden haben, die Hinweise zu akzeptieren, die in diesem Buch gegeben werden, wenden Sie sie auch fleißig an, und bleiben Sie ihnen treu. Das Wissen, daß Sie etwas tun, von dem Sie glauben, daß es richtig, klug und hilfreich ist, hat anregende Wirkung.

Kontrollieren Sie Ihre Gedanken

Ich habe das schon oft gesagt, aber es ist wichtig genug, zum Schluß noch einmal erwähnt zu werden. Ich kann das nicht besser tun, als wenn ich die Worte des Apostels Paulus gebrauche: «Alles, was aufrichtig ist, alles, was ehrlich ist, alles, was richtig ist, alles, was rein ist, alles, was schön ist, alles, worüber man gut sprechen kann … denk an diese Dinge.»

Zusammenfassung

- Enthusiasmus garantiert dauerndes Glück.
- Enthusiasmus folgt der Tat.
- Es ist niemals zu spät, um Enthusiasmus zu entwickeln.
- Suchen Sie ernsthaft nach Wissen, und es wird zu Ihnen kommen.
- Bleiben Sie sich selbst treu.
- Kontrollieren Sie Ihre Gedanken.

Heute säen wir die Ernte von morgen.
Was werden wir ernten?

20. Kapitel

Am Ziel

«Jeder sollte das werden können, wozu er die Gaben mitbekommen hat.» Thomas Carlyle

Eine mächtige Anregung für entschlossenes Handeln und eine Quelle darauffolgender Befriedigung ist, genau zu wissen, was man erreicht hat und was es noch zu erreichen gilt. An dieser Stelle folgt eine Liste der Übungen dieses Buches, die so gegliedert ist, daß Sie eine schriftliche Erfassung Ihres Erfolges machen können.

Merke: Einige Übungen werden am selben Tag begonnen und zu Ende geführt; andere dauern länger.

Die Übungen

1. Kapitel

Übung 1 Allgemeine Liste der Wünsche

....
Beginn Vollendung

Übung 2 Anordnung der Wünsche nach ihrem Schwierigkeitsgrad

....
Beginn Vollendung

2. Kapitel

Übung 3 Detaillierte Beschreibung des ersten Ziels

....
Beginn Vollendung

Übung 4 Lesen Sie Übung 3 dreimal täglich

....
Beginn Vollendung

Übung 5 Denken Sie an Übung 3, sooft Sie können

....
Beginn Vollendung

Übung 6 Schreiben Sie Übung 3 täglich ab

....
Beginn Vollendung

4. Kapitel

Übung 7 Konstruieren Sie ein Memo für Ziel Nr. 1

....
Beginn Vollendung

Übung 8 Detaillierte Beschreibung von Ziel Nr. 2

....
Beginn Vollendung

6. Kapitel

Übung 9 Schreiben und gebrauchen Sie «Zitatzettel»

....
Beginn Vollendung

7. Kapitel

Übung 10 Kontrollieren Sie Ihre Sprache und Ihre Unterhaltungen

....

Beginn Vollendung

8. Kapitel

Übung 11 Konstruieren Sie ein Memo für Ziel Nr. 2

....

Beginn Vollendung

Übung 12 Detaillierte Beschreibung von Ziel Nr. 3

....

Beginn Vollendung

10. Kapitel

Übung 13 Memo für Ziel Nr. 3

....

Beginn Vollendung

Übung 14 Detaillierte Beschreibung von Ziel Nr. 4

....

Beginn Vollendung

Übung 15 Memo für Ziel Nr. 4

....
Beginn Vollendung

Übung 16 Detaillierte Beschreibung von Ziel Nr. 5

....
Beginn Vollendung

Übung 17 Memo für Ziel Nr. 5

....
Beginn Vollendung

Übung 18 Detaillierte Beschreibung von Ziel Nr. 6

....
Beginn Vollendung

Übung 19 Memo für Ziel Nr. 6

....
Beginn Vollendung

Übung 20 Detaillierte Beschreibung von Ziel Nr. 7

....
Beginn Vollendung

Übung 21 Memo für Ziel Nr. 7

Beginn .... Vollendung ....

Übung 22 Detaillierte Beschreibung von Ziel Nr. 8

Beginn .... Vollendung ....

Übung 23 Memo für Ziel Nr. 8

Beginn .... Vollendung ....

Übung 24 Detaillierte Beschreibung von Ziel Nr. 9

Beginn .... Vollendung ....

Übung 25 Memo für Ziel Nr. 9

Beginn .... Vollendung ....

Übung 26 Detaillierte Beschreibung von Ziel Nr. 10

Beginn .... Vollendung ....

Übung 27 Memo für Ziel Nr. 10

....

Beginn Vollendung

11. Kapitel

Übung 28 Erstellen Sie eine Liste der erzielten Resultate

....

Beginn Vollendung

Übung 29 Erstellen Sie einen 12-Monats-Plan

....

Beginn Vollendung

13. Kapitel

Übung 30 Füllen Sie den Fragebogen aus

....

Beginn Vollendung

14. Kapitel

Übung 31 Konstruktive Sprachgewohnheiten

....

Beginn Vollendung

Übung 32 Ruhiges, optimistisches Verhalten und Selbstvertrauen

....
Beginn Vollendung

Übung 33 Sprechen Sie über die guten Eigenschaften

....
Beginn Vollendung

15. Kapitel

Übung 34 Werfen Sie Ihre Sorgen über Bord

....
Beginn Vollendung

Übung 35 Werden Sie Ihre depressiven Gedanken los

....
Beginn Vollendung

Übung 36 Überwinden Sie Ärger über Nichtigkeiten

....
Beginn Vollendung

Übung 37 Überwinden Sie Neidgefühle

....
Beginn Vollendung

Übung 38 Überwinden Sie Haß- und Rachegefühle

....
Beginn Vollendung

Übung 39 Keine Gewissensbisse mehr

....
Beginn Vollendung

17. Kapitel

Übung 40 Keine Ausreden mehr für Armut

....
Beginn Vollendung

Übung 41 Erstellen Sie ein Budget

....
Beginn Vollendung

Übung 42 Machen Sie eine Soll-und-Haben-Liste Ihres Vermögens

....
Beginn Vollendung

Übung 43 Machen Sie Wohlstand zu einem Ihrer Ziele

....

Beginn Vollendung

18. Kapitel

Übung 44 Keine Langeweile mehr

....

Beginn Vollendung

Übung 45 Lesen Sie nach Plan

....

Beginn Vollendung

Selbstverständlich stellt diese Liste Ihrer Übungen nur die erste Etappe Ihrer Reise zu Selbstentfaltung und Glück dar. Die weiteren Etappen müssen Sie selbst planen und dann erreichen. Sie kennen den Weg zu Ihrem Ziel, das zu erhalten, was Sie wollen, das zu werden, was Sie sein wollen. Also vorwärts!

Farben als
Spiegel der Seele
Clarissa Ray
Farb-
meditationen
Originalausgabe
mvg
144 Seiten, Paperback
ISBN 3-478-08495-4
192 Seiten, Paperback
ISBN 3-478-08485-7
Ulrich Beer
Was Farben uns
verraten
mvg
mvg
Postfach 45 04 41 · 80904 München
Erhältlich in
Ihrer Buchhandlung